SUPERA TU DIVORCIO
¡YA!

Claves para salir adelante tras la ruptura de pareja

Vicente Herrera-Gavosso

EL LIBRO MUERE CUANDO LO FOTOCOPIAN

Título de la obra: *Supera tu divorcio ¡YA!*

COORDINACIÓN EDITORIAL: Danú Hernández Jiménez
PORTADA: Víctor M. Santos Gally
DIAGRAMACIÓN: Ediámac

© 2013 Vicente Herrera-Gayosso
© 2016 Editorial Pax México, Librería Carlos Cesarman, S.A.
　　Av. Cuauhtémoc 1430
　　Col. Santa Cruz Atoyac
　　México DF 03310
　　Tel. 5605 7677
　　Fax 5605 7600
　　www.editorialpax.com

Primera edición en esta casa editorial
ISBN 978-607-9472-04-7
Reservados todos los derechos

Da tu primer paso ahora. No es necesario que veas el camino completo, pero da tu primer paso. El resto irá apareciendo a medida que camines".

MARTIN LUTHER KING, JR.

"A veces, el destino se parece a una pequeña tempestad de arena que cambia de dirección sin cesar. Tú cambias de rumbo intentando evitarla. Y entonces la tormenta también cambia de dirección, siguiéndote a ti. Tú vuelves a cambiar de rumbo. Y la tormenta vuelve a cambiar de dirección, como antes. Y esto se repite una y otra vez. [...]

Y la razón es que la tormenta no es algo que venga de lejos y que no guarde relación contigo. Esta tormenta, en definitiva, eres tú. Es algo que se encuentra en tu interior. [...]

Y cuando la tormenta de arena haya pasado, tú no comprenderás cómo has logrado cruzarla con vida. ¡No! Ni siquiera estarás seguro de que la tormenta haya cesado de verdad. Pero una cosa sí quedará clara. Y es que la persona que surja de la tormenta no será la misma persona que penetró en ella. Y ahí estriba el significado de la tormenta de arena."

HARUKI MURAKAMI
(Kafka en la orilla)

AGRADECIMIENTOS

Como sé, estimado lector, que por lo regular te saltas esta parte, seré lo más breve posible tratando de que eso no demerite el enorme aprecio que siento por las personas que estuvieron involucradas en la creación de este libro.

A Samantha Urzua y Madrid, psicoterapeuta y amiga, que no solo me enseñó el camino de la resiliencia sino que sus aportaciones en la revisión de este libro fueron de gran ayuda para mí.

A Jasmín Tlapalamatl, por sus acertados y (en ocasiones) necios apuntes en la corrección del manuscrito original.

A Verónica de Ita y Maricarmen Pérez, mujeres cuyo paso por mi vida me dejaron marcado.

A Joaquín Uriza Jasso, cuyos consejos como psicólogo, pero particularmente como amigo, han sido invaluables a lo largo de más de veinte años.

A mis amigos de la vida y a mis compañeros de carrera por su entrañable presencia a mi lado en los días más brillantes y las horas más oscuras.

A Dios, el más grande de todos, por haberme susurrado al oído mi nuevo camino.

Y, particularmente a ti, que compraste este libro buscando alivio a lo que estás atravesando. Te aseguro que puse todo de mi parte para que puedas encontrar un poco de lo que necesitas en estas páginas.

A todos ustedes, gracias desde lo más profundo de mi corazón.

ÍNDICE

PRO.

"¿Se acabó la fiesta?" es lo que escuché de boca de un abogado cuando un posible cliente le solicitó apoyo para que se encargara de su divorcio... Y ciertamente es parecido a como te sientes cuando llegas al punto de finiquitar una relación con la persona con la que pensabas estarías "para siempre"; ya no hay globos, sonrisas ni música, ahora hay cansancio y tal vez demasiados gastos, no solo emocionales sino también económicos después de la "fiesta"; asimismo, en la cruda realidad, te enteras de que solo los cuentos de hadas terminan en: "Se casaron y fueron felices para siempre". Ahora habrá que enfrentar el silencio, el vacío, el desgaste, la incertidumbre y hasta el creer que no volverás a amar o volverán a amarte.

Vicente Herrera-Gayosso realiza este libro justo con la intención de aportarte las herramientas para que puedas enfrentar este difícil proceso por el que atraviesas y sepas que no estás sola o solo, que no eres un "fracaso", como descubrirás más adelante, y que superar un divorcio puede ser más fácil de lo que crees, *mucho más fácil*. Comenzarás a percatarte de que las vicisitudes se generan a partir de múltiples circunstancias en las cuales, a veces, no tenemos control. Aprenderás a responsabilizarte solo de lo que te corresponde y no de prejuicios o culpas autogeneradas e impuestas. Este libro te permitirá darte cuenta, trabajar y erradicar muchas creencias obsoletas que tienes con respecto al divorcio. Te dará la oportunidad de entender, *paso a paso*, el camino que recorrerás y así, finalmente, salir avante con un nuevo y valioso aprendizaje.

Permíteme contarte algo: hace tiempo que conozco al autor de este libro, somos amigos y gran parte de nuestras charlas giran en torno a la preocupación por encontrar métodos más eficaces para guiar a las personas en sus procesos de recuperación emocional. Un día, él me contó cómo algunos de sus profesores en la universidad, en la Facultad de Psicología, le advertían no comentar nada de su vida personal con el "cliente" y menos si estaba atravesando por su propio divorcio, ya que ello no generaría confianza y –lo más cómico–, el paciente no regresaría y el terapeuta perdería dinero. Como humanista que soy, me horrorizaba esta manera de pensar tan poco ética y superficial, particularmente tratándose de un tema tan delicado referente al bienestar emocional y mental de una persona; como también le sucedía lo mismo a Vicente, nuestras pláticas se tornaron más profundas para hallar un posible camino y aportar alguna defensa en contra de ello. Tanto el autor como yo consideramos que el terapeuta es su propio instrumento y que por lo tanto, la experiencia personal y la pasión profesional del mismo, son una excelente mancuerna, ya que cuando, adicional a los conocimientos científicos y teóricos, hemos experimentado aquello a lo que nos referimos, hay un verdadero aprendizaje y es cuando realmente se pueden hacer aportaciones de calidad y no meras suposiciones.

Este libro está escrito para que lo puedas entender de forma fácil, directa y con bases científicas en torno al amor y al divorcio. Su autor te llevará por un camino sencillo y sin tapujos para que puedas atender y entender cómo, cuando estamos en la etapa del enamoramiento, los eventos parecen suceder dentro y fuera de nosotros de una manera más bien rápida e intensa, lo que a veces trae un cúmulo de factores que ya en el matrimonio corren el riesgo de volverse agua estancada y empezar a apestar. Asimismo, podrás comenzar a tener respuestas a los *¿Por qué a mí? ¿Qué hice mal? ¿Cuándo se acabará este sufrimiento?*, preguntas interminables que (estoy segura) no te dejan dormir.

Algo particular que quiero remarcar de este libro, es que en él se nos plantean cinco fases que conocerás y podrás identificar en ti, trabajando al tiempo en la *resolución* del conflicto y el dolor que ahora enfrentas. Esto es muy importante y, desde mi punto de vista, lo que lo hace diferente.

Ten presente que evitar el dolor se convierte en sufrimiento; así que anímate a descubrir lo que hoy puedes hacer para ti y acompáñate de este libro, te sorprenderá lo que puedes hacer, pues tienes en tus manos la posibilidad de transformar esta experiencia y superarla.

Como dice Vicente: "¿Vamos allá?".

SAMANTHA URZUA Y MADRID
PSICOTERAPEUTA GESTALT

INTRODUCCIÓN

En la universidad algunos de mis profesores solían decirme que, aunque fuera cuestionado por mis pacientes en las sesiones terapéuticas, nunca se me ocurriera contarles algo sobre mí y, sobre todo, pasara lo que pasara, jamás insinuara siquiera que había atravesado por un divorcio.

Una de las razones que argüían era que un paciente que acude a terapia buscando soluciones a sus bloqueos emocionales, personales y de pareja, no confiaría en la ayuda de un profesional que hubiera atravesado por una situación así en su vida personal. Desde luego, la otra razón que tarde o temprano terminaba siendo la de mayor peso, era el riesgo de perder pacientes y por lo tanto, de perder dinero.

Afortunadamente jamás cedí ante esa idea. Me niego a aceptar que un terapeuta se mueva por motivaciones ajenas a las de servir de guía a los hombres, mujeres y niños que acuden a su consulta. Es su deber colaborar con ellos para que puedan encontrar y/o elaborar herramientas que les permitan disfrutar plenamente de su vida.

Debo añadir, sin embargo, que no es una tarea tan fácil. Admito que algunos pacientes siguen creyendo en el estigma que sostiene que una persona, como por ejemplo un profesional que ha vivido un divorcio, no puede ser de gran ayuda para alguien que esté atravesando o haya pasado por algo similar. Pero yo no estoy de acuerdo con esta idea. Mi experiencia, tanto personal como en el ámbito profesional, me ha enseñado que los mejores consejos, por lo general, provienen de las personas que han vivido en carne propia lo que otros apenas comienzan a enfrentar. Lo que se me ocurre para ilustrar esto es que recuerdes cuando fuiste adolescente y tus padres te advertían acerca de alguna situación que consideraban riesgosa. Por lo regular su opinión era el resultado de las experiencias que ellos vivieron años atrás, iguales o muy parecidas, por lo que deseaban prevenirte y orientarte para que, a su vez, pudieras pasar por ellas de la mejor manera posible. Pero eras tú, como adolescente, quien decidía si tomaba en cuenta o no esas observaciones. Pues bien, el caso de la práctica terapéutica es similar: el terapeuta trata de orientar a su paciente de la manera que considera más eficaz para que este amplíe sus expectativas ante la problemática que lo afecta en ese momento, y tal vez, pueda darse cuenta de que a veces hay más de una posibilidad de solución para cada asunto. Me atrevería a sostener que si a los conocimientos y a las herramientas que un terapeuta ha aprendido a lo largo de su preparación, se les suma la experiencia de vida, no habría mejores manos en las que podrías caer.

Las personas que aún piensan que no hay que mezclar lo personal y lo profesional –aquí incluyo a los terapeutas que enseñan a sus alumnos a no compartir nada personal con el paciente por el miedo a quedarse sin trabajo–, suelen obviar que en todo evento de la vida hay factores que no dependen en exclusiva de una sola persona. Las pérdidas, las separaciones, los malos entendidos, los sufrimientos y las vicisitudes se dan en un cúmulo de circunstancias en las que muchas veces no tenemos el control. Creer que una persona que atravesó por un divorcio es absolutamente responsable del mismo y no puede compartir, enseñar y guiar al respecto (más aún tratándose de un profesional) es enjuiciar y predisponerse sin tener una base sólida para ello.

Todo lo anterior va encaminado, como seguramente ya te habrás dado cuenta, a revelarte que… el libro que tienes en las manos fue escrito por alguien que, hace tiempo, atravesó por un divorcio, y en efecto, le resultó un trance difícil y amargo. A pesar de que fue una experiencia muy dolorosa, mediante el trabajo constante y disciplinado, logró entenderla, superarla y sacarle el mayor beneficio posible. Sin embargo, lo más valioso que obtuvo de ello fue un maravilloso, profundo y extenso aprendizaje. Ahora usa lo que aprendió para ayudar a los que están viviendo una experiencia similar a que transiten, lo mejor posible, este duro viaje y resulten fortalecidos en el proceso.

En este libro he puesto toda mi experiencia de vida y profesional, mis conocimientos y opiniones acerca del divorcio y del amor. Lo he escrito sin tapujos y tratando de ser lo más claro posible. Contrario a lo que pueda sugerir su nombre, este no es un libro de pura palabrería optimista; sin duda, lo que más trabajo me costó al escribirlo, fue hallar un balance delicado entre el lenguaje coloquial y accesible, en conjunto con el lenguaje científico que denota el enfoque en el que se basa. Tienes mi palabra de que en la medida en que las circunstancias me lo permitieron, he simplificado lo mejor posible sus conceptos e ideas; todo lo aquí expuesto tiene bases científicas y comprobables. Gran parte de lo aquí explicado tiene que ver con la corriente cognitivo-conductual en la que me he *movido* como psicoterapeuta a lo largo de los años. Los ejercicios y actividades que hallarás en este libro están probados en la práctica, como tratamientos contra la ansiedad, las fobias, la depresión y sí, en el proceso de duelo.

También es importante señalarte que pese a que el título del libro hace referencia a un sentido de inmediatez en cuanto a la superación de tu divorcio, es vital que sepas que hay un proceso interno, claramente definido, y que es absolutamente necesario que atravieses para salir lo mejor posible de este trance, doloroso —es verdad—, pero pasajero que estás enfrentando. Sin embargo, pese a que esto te llevará algo de tiempo, he decidido usar la palabra ¡Ya! porque corresponde —estoy convencido absolutamente de ello—, a una verdad ineludible y que seguramente te llenará de esperanza: si has decidido empezar a afrontar tu situación actual y no la rehúyes como el grueso de las personas, has recorrido la mitad del camino para salir adelante. Es decir, te has puesto en el camino del ¡Ya!, porque decidir que es ahora el momento de la superación de tu divorcio y no después, es la mejor fórmula para dejarlo atrás. Lo que yo haré a lo largo de estas páginas será ofrecerte una guía pormenorizada de lo que vas a enfrentar en este reto que se te viene encima, porque ¿qué mejor manera de vencer al enemigo que sabiendo anticipar sus movimientos en el campo de batalla? Por último, quiero advertirte que también en ocasiones notarás que la forma de dirigirme a ti será de manera cruda y directa, incluso áspera, pero esto tiene el objetivo de clarificar lo más posible el panorama de lo que quiero exponer, así que te pido que no me odies por ello y sigas leyendo, tal vez logre sorprenderte.

De modo que si eres de las personas que no confían en los profesionales que aprendieron en carne propia lo que predican, mi mejor consejo (para infarto de mis editores) es que regreses este libro al estante de donde lo tomaste e inviertas tu dinero en algo más inmediato y que implique menos trabajo como, por ejemplo, ver una película romántica o comer una caja de chocolates.

Pero si quieres abrir la posibilidad de un camino que pueda ayudarte a entender, confrontar y superar lo que estás atravesando, tal vez esta obra pudiera ofrecértelo. Aunque debo de advertirte que para volver a disfrutar de una nueva y maravillosa vida, el camino será largo y *trabajoso* pero a la vez lleno de satisfacciones, de aprendizaje y, ¿quién sabe?, en ocasiones tal vez hasta te dibuje una sonrisa.

¿Vamos allá?

VICENTE HERRERA-GAYOSSO

BREVES INDICACIONES

Quiero hacer énfasis en aspectos que considero fundamentales acerca de este libro:

En primer lugar, te vas a dar cuenta de que está dividido en tres partes que, a su vez, se separan en varios capítulos. La primera de ellas se centra en el entendimiento acerca de lo que es el divorcio y el duelo postdivorcio. Esto es importante porque la mayoría de las personas suelen, al atravesar por algo así, reducir su percepción acerca de estas circunstancias a algo "malo", "horrible" y "culposo". El objetivo es que esta primera parte te sirva para abrir los canales de tu comprensión, que te arroje una luz que te tranquilice y te ayude a darte cuenta de lo que te está pasando. En efecto, es doloroso, pero no necesariamente significa que sea algo terrible o un callejón sin salida.

Aquí es el momento de aclararte, como lector de este libro, que si bien el título hace alusión al divorcio, no se reduce exclusivamente a eso, es decir, las ideas aquí vertidas son igualmente funcionales para una pareja de novios que ha decidido separarse. En realidad, los consejos y herramientas que te ofrezco pueden aplicarse tanto a la separación conyugal, de noviazgo, de unión libre o cualquier otro tipo de convivencia en pareja. Cabe aclarar que toda esta información es igual de valiosa tanto para parejas heterosexuales como para las parejas homosexuales.

La segunda parte hace referencia a una serie de errores recurrentes mientras se vive el duelo postdivorcio. Aquí hablo acerca de pensamientos, creencias y conductas que interfieren con la recuperación emocional luego de una separación. A lo largo de mi experiencia con pacientes que atraviesan duelos amorosos, he podido darme cuenta de que todos ellos –con variantes mínimas– cometen una y otra vez el mismo tipo de errores, tanto en sus pensamientos como en su conducta. Aquí expongo dichos errores y te guío para evitar que estos se conviertan en un obstáculo insuperable en el camino de tu superación. Para ello, he tratado de proveer ejemplos y ejercicios que te ayuden a darte cuenta de las cosas que estás haciendo y que lejos de ayudarte, te alejan de tu objetivo de sanación. En esta sección es importante que hagas acopio de toda tu honestidad para que logres identificar una o más de estas acciones y puedas entender cuál es el nuevo sendero que debes de tomar para enmendar la situación.

Por último, la tercera parte habla acerca del amor. Una vez que hayas comprendido las dos primeras secciones, en esta podrás darte cuenta de que probablemente algunas de las ideas que tenías acerca del amor cuando estabas en pareja y que seguiste manteniendo durante tu proceso de divorcio, pudieran estar un tanto alejadas de la realidad y se han convertido en ideas disfuncionales. Esto es importante porque recuperarse de una pérdida amorosa no solamente se trata de dejar de sufrir en ese momento y por esa persona, sino reconocer que es necesario aprender de esa experiencia y, a futuro, evitar colocarnos en una situación similar por seguir teniendo esas ideas equivocadas. Aquí también es necesario arroparse de humildad y disponerse a dar cabida a otras definiciones de lo que es el amor porque, a fin de cuentas, este no tiene una concepción única y exclusiva.

Mi recomendación es que, si bien cada una de las partes del libro pueden leerse de manera independiente, hagas todo lo posible para realizar la lectura en orden. Esto lo considero fundamental, ya que he intentado hilvanar las ideas de modo que cada una de ellas pueda apoyarse en la que le precede, para así darle mayor fuerza y contundencia. Pero esa decisión es exclusivamente tuya.

El segundo punto que deseo aclararte y que es fundamental, es que tienes en las manos *un libro para rayar.* Escribe en él lo que piensas, anota al margen tus puntos de vista, subraya y ponle colores a cada frase o párrafo que te interese. La consigna es que lo uses como un cuaderno de trabajo. Esa es la manera en que las enseñanzas aquí expuestas no se pierdan en un mar de ideas y cobren una forma más definida en tu cabeza; así podrás identificarlas y usarlas como mejor te parezca para tu beneficio.

Yo siempre rayo o escribo en los libros que leo, no hay un solo tomo en mi biblioteca –tal vez con excepción de las novelas–, que no contenga expresiones personales o partes marcadas en colores. *¿Cómo es posible?* Te preguntarás. ¡Un autor que acepta que raya sobre los libros! Pues sí, en realidad he podido darme cuenta de que la mente tiende mucho más a hacer suya la información cuando se hace una anotación propia. Esto se debe a que hay una traducción personal de la idea, evitando que esta se quede en el simple entendimiento intelectual de la misma o en el lenguaje del autor. Al hacer una *traducción*, podemos comprender ciertas pautas de forma más *orgánica*, discernir sobre ellas, adecuarlas a nuestra situación personal para luego ponernos en acción.

Tal vez te digas en este momento: "¡Pero me enseñaron que los libros jamás se rayan!". Bueno, pues lo que tengo que responder a eso es que no fue una muy buena enseñanza; o si lo prefieres, en caso de que alguien se te quede viendo inquisitoriamente cuando estés haciendo una anotación en él o de plano te pregunte con una cara de reprobable asombro: "¿Por qué maltratas tu libro?", la respuesta –poco lisonjera pero sumamente asertiva– que puedes dar es: "Precisamente por eso, porque es mío".

Muy bien, ¿tienes lápices a la mano?

PRIMERA PARTE

ENTENDIENDO EL DIVORCIO

"Divorciarse es como ser arrollado por un camión de cuatro ejes; si sobrevives a ello, empiezas a mirar con mucho cuidado a derecha e izquierda".

JEAN KERR

Había una vez una cachorrita que vivía en una casa muy hermosa con un gran jardín y habitaciones de techos altos, en donde todo estaba siempre limpio y el sol parecía asomarse hasta el último rincón cada día. La cachorrita era muy feliz porque creía que no existía nada más allá de esa enorme casa.

Pero un día todo cambió. No fue algo que pasara de repente, sino que, gradual e inexorablemente, la casa empezó a cuartearse poco a poco en sus cimientos. Una grieta aquí, otra allá, día con día, paulatinamente, provocando que empezara a hundirse. Los dueños intentaron salvarla pero sin éxito, pues ya había acumulado demasiadas cuarteaduras escondidas en su fachada, aparentemente hermosa. Y así la cachorrita se quedó sin *ese* hogar. Y con esa pérdida llegó el sufrimiento.

Entonces, la hermosa cachorrita acudió al árbol del maestro búho que se encontraba en el inmenso jardín para pedirle consejo. Le explicó su desconsuelo y como era incapaz de sobreponerse a lo que le ocurría, por lo que temía no poder seguir viviendo así, ya que el miedo a enfrentarse a los cambios que implica mudarse a una nueva casa, la paralizaba. Le preguntó si podía darle un consejo que le permitiera no tener miedo. El maestro búho la escuchó serenamente y entonces le propuso que recorriera la ciudad entera preguntando a cada animalito con el que se topara si

3

alguna vez se había mudado de casa. Le dijo que cuando encontrara alguno que no lo hubiera hecho, lo llevara a su presencia. Más desconcertada que nunca, echó a andar hacia la ciudad y pasó todo el día tratando de hallar algún animalito que nunca se hubiera cambiado de casa. Cuando cayó la noche se dio cuenta de que no había encontrado a ninguno porque no había nadie en toda la ciudad que hubiera permanecido para siempre en un solo lugar. Casi al amanecer, cansada, regresó al viejo roble y el maestro búho le confirmó entonces lo que ella ya había comprendido: no era la única que tendría que mudarse de la casa donde creía que estaba su felicidad; no estaba sola.

"Las pérdidas –le dijo el maestro búho– son algo que alcanza a todos. Son inevitables. Y lo que es inevitable, no debe lamentarse toda la vida. Los cambios son lo único constante. Y lo que nos cambia duele, pero nos fortalece. Y cuando crees que eso solo te ha sucedido a ti, lo mejor es echar una ojeada por encima del hombro y te darás cuenta de que alguna vez, todos los demás también han pasado por lo mismo que tú".

He querido empezar con esta pequeña fábula porque me parece muy ilustrativa. Pienso que dice más que muchas estadísticas o conceptos que analizan la situación por la que atraviesas. Sin embargo, también estos conceptos son necesarios para situarnos, entender y actuar en consecuencia con respecto a todo lo que implica una ruptura amorosa. Veamos:

Es un hecho comprobado que actualmente la sociedad en general y la pareja en particular se encuentran inmersas en una *era de desamor*, es decir, una época en que los vínculos afectivos son raquíticos –incluyendo al matrimonio– y hay una "pobreza" generalizada en la capacidad para resolver los conflictos en las relaciones interpersonales casi pandémica. Las estadísticas de principios del siglo XXI sugieren que, a nivel mundial, uno de cada dos matrimonios terminará en divorcio antes de los cinco años posteriores a su consumación. Ello provocará el debilitamiento de la relación padres-hijos, el aumento de la promiscuidad sexual y la generación de más divorcios. Y la tendencia va a la alza. Por ejemplo, en un estudio realizado en un lapso de veinticinco años en varios países, se registraron datos de incremento en el divorcio de entre un 34 % (Suecia) hasta un increíble 509 % (Canadá).[1]

¿Qué significa lo anterior? Es muy sencillo. Ante estas cifras podrás darte cuenta de algo sumamente valioso: por más que quieras boicotearte para hacerte creer que hay algo mal en ti y por eso te sucedió lo que te sucedió, no es así; **no eres la única, ni la primera, ni la última persona que enfrentará un divorcio.** Como en el caso de la cachorrita de la anécdota, no eres el único que está solo en esta situación. No te sientas especial –de mala manera– por lo que está pasándote, date cuenta de que, aunque suene crudo, formas parte de una tendencia mundial e inevitable que se ha convertido, nos guste o no, en parte de la vida. No quiero decir que hay que alegrarse por atravesar una situación como la que implica un divorcio (aunque a veces, en verdad, sea un motivo de alegría) o que hay que tomarse el compromiso matrimonial a la ligera; lo que digo es que tu obligación es darte un voto de confianza con respecto a lo acontecido y seguir adelante con la fortaleza que te ha dado el aprender una lección muy importante para la vida.

¿Qué es el divorcio emocional?

Es obvio que los seres humanos somos animales gregarios y sentimos la necesidad de formar grupos o parejas, lo cual ha

---

[1] Estos datos pertenecen a una conferencia de Jorge Scala llamada *Efectos del divorcio según las estadísticas* y apareció publicada electrónicamente en www.prolifeworldcongress.org en mayo de 2008.

sido una enorme ventaja evolutiva a lo largo de miles de años; sin embargo, esto también ha implicado la implementación de *reglas del juego* para el mejor funcionamiento del grupo. Los miembros se apropian de esas reglas o normas y las incorporan como suyas, en gran medida porque se establece desde una edad temprana –por parte de los adultos– que es obligación del grupo seguirlas y obedecerlas. Cuando alguien se las salta, es juzgado y censurado de inmediato por el resto.

Pues bien, esto es similar a lo que sucede con el divorcio. La sociedad, que dicta esas reglas, ve como un hecho subversivo la separación de los cónyuges y reacciona en consecuencia. Todo esto se puede volver un gran *peso* para los involucrados si no están claros de las consecuencias positivas que también surgen de esta situación. Para ello, te invito a que dejes de lado, por un momento, todas las creencias que tienes acerca de lo "malo" y lo "bueno" de lo que está sucediendo y en este momento te centres en entender qué es un divorcio.

En términos concretos, un divorcio es una crisis que afecta directamente el proceso emocional de la persona que lo vive. Crisis significa, en su concepción etimológica, *decidir*. Es un punto en el que algo se rompe y porque se rompe hay que repararlo. No puede haber un cambio y por tanto un aprendizaje, si no se enfrenta una toma de decisión en el proceso. Un conflicto de esta magnitud nos obliga a pensar, por lo tanto genera análisis y reflexión. Durante el transcurso de ese recorrido, tú que seguramente estás en él, debes de entender y aceptar que forzosamente sufrirás una transformación que te llevará a replantearte muchas ideas y creencias que hasta este momento habías adoptado y seguido como tuyas, posiblemente sin ningún cuestionamiento profundo. Es en este momento que el replanteamiento y posible cambio de dichas ideas, siembran en la persona una nueva semilla de madurez e inteligencia emocional, que le abrirá un panorama más alentador en su vida.

No trataré de engañarte. Enfrentar una crisis y crecer emocionalmente implica que te duela y esto es particularmente cierto en cuestiones del corazón. Deberás estar dispuesta a enfrentar la congoja que causa, de manera natural, la evolución emocional que enfrentarás para que sanes y retomes tu nueva vida con una visión renovada, única y libre, que te hará inmensamente feliz. Sé que suena un poco temible pero he aquí algo que tal vez ignores y que será un aliciente fundamental para caminar la ruta postdivorcio: el retroceso, estancamiento o avance en este proceso depende casi **exclusivamente** de ti. Tú serás responsable de cuán rápido quieres salir de ese rincón oscuro en el que todos los que nos hemos divorciado hemos estado. Y te tengo buenas noticias: si has decidido leer este libro, ya empezaste a recorrer el camino de superación; vas a conocer, a aprender a identificar y a reflexionar sobre muchos patrones que probablemente te sirvieron para salir adelante, y los transformarás de manera que puedas usarlos como herramientas a tu favor.

El divorcio tiene tres diferentes momentos los cuales son: el divorcio físico, cuando la pareja decide vivir en distintos lugares, aunque esto únicamente se tome como una "separación"; el divorcio legal, que es cuando ante la ley se disuelve el vínculo matrimonial; y el divorcio "emocional", que se refiere al proceso necesario para sanar heridas, lograr un equilibrio personal y continuar viviendo de manera productiva. Este último es, posiblemente, el más delicado de los tres, porque puede no culminar si la persona no lo afronta con asertividad y puede permanecer en ese momento aunque los otros dos hayan concluido. Del aspecto físico y legal ya se han ocupado muchos autores, algunos de ellos de manera más que adecuada, por lo que en este libro me referiré a la superación del divorcio emocional.

En el aspecto emocional se encuentra la clave para retomar el control de nuestra vida porque es aquí en donde verdaderamente se da la recuperación del divorcio.

Un hombre que conocí hace años me contó cómo su esposa le había pedido el divorcio y que dejara la casa; poco tiempo después de eso, ella había empezado a salir con otro hombre. Recuerdo con toda claridad la forma en la que se le transformaba el rostro en una especie de *máscara de ira*, mientras hablaba de la "afrenta" que era para él que la nueva pareja de su exmujer usara sus pantuflas y su bata de baño –lo decía como si él hubiera estado ahí, aunque solamente pasara en su imaginación–. Le dije que era normal sentirse enojado y frustrado cuando las cosas estaban tan recientes; en ese instante él me volteó a ver con una mirada confusa y agregó: "¿Reciente? No, no es reciente, pronto serán diez años de eso." Me quedé anonadado, ese hombre había vivido los últimos diez años de su vida en un enojo y dolor brutales por el miedo a divorciarse emocionalmente por fin; había preferido perpetuar su sufrimiento en lugar de aceptar la situación, vivir su duelo y crear una mejor versión de sí mismo. Así que como dije, no voy a mentirte, este es el momento más doloroso del divorcio y debes saber que la recuperación no se da por arte de magia, sino a través de mucho esfuerzo y trabajo dedicado. Distintos factores influyen para lograrla, como son la disposición para aceptar el cambio, la actitud correcta y la erradicación de pensamientos inservibles. Sin lo anterior, seremos incapaces de mantenernos en el camino, espinoso a veces y otras no tanto, que nos lleve a la liberación emocional e incluso física de la antigua relación.

¡Basta! Divorciarse no es fracasar

A pesar de los cambios que ha habido durante las últimas décadas, todavía hay reminiscencias del tabú que rodea al divorcio. El estigma que le cuesta más trabajo sacudirse a los recién divorciados es, quizá, la creencia latente de que la decisión tomada, de forma bilateral o no, se ha constituido como un fracaso que permea sus vidas. Lo que tengo que decir al respecto es que esta es una creencia engañosa. Pero también entiendo que aunque es equivocada, cuesta trabajo exiliarla de nuestra mente.

El modelo occidental del matrimonio ha terminado por convencernos de que si estamos divorciados es porque algo no funciona bien con nosotros como personas, ya que estamos al margen de las normas establecidas, de lo que es correcto y de lo que no es. Sin embargo, esa no es la cuestión, el problema radica en que aún no somos capaces de librarnos por completo de esa creencia pasada de moda. Me parece asombroso lo que el mundo ha avanzado en cuanto a tecnología, comunicaciones y ciencia, pero seguimos manteniendo viejos atavismos que han dejado de ser funcionales, como es el caso de las ideas erróneas acerca del divorcio. Y ¿quién dicta esa serie de normas acerca de lo "correcto" e "incorrecto"? La respuesta es, desde luego, la sociedad, generando una consecuencia que afecta directamente a la persona: el sufrimiento emocional de sentirse sola y fracasada, casi como un paria de dicha sociedad.

Quiero ser lo más claro posible: **divorciarse no es fracasar.** Talla a cincel esta frase en *la roca de tus ideas* y jamás dejes que la creencia de que fracasaste haga un *nido* en tu cabeza. Este es aspecto de considerable peso en la consecución de tu meta actual, es decir, en la superación de la situación por la que atraviesas. Sé que en este momento te estás diciendo a ti mismo algo así como "¡me siento hecha pedazos, estoy absolutamente devastada y este hombre me dice que no he fracasado!". Pues así es; distinto a lo que crees, no has fracasado. Por el contrario, estoy convencido plenamente de que, aunque sea un proceso muy doloroso, atravesar por una separación o divorcio, es una de las maneras más contundentes para concretizar un aprendizaje fundamental para el resto de tu vida .

Joyce Brothers, una famosa psicoterapeuta norteamericana lo reflexiona en su libro *Vivir sin él: cómo superar el trauma de la soledad*: "Por alguna razón, vemos el divorcio como una señal de fracaso, a pesar del hecho de que cada uno de nosotros tiene el *derecho* y la *obligación* de rectificar cualquier otro error que cometemos en la vida".[2]

Brothers da en el clavo cuando hace hincapié en el hecho de que prácticamente a todos se nos permite fracasar de vez en cuando y corregir esos tropiezos sin ser juzgados a profundidad, con excepción de cuando nos divorciamos, ya que es la mayor afrenta contra la sagrada institución del matrimonio, olvidando que no hay nada más importante y que genere mayor obligación con un individuo, que su bienestar personal. No necesariamente lo que es "correcto" para la sociedad tiene que ser conveniente para un individuo. Un divorcio pues, es la decisión de poner fin a una relación amorosa que dejó de ser sana y funcional; por lo menos dejó de serlo para un miembro de la pareja y, tal vez lo más importante, es que se basa en el deseo de la búsqueda de una vida mejor. Si los involucrados lo hacen por y para sí mismos, ¿en dónde está el fracaso?

No me malinterpretes, no quiero dar la impresión de que soy un activista a favor del divorcio, nada más lejos de la verdad. Sé que en una ruptura hay una multitud de factores y que no todos se pueden colocar en un mismo grupo. Pero sí quiero que sepas que si has llegado al momento en que debas de enfrentártele, mi sugerencia es que partas de la certidumbre de que al final del camino la recompensa será extraordinaria. Puedo entender también que no seas capaz de creerlo, al menos por ahora, pero mi confianza está en que después de leer este libro entiendas mejor lo que te está pasando y lo uses en ti y tu nueva vida.

---

[2] Las cursivas de la cita son de mi autoría.

Tal vez el meollo del asunto está en la confusión que tenemos acerca de lo que es fracasar. Veamos, si un niño reprueba un par de materias en la secundaria y el resto de sus calificaciones son regulares pero se presenta en un concurso de música y obtiene el primer lugar, ¿cómo se le califica? Tal vez a su papá, que es contador y que está furioso, le avergüenza que la gente se entere de que su hijo saca notas mediocres y crea que esto es fracaso. Sin embargo, para su tía, que es directora de orquesta, el triunfo en el concurso musical es motivo de orgullo y quiera presumir a su sobrino con todo el mundo ya que lo considera un niño exitoso. ¿Quién tiene la razón?

Lo que quiero decir es que agobiarte por el hecho de considerar tu divorcio como un fracaso te lleva a reforzar un patrón de miedo, angustia y desesperación, nada provechoso para tu estabilidad emocional. Es energía desperdiciada que podrías emplear en entender lo que sucedió y mejorar en consecuencia, después de todo, esa es la base de nuestra evolución como seres humanos. Para ello, tienes que tener claro que *aunque el fracaso puede ser un evento, jamás será una persona*; esta frase de Zig Ziglar, uno de los más conocidos oradores motivacionales y autor de una decena de libros, es muy cierta y nos habla acerca de que la interpretación del término "fracaso" depende, en gran medida, del *color del cristal a través del cual se le está mirando*.

Ejemplo de lo anterior es la historia de Abraham Lincoln, quien sufrió la muerte de su primer y único amor y esa pérdida fue, en gran medida, lo que lo impulsó a luchar para superarse. Experimentó un fracaso tras otro ¡a lo largo de casi 28 años! En 1833, cuando intentó ser elegido para la Cámara de Representantes perdió, no una, sino tres veces y no fue electo hasta 1849. En 1854 perdió para ser parte del Senado. Dos años después no ganó la nominación para la vicepresidencia y poco después fue de nuevo derrotado para ser senador. Pero jamás se dio por vencido, estos reveses le dieron cada vez más experiencia y, finalmente, en 1860, casi tres décadas después de empezar su carrera política, fue electo para ocupar la presidencia y pasó a la historia como uno de los más grandes mandatarios, no solo de su país, sino de la historia del hombre moderno. ¿Dirías que Lincoln fue un fracasado o un triunfador?

Así pues, el concepto de fracaso que cada quien tiene es una visión particular proveniente de los sentimientos que se generan ante una situación en particular. Esto me lleva a enfatizar que por el estado vulnerable en el que te encuentras, justo ahora tus sentimientos resultan sospechosos por sí mismos, así que te invito a tener cuidado con ellos. Solemos poner tanta atención en la sensación que nos aqueja, que perdemos de vista cualquier esperanza de mejora u oportunidad de aprendizaje que pudiera vislumbrarse. Lo más común es que confundamos lo que sentimos con lo que creemos que es la realidad, es decir, perdemos objetividad y nos dejamos guiar por lo que estamos experimentando, o sea, por la subjetividad. Todo lo que experimentamos se permea a través de los sentidos, y estos son particulares de cada persona, lo que quiere decir que nuestra apreciación inicial es subjetiva. Lo que vuelve objetiva esa experimentación subjetiva es el proceso mental que se realiza posterior a ella. Esta sutil diferencia constituye el pilar de la autoestima. Déjame ponerte un ejemplo personal.

Poco tiempo después de mi propio divorcio, comí con un amigo y casi al inicio de la plática me soltó sin ningún tipo de anestesia: "¿Cómo te sientes? ¡Caray, un divorcio! Debe sentirse como un fracaso". Poco faltó para atragantarme con la comida. Él notó mi reacción e intentó disculparse por su falta de tacto pero le interrumpí diciendo: "Tienes razón, así se siente, pero sé que no es así y lo sé porque sigo vivo, fortalecido por la oportunidad de un nuevo aprendizaje y aunque es doloroso, también sé que el dolor terminará y volveré a ser feliz". Es muy probable que si yo no hubiese estado claro en la diferencia entre la percepción de la realidad y lo que realmente era no hubiera tenido la capacidad de ser objetivo y casi seguramente el comentario de mi amigo hubiera terminado hundiéndome en su propia creencia subjetiva. **Siempre debes de recordar que un evento como un divorcio genera experiencia en ti, aunque los demás no lo vean.**

Esta anécdota tiene como objetivo el advertirte que es casi seguro que durante el proceso de recuperación, te toparás con gente que crea que fracasaste y tal vez, a veces sin querer, y otras con toda intención, te hagan sentir que así es. Recuerda que cada quien externa su opinión de acuerdo a su propia historia y experiencias, pero eso no tiene nada que ver contigo. Además, como indica la respuesta que le di a mi amigo, tienes que ser consciente de que cuando algo se sienta de determinada manera, no necesariamente significa que sea real y esto es porque **los sentimientos no son hechos sino traducciones de la mente acerca de la realidad que estás viviendo.**

La diferencia entre emociones y sentimientos

Los términos emoción y sentimiento han suscitado gran confusión a lo largo de los años. Se han usado como sinónimos, a pesar de que desde hace mucho tiempo se sabe que no son lo mismo. En 1884 se propuso la primera teoría acerca de esta diferencia,[3] pero no fue sino hasta mediados de la década de los setenta que empezó a permear la idea de que en absoluto eran

---

[3] En 1884, William James y Carl Lange postularon simultáneamente, aunque de forma independiente, que las emociones tenían un mecanismo distinto a los sentimientos. La teoría es conocida como la Teoría James-Lange de las emociones.

lo mismo. Previamente con las terapias desarrolladas por los psicólogos Aaron Beck y David Burns, ya se habían establecido diferencias notables entre ambos; pero fue a partir de 1990, con los avances de las ciencias neurológicas, que fue posible comprobarlo experimentalmente.

¿Cuál es la diferencia entre ambas y para qué te sirve saberlo? Veamos:

La primera diferencia se identifica rastreando el origen de ambas palabras, porque mientras que emoción viene del latín *motere*, que significa *movimiento* o *alejarse de*, el término sentimiento proviene de *sentire*, que implica *pensar* o *darse cuenta de algo*. Mientras que la emoción nos provoca ir a la acción, el sentimiento –al ser un evento mental exclusivamente– suele estar cargado de creencias personales, a veces rígidas, equivocadas y aprendidas de otras personas, pero que no necesariamente tienen que ver con uno mismo ni con la realidad en sí. El sentimiento suele quedarse a nivel de pensamiento y no nos mueve a actuar en consecuencia. Tal vez esto te quede más claro si te cuento un poco acerca del doctor Antonio Damasio y su aportación al tema.

Exactamente cien años después de la formulación de la primera teoría acerca de las emociones y sentimientos, el doctor Damasio, en su libro *El error de Descartes: la razón de las emociones*, llegó a la conclusión de que –y en términos sencillos–, las emociones se experimentan de manera *física*, sin un pensamiento previo, lo que quiere decir que se dan de forma automática e inevitable, mientras que los sentimientos se *piensan* antes de reflejarse corporalmente, lo que indica que son aprendidos, mediatos y –lo más importante, para el tema que te concierne actualmente–, **controlables**. Esto es, en esencia, lo que actualmente se denomina *Inteligencia emocional;* aspecto a considerar en la estrategia de superación que necesitas seguir.

El ser humano experimenta seis emociones básicas: miedo, tristeza, alegría, enojo, sorpresa y asco,[4] Cada una de ellas es un "tronco" donde *crecen ramas de pensamientos y sentimientos*. Cuando por el estado vulnerable en el que nos encontramos, se distorsiona un pensamiento que se ha generado por alguna de estas emociones, damos paso a un sentimiento con respecto a lo que está aconteciendo y dicha traducción personal de la situación puede no ser fiel a la realidad del hecho y así, provocarnos sufrimiento o una mala toma de decisión al respecto.

Por ejemplo, si se lleva al extremo el miedo –que como emoción básica es un mecanismo que ha servido para el triunfo evolutivo, ya que provoca una acción de lucha o huida–, se puede convertir en pánico, provocando que la persona se paralice y no sea capaz de pelear o escapar.

El mecanismo que actúa para que se dé esta transición es el siguiente:

1. Aparece la emoción (el miedo).
2. La persona tratará de luchar o de huir cuando la emoción aparece.
3. La emoción es detectada por el pensamiento.
4. El pensamiento transforma la emoción en un sentimiento (pánico, angustia, abatimiento y desesperanza). Lo hace más o menos con un pensamiento como: "No sobreviviré a esto".
5. La persona invadida por el sentimiento descontrolado, por tanto no huirá, no luchará, en pocas palabras no

---

[4] Esta lista está tomada de la clasificación que en 1972, otro notable investigador, el doctor Paul Eckman, utilizó en su teoría de la emoción. En 1999 esa lista fue ampliada para incluir una serie de nuevas emociones como la vergüenza, el desprecio o el orgullo, pero he decidido dejar el tronco original de la teoría que Eckman postuló en la Universidad de California, por parecerme sumamente acertada.

hará nada para ayudarse ya que el pensamiento le ha dicho que no hay nada que pueda hacer y ¡ella lo ha creído!

En el caso de un divorcio es bastante recurrente la aparición de este patrón. Las personas creen, por ejemplo, que permitirse sentir dolor por su situación las llevará a caer en el sufrimiento –el sentimiento general del dolor–, o que sentir tristeza por su pérdida equivale a estar deprimidas, entonces con todas sus fuerzas tratarán de evitar el dolor o la tristeza y lo que lograrán con ello, irónicamente, es que sus pensamientos giren en torno a esto en una espiral sin fin; otorgándole un significado extra a esa tristeza o dolor y detonando un cuadro de sentimientos depresivos. Entonces pueden suceder dos cosas: continúan negándose rotundamente a experimentar sus emociones, lo que las convierte en un explosivo ambulante similar a un terrorista suicida (en este caso un terrorista emocional) o se van al extremo de quedarse inmersas en lo que están sintiendo, eternizando la emoción, es decir, convirtiéndola en sentimiento al otorgarle significados irreales que les impiden mejorar. La paradoja de todo esto es que son las personas las que establecen esta perpetuación de estados nocivos, no tanto la propia situación que viven.

Ahora, ten cuidado en creer que lo que estoy diciendo es que todos los sentimientos son tóxicos y que hay que evitarlos, no es así. Lo que quiero que entiendas, y que te servirá más adelante para procesar tu duelo y aprender de él, es que las emociones que nos invaden son inevitables y tienen una temporalidad natural que les otorga tu propio organismo, no les da ni más ni menos tiempo del necesario para cumplir el objetivo para el que están diseñadas, mientras que los sentimientos, al ser controlados por los pensamientos, pueden eternizarse tanto como tú quieras y esto es lo que puede resultar contraproducente y hasta peligroso. Abundemos más acerca de esto a continuación.

No confundas tristeza con depresión

Quiero hacer hincapié en este punto ya que es fundamental entender ambos conceptos para salir adelante durante un proceso como el que implica un divorcio. A la depresión se le considera el *cáncer* de los trastornos que afectan la psique del ser humano. Se sabe mucho acerca de ella pero no se ha encontrado algo completamente efectivo para combatirla. Los consultorios de psicólogos y psiquiatras están atestados de personas que padecen depresión en muchas de sus formas, gran parte de estos casos, debido a la separación de sus parejas. Sin embargo, un punto fundamental es que conviene aclararte la diferencia que existe entre esta y la tristeza *natural* que conlleva un divorcio.

Para empezar debes saber que la tristeza es una emoción normal originada por apreciaciones realistas de sucesos que implican una pérdida o una desilusión objetiva y sin maquillajes. Es normal que nos embargue la tristeza si perdemos a alguien querido, vivir este proceso es incluso necesario. Por otro lado, con la depresión esto no es así, no es para nada un proceso beneficioso ya que es un trastorno que casi siempre tiene sus raíces en traducciones equivocadas y percepciones erróneas de uno mismo o su situación.[5]

En el caso de un divorcio, por ejemplo, sería lógico pensar: "Se ha ido, voy a extrañar el amor y todo lo que teníamos juntos", lo cual genera una normal sensación de tristeza que te servirá para poner un alto, comenzar tu proceso de duelo y replantearte un nuevo significado de lo que has vivido. Pero si en vez de ello te sitúas en un pensamiento del tipo: "Con su parti-

---

[5] Utilizo el término *casi* porque las modernas investigaciones médicas han demostrado que algunos tipos de depresión tienen su origen en factores hereditarios, por lesiones cerebrales u otras causas. Pero debido a la naturaleza de este libro, me centraré exclusivamente en los aspectos mentales de la misma.

da mi felicidad se acabó para siempre, ya no soy nada sin su presencia y no podré salir de esto", lo que harás será generar sentimientos de derrota y desesperanza que te afectarán en otras áreas de tu vida, los cuales, de perpetuarse, podrían llevarte a un estado depresivo.

La primera diferencia radica entonces en distinguir entre la percepción de la situación y la realidad que sí estás atravesando. La tristeza se centra en el hecho y la depresión en tus miedos acerca de ese hecho. La clave está en no dejarte dominar por esos miedos y situarte en el aquí y el ahora: Estoy divorciada, punto. Ni más ni menos. Ahí es donde tienes que parar el pensamiento.

Otra enorme diferencia entre la tristeza y la depresión es que la primera es transitoria, lo que quiere decir que tiene un límite de tiempo. No se queda más allá de lo necesario para acelerar un proceso de sanación. En cambio, la depresión tiende a perdurar y se obstina en la repetición, provocando un círculo vicioso: a más depresión más sentimientos y pensamientos nocivos y viceversa.

Así que, cuando la tristeza llegue, no te tienes que pelear con ella, acepta que es parte del camino. Eso sí, ten cuidado de no extralimitarte en el tiempo que te quedas en ella, pues podría convertirse en depresión. Ahondaremos más sobre esto al llegar a la parte del duelo amoroso.

La tercera diferencia —y desde mi punto de vista la más importante— es que la tristeza no se mete con la autoestima del individuo, mientras que la característica fundamental de la depresión es detonar una disminución en el concepto de valía personal. Esto sucede porque, cuando te sientes deprimido, los pensamientos y sentimientos negativos prácticamente invaden todo tu mundo. Empiezas a creer que el futuro es aciago, e incluso, al voltear a ver el pasado, solamente recuerdas las cosas negativas que te acontecieron. El resultado es una sensación de impotencia ante ello. Pero recuerda que **los sentimientos no son hechos**. Aunque parezcan reales, son solo una mala imitación de la realidad y puedes cambiarlos. Además, contrariamente a lo que puedas creer, la autoestima no solo se refiere a "sentirse bien". Se trata de una necesidad mucho más profunda que es difícil de satisfacer con cosas superficiales.

El juicio de valor más importante y que afecta directamente el desarrollo emocional, es el juicio que hace una persona de sí misma, por lo que es fundamental poseer un equilibrio en esta cuestión. Es decir, es necesario mantener la homeostasis del individuo para generar un estado de sana autoestima, lo que lo hará más funcional en su vida. Un deterioro en la autoestima, sin embargo, no sucede de la noche a la mañana por un solo evento traumático como pudiera ser un divorcio, sino que se va generando a través de una serie de pensamientos y creencias irracionales a lo largo de la vida y que no están en sintonía con lo que el individuo es en realidad. Hace tiempo, una paciente, con severas fallas de autoestima, repetía las mismas equivocaciones una y otra vez con sus parejas (lo que inevitablemente provocaba que estas se alejaran de su lado), y con toda la candidez de su ignorancia en el tema, me decía, con la cabeza baja:

"Doctor, en ocasiones algunas personas me han dicho que no son ellos (sus parejas) los que tienen algo que resolver, sino que soy yo la que tiene un problema al respecto, ¿será que es cierto que soy yo la del problema?".

"Por supuesto que eres tú la del problema", le respondí francamente. "Ellos solamente son las variables de la ecuación, pero la constante, la que da la respuesta a la fórmula eres, en efecto, tú."

Si esta debacle es, por tanto, resultado de las equivocaciones y engaños que te haces a ti mismo, ¿cómo empezar a subsanar esto? Piensa en lo siguiente: ¿Qué sucede contigo cuando tu estado de ánimo es tan bueno que lo puedes catalogar como extraordinario? ¿Acaso eso probaría que ese estado de felicidad es lo que te hace ser excepcionalmente valioso? ¿Si de vez en cuando no te sintieras así significaría que no vales nada? No, ¿verdad? Entonces ¿por qué cuando los estados de ánimo son lamentables o aciagos insistirías en creer que no tienes valor alguno? **Tus sentimientos no determinan tu valor, simplemente muestran un estado variable de bienestar o malestar.** Así que pon atención, en particular durante las primeras etapas de este camino que has empezado a andar, date permiso para sentir la tristeza saludable que te embarga y ten cuidado en no perpetuarla y correr el riesgo de que se transforme en depresión.

La felicidad siempre vuelve

Finalmente me gustaría resaltar un punto fundamental en los seres humanos y que tiene que ver con la supervivencia afectiva. Seguramente, durante estos momentos que atraviesas, una de las preguntas que más te formulas es ¿volveré a sentirme bien o me quedaré en este dolor para siempre? Probablemente mucha gente cercana a ti y a la cual le interesas te ha repetido infinidad de veces que volverás a ser feliz, pero también es probable que a la mayoría, si no es que a todas ellas, les hagas apenas caso ya que te parece que eso *nunca* volverá a suceder. Sin embargo, resulta que *siempre* tienen razón, aunque no puedas verlo por ahora. ¿Por qué es cierto esto?

Hagamos algo, piensa en aquella primera decepción amorosa que tuviste, tal vez en la secundaria o en la universidad. ¿Recuerdas lo increíblemente devastadora que fue en su momento? ¿La manera en que no comías o no parabas de comer y no dejabas de hablar con los demás de lo fatal que te sentías? Haz un esfuerzo e intenta recordarla de la manera más vívida posible.

Bien, ya lo tienes. Ahora trata de evocar y sentir las emociones y sentimientos que en ese momento no te dejaban vivir feliz. ¡Te apuesto a que no eres capaz de hacerlo! Y eres incapaz de hacer que eso ocurra porque tus sentimientos con respecto a la situación han cambiado. Aquí conviene hacer una pequeña pausa y situarnos en entender la forma en que trabajan los sentimientos.

Verás, a los sentimientos se les podría llamar algo así como "las traducciones personales de la realidad". Cuando alguien experimenta un sentimiento, lo que está haciendo es percibir la realidad a través de sus propios constructos –que es el nombre que reciben las ideas personales con respecto al momento que se está viviendo–, lo que quiere decir que muchas veces esa persona puede terminar siendo víctima no de la realidad que vive, sino de la construcción de esa realidad en su cabeza. Porque lo que denominamos sentimientos en realidad son una gigantesca parte de nuestra cultura más que de nuestra lógica racional, lo que quiere decir que están conformados por las enseñanzas que hemos recibido desde que nacimos y del entorno que nos ha rodeado desde siempre (familia, amigos, escuela, etc.). Este es un gran cúmulo de programaciones que rigen nuestra realidad, nuestro día a día. El problema es que muchas veces esa información es falsa. Los sentimientos al ser la expresión de dicha programación encierran entonces una porción de engaño que, dependiendo de la persona, puede ser mayor o menor y afectar de esta forma su vida.

Entonces cuando –como ahora– te preguntas ¿cómo es posible que no me cause mella alguna eso que me hacía sentir destrozada en la universidad? ¿Qué fue lo que cambió? ¿Cuál es el mecanismo que provoca que tanto malas como buenas experiencias queden en el pasado y un estado íntimo más saludable aparezca tras esos eventos? ¿Por qué siempre se vuelve a la estabilidad emocional y sentimental? La respuesta tiene que ver con el asunto de los sentimientos (la felicidad es uno de ellos) y su cambio constante. La maravilla es que estos no permanecen constantes, sino que van evolucionando a lo largo de tu vida; por ejemplo, lo que te causaba pánico de niño es posible que ya no lo haga ahora, o al menos, haya disminuido hasta el punto que puedes controlarlo. Asimismo, ese sentimiento llamado infelicidad, en su momento –como en el del ejemplo–, ya tuvo su tiempo de existencia y ahora ya no se aplica en el presente porque tú no eres la misma persona y tu realidad tampoco lo es. Tu programación se ha transformado en una más acorde a este instante y por eso ya no te duele igual que antes. Aunque aparentemente suene complicado no lo es tanto y me gustaría que te quedara más claro, para ello voy a tomar el caso del sentimiento llamado felicidad.

Sin importar lo que se quiera creer, la consecución de la condición de felicidad es una meta que todo ser humano busca a lo largo de su vida. Salvo contadas ocasiones, como puede ser un caso de indigencia extrema, los seres humanos, sin excepción, nos hallamos repetidas ocasiones en ese estado a lo largo de nuestra vida. ¿No me crees? Piensa en esto: todo el equilibrio de nuestra existencia está basado en opuestos, existe noche porque hay día, lo negro y lo blanco, lo malo y lo bueno, etcétera. De igual forma, la tristeza y la alegría se encuentran presentes y la infelicidad que sientes en un momento determinado, como puede ser precisamente en el que estás ahora, es únicamente la contraparte de la felicidad. Cuando ha habido momentos intensamente felices en tu vida, ¿te impidió eso caer de nuevo alguna vez en momentos de infelicidad? No, ¿verdad?

Entonces, si sientes infelicidad justo ahora y esta es solo la mitad de la ecuación, ¿de dónde sacas que no serás capaz de experimentar de nuevo la otra mitad? ¿Por qué te aferras a creer que no volverás a ser feliz? La respuesta es por la percepción distorsionada que tienes en estos momentos de las ideas acerca de lo que, una vez más, debería ser la felicidad. Y de acuerdo a lo que decíamos de los constructos personales, líneas arriba, cuando esta distorsión en tus sentidos te hace aceptar un sentimiento –en este caso la desesperanza de no volver a ser feliz–, lo que estás haciendo es perpetuar tu propio sufrimiento. Pero cuando ha transcurrido el tiempo suficiente es el mismo organismo el que se hace cargo de la situación y, a través del tiempo, regresa la **homeostasis** de la persona para que las experiencias anteriores se queden en el pasado y puedan superarse. Tal como irá ocurriendo con tu duelo y tu siguiente estado de felicidad.[6]

Porque finalmente y contrariamente a lo que puedas creer, el ser feliz no te lo daba tu pareja, sino las metas que te habías fijado con ella, es decir, tu ex colaboraba en eso, pero no era la fuente, esa fuente eras tú. Y esto es cierto porque la palabra felicidad proviene del latín *felicitas*, que quiere decir fértil o fecundo; es decir, el concepto está íntimamente ligado a la consecución de algún logro o meta personal. Tomando esto en consideración, el próximo estadio de la felicidad de cualquier persona que ha sufrido un divorcio, no está en recordar los momentos que ya se fueron, sino en alcanzar un nuevo objetivo, el cual sería, de manera ideal, dejar atrás esa etapa o momento de la vida que ya se ha terminado y situarse en la nueva experiencia que le depara el futuro. Ahí es donde empezará a surgir la nueva felicidad.

El gran filósofo y ensayista español José Ortega y Gasset es constantemente citado por su frase: *"El hombre es el hombre, y sus circunstancias"*. Sin embargo, probablemente a esta afirmación se le puede agregar que el hombre es también *a pesar* de

---

[6] El término homeostasis, en Psicología, fue usado por primera vez por W. B. Cannon en 1932 para referirse al equilibrio entre las necesidades y la satisfacción de una persona; cuando las necesidades no son satisfechas se produce un desequilibrio interno que afecta al individuo y, al ocurrir eso, la persona intenta alcanzar el equilibrio a través de conductas para satisfacer sus necesidades. Cabe aclarar que dichas necesidades se presentan tanto en el plano fisiológico como psicológico.

sus circunstancias, es decir, nada ni nadie está determinado con antelación y todo es un constante movimiento. O en propias palabras de Ortega y Gasset: *"Las circunstancias son el dilema ante el cual tenemos que decidirnos. Pero el que decide es nuestro carácter"*. Recurrentemente, las personas comparan de manera sistemática sus propias circunstancias de vida con las de los demás, lo cual de por sí ya constituye una visión peligrosamente equivocada porque cada quien tiene una circunstancia distinta. Pero lo más alarmante es que tampoco dejan de comparar sus propias circunstancias actuales con las ideas y las expectativas de lo que creen que debería ser su vida, o peor todavía, con lo que debió ser su vida. Aquí está el meollo del asunto. Una buena dosis de expectativas acerca de lo que quiero para mi vida es adecuada para alcanzar metas y progresar, sin embargo, todo se complica cuando empezamos a creer que si no tenemos lo que deseamos no podemos ser felices o que los momentos que dejamos ir son los únicos que pudieron aportar felicidad en nuestra existencia.

Con respecto a tu situación de divorcio, podría asegurarte que has pasado por una etapa en donde ves a otras parejas y crees que todos son felices excepto tú. Si no lo vives aún, estás a tiempo para reflexionar acerca de esto: en estos momentos, compararte con los demás te hará perder cualquier objetividad que puedas tener con respecto a tus estados de ánimo, incluida, desde luego, la felicidad que deseas volver a alcanzar. Recuerda que cada quien tiene sus circunstancias y que depende del cristal de quien mira elegir lo que se quiera creer. Si te ha sucedido lo anterior, no te has puesto a ver que, así como hay muchas parejas que pudieran estar más felices que tú, también pudiera haber (y de hecho las hay) muchas que te vean y piensen: "Que bien se ve soltero". De nuevo, no se trata de compararse pero sí de estar pendiente de cuál es tu percepción y si es adecuada o no.

Tal vez la confusión más grande con respecto a la felicidad es que creemos que es un estado que, una vez alcanzado, se mantiene inalterable. Esta idea equivocada resulta, irónicamente, la principal causa de la infelicidad. Una de las razones de ello es que la felicidad no es un ente por sí mismo, sino que es una sensación de bienestar y toda sensación se permea a través de los sentidos de cada persona. Por tanto, la felicidad, al menos hasta cierto punto, es relativa, ya que depende de nuestra percepción acerca de las circunstancias de nuestra vida, de las expectativas y las creencias que cada uno tengamos. Muchas de las cosas que suponemos que nos harán felices como tener dinero, poder, fama o un matrimonio, son meramente ilusorias y las cosas que realmente funcionan para ello resultan simples y accesibles, por ejemplo tener salud, poder trabajar, amar lo que se hace, tener disposición para entender al otro.

Si bien lo que menos deseo es dar lecciones de moral acerca de que "el dinero no da la felicidad" o "lo que cuenta es lo de adentro" (porque tampoco es del todo cierto), sí quiero resaltar que la felicidad no depende del exterior –incluidas las parejas o el matrimonio– de manera concluyente, sino que cada persona la tiene y la moldea dentro de sí para aprovecharla como mejor pueda. La buena noticia es que esa calidad de felicidad interior puede aprender a magnificarse. Y ¿por qué?, te preguntarás; la respuesta es porque *la felicidad es una actividad,* es decir, algo que es susceptible de ejercitarse por medio de la acción.

Un ejemplo de lo anterior es que por medio de diversos estudios se ha demostrado que las personas que enfrentan situaciones extremadamente felices de la noche a la mañana como ganarse la lotería y volverse millonarios, así como las que experimentan momentos sumamente infelices como divorcios o muertes repentinas de seres queridos, no cambian significativamente su bienestar a largo plazo. Es decir, quienes son relativamente felices previo al acontecimiento, serán igual o más felices una vez pasado el tiempo suficiente del mismo. Y esto es porque de alguna manera, estas personas saben que la felicidad depende de ellos y actúan para potenciarla en lo que les conviene, desean o funciona. De nuevo, **la felicidad siempre está ahí, que no la veas por ahora no quiere decir que ha dejado de existir.**

Por tanto la felicidad no es un estado que permanezca sin cambios y la razón de que no pueda ser inmutable es que biológicamente no es viable estar felices todo el tiempo porque eso provocaría que perdiéramos el placer de vivir, no habría sorpresas ni expectación y se crearía un retroceso en nuestro avance como especie. Más bien es un estado que se mantiene estable, es decir, que a pesar de sufrir fluctuaciones, tiende a regresar a su nivel de equilibrio y los reveses, las tristezas y las derrotas forman parte del equilibrio de esa felicidad. Ese estado de vuelta a ser feliz ha sido designado desde hace tiempo con el nombre de *punto fijo* por diversos investigadores, y es fruto de estudios realizados por años en todo el mundo.[7]

Este enfrentamiento de las circunstancias adversas es lo que los psicólogos llamamos *tolerancia afectiva*, o por su nombre más técnico, *resiliencia*, un término usado en física para referirse a la cualidad de ciertos objetos para recuperar su forma original, luego de sufrir grandes presiones. En psicología se usa para referirse a la capacidad de una persona para tolerar cambios emocionales sin negarlos, reprimirlos o evitarlos y lograr

---

[7] En cuanto a esto, destacan en particular las investigaciones llevadas a cabo con gemelos separados al nacer realizadas por David Lykken, investigador de la Universidad de Minnesota. Como los gemelos univitelinos comparten la misma información genética, los estudios sugieren que, aún sin importar las diferencias en su crianza, al compararse sus actitudes ante los eventos difíciles de la vida, los gemelos respondían con el mismo nivel (o uno muy similar) ante esos acontecimientos y su retorno al "punto fijo" se daba, más o menos, en el mismo lapso. Es decir, aparentemente todos nacemos con un "rango fijo" de felicidad, entre otras cosas.

salir indemne, e incluso, fortalecida. Este proceso forma parte activa de todo ser humano y la capacidad de cada quien para soportar los acontecimientos que se perciben como amenazadores o extremadamente felices, depende de elementos inherentes a cada individuo. Justo en este momento es que sabrás cuál es tu nivel de resiliencia y si te dispones a ello, estoy seguro de que el resultado te sorprenderá.

Entonces, no importa cuanta tristeza o desesperanza tengas en este momento, vas a regresar a ese punto fijo de estabilidad que te depositará de nuevo en un estado de felicidad. Es cierto que no será el día de hoy ni el de mañana, quizá ni siquiera dentro de algunos meses, pero retornarás a él, te lo aseguro. Así como nadie puede ser feliz de forma permanente, nadie puede ser infeliz de igual manera. Una cosa importante es que con disposición podrás acortar el tiempo de regreso a ese punto fijo, es decir, que gran parte depende de ti y de tu capacidad para colocarte en el trabajo que te llevará a ello. Y tengo que advertirte que la mejor manera de volver a este punto fijo es enfrentando las circunstancias actuales de tu vida, en verdad quisiera poder asegurarte que hay otro camino, pero no considero fiable ninguno más. Hablaremos de cómo hacerlo un poco más adelante.

EL DUELO, LA PALABRA TEMIDA

"Siempre hay un tiempo para marcharse aunque no haya sitio al cual ir".

TENNESSEE WILLIAMS

Resulta evidente que los procesos importantes siempre demandan recorrer un cauce adecuado para llegar a buen puerto. La gestación de una nueva vida, la educación y el desarrollo profesional son ejemplos de ello. Se empieza en el *punto cero* y se va avanzando para intentar llegar a la meta trazada que, idealmente, es lo que queremos y lo que será mejor para nosotros. Y el duelo no es la excepción. Nos cueste trabajo o no aceptarlo, la palabra duelo nos causa temor. Automáticamente la relacionamos con sufrimiento y eso hace que salgamos huyendo despavoridos ante su presencia. Sin embargo, más que una razón para tener temor, el duelo es una herramienta necesaria para lidiar de manera sana con las pérdidas. Por un lado, gran parte del miedo que nos produce tiene que ver con la asociación que hacemos entre duelo y la idea de que nos arrancará la tranquilidad de nuestra realidad actual; creemos que vamos a dejar de estar en un estado que consideramos seguro y hasta cómodo. Aceptarlo indica que algo terminó, probablemente para siempre. Enfrentarlo es encarar directamente nuestras creencias con relación al apego, lo que nos provoca incertidumbre; y lo desconocido genera más temor que esperanza.

Un hombre que conocí se negaba rotundamente a ir a los seminarios intensivos de fin de semana que organizaba el grupo de recuperación al que acudía con regularidad desde su divorcio. Se limitaba a asistir a las reuniones de los martes en la noche y permanecer sentado en una esquina, sin opinar. Después de un tiempo, el moderador del grupo le preguntó por qué si asistía a las pláticas regulares, no era capaz de acudir a los seminarios avanzados; el hombre, llevándose las manos a la cabeza respondió: "Porque sé que si voy, tendré que aceptar que mi relación terminó" ¡Y llevaba diez meses legalmente divorciado! No hace falta decir que esta persona se había quedado estancada y era incapaz de enfrentar su duelo, ya que la sola idea le causaba una mezcla cancerígena de miedo y dolor. Prefería, literalmente, arrinconarse como un animal desesperado y permanecer inmerso en la negación de la realidad que, lo aceptara o no, ya estaba viviendo.

Es muy importante recalcar que tenemos la idea de que el duelo solo es una etapa de desesperación y sufrimiento, pero nada más alejado de la verdad. Veamos de lo que se trata en realidad.

El duelo, en este caso el amoroso, es el estado mental y emocional por el que pasa una persona desde el momento en que sufre la pérdida de su pareja, hasta el instante en que consigue establecer un estado de bienestar consigo mismo y con su nueva situación. Como puedes notar, dicho estado abarca un sinnúmero de emociones, sentimientos, conductas y actitudes, las cuales incluyen, en efecto, algunas difíciles como la angustia o la desesperanza y otras mucho más atractivas, como la reflexión profunda y el autoconocimiento. En su concepción no hay ningún indicio de que sea algo terrible. Por tanto, te invito a sacudir las telarañas de tus creencias con respecto a este proceso necesario.

Tres preguntas claves

1. ¿Por qué es necesario atravesar un duelo?

Básicamente por dos factores: en primer lugar, si no lo encaramos, vamos a seguir manteniendo sentimientos tóxicos como la amargura, la ansiedad generalizada y la depresión, que nos acompañarán por mucho tiempo y dañarán nuestro bienestar y nuestras relaciones con los demás. En segundo lugar, si no aprendemos de esta vivencia jamás vamos a estar listos para recibir a una nueva pareja, aunque aparentemente lo estemos. Arrastraremos viejos vicios y lo más probable es que el resultado final sea lo mismo o algo muy parecido a lo que vivimos. Es decir, no estamos adquiriendo la experiencia necesaria para hacer un cambio en la manera en la que nos relacionamos amorosamente. Y ¿qué es la experiencia? Es lo que obtienes cuando no obtienes lo que quieres; si no llegas a obtener lo que quieres, entonces sabrás lo que sí debes hacer para tenerlo la próxima vez.

Por ejemplo, lo más fácil después de una separación es caer en las llamadas "relaciones de rebote", aquellas que llegan de inmediato y aparentemente te sacan de la tristeza y te rescatan de la soledad. Se les llama así porque son el resultado, no de una elección asertiva, sino de la necesidad de cubrir carencias de afecto y aceptación. El gran problema con este tipo de relaciones es que se dan demasiado pronto, lo cual no permite una recuperación emocional adecuada. Cuando terminan, por lo general después de poco tiempo, la persona sufre mucho más por esta ruptura que por su anterior relación. La realidad es que se sufre por esta pérdida, pero también por la anterior que no terminó de cerrarse, es decir, se acumulan las pérdidas. Así se vuelve más complicado salir adelante. Esta es la razón fundamental por la que se debe vivir el duelo y la causa por la que insisto tanto en que aún con miedo y dolor, te obligues a intentarlo.

2. ¿Cómo sabes que estás viviendo adecuadamente tu duelo?

Esta segunda pregunta es clave. Te darás cuenta porque durante este proceso se presentan etapas muy definidas que posteriormente te ayudaré a identificar. Cada una de ellas te facilitará lidiar con aspectos determinados de tu actual estado mental, emocional y hasta físico. Los especialistas en el tema divergen en el número de etapas, pero la mayoría maneja cinco. A su vez, estas etapas incluyen un buen número de estados o situaciones que se presentan durante las mismas, por lo que tus capacidades mentales y emocionales van a ir expandiéndose para darles cabida a todos ellos. Una vez que entiendes cada uno de ellos y te permites vivirlos, tu capacidad para identificarlos en el momento en que el que se presentan te irá indicando qué tan bien estás avanzando o si necesitas detenerte y replantear los aspectos que tienes que fortalecer.

3. ¿Cuánto va a durar el duelo posterior a un divorcio?

No está definido porque es obvio que depende de cada persona. Lo cierto, eso sí, es que no puede ser menor a seis meses para lograr una óptima recuperación. Si crees que puedes superar tu duelo y sanar por completo en menos tiempo, me temo que te equivocas, si lo intentas, a la larga puede ser perjudicial. Algunas personas, un pequeño número, logran culminarlo más rápidamente y hay quienes pueden llevarse un período más largo (entre uno y tres años). Otras, las que desafortunadamente se niegan a romper con patrones arcaicos de pensamientos y conductas, tal vez no logren superarlo nunca (¿recuerdas al hombre de los diez años?).

La capacidad de una persona para recuperar el estado de ánimo normal posterior a eventos, tanto buenos como malos, se cree que se debe a un factor innato, estipulado por años de evolución genética, y es conocido como el ya mencionado *punto fijo* (en el capítulo anterior, en el apartado de *La felicidad siempre vuelve* se hace alusión a las investigaciones de David Lykken). Pero incluso si no fuera así, es, en gran medida, una decisión personal salir o permanecer en un duelo eterno.

Sé que en este punto de la lectura te has aterrado, te estarás diciendo algo así como: ¡Dios mío! ¿Cómo se supone que voy a sobrevivir seis meses o hasta tres años en esta agonía? ¿De dónde voy a sacar la fuerza necesaria? La respuesta es aferrándote a la roca de la autodisciplina, la automotivación y el control de tus impulsos. Pero no tienes que preocuparte si no tienes idea de cómo empezar porque esa es precisamente la razón por la que este libro y su contenido te serán de gran utilidad, ya que aquí te iré diciendo paso a paso lo que necesitas saber para enfrentar tu duelo. También, y muy importante, es que evites que este proceso se cumpla por sí solo; es decir, no se lo dejes exclusivamente al tiempo para que se haga cargo. Tú estás a cargo.

A veces el tiempo cura a destiempo

Casi con toda seguridad últimamente has *recibido* de distintas personas la frase: "el tiempo todo lo cura". Esta perla de sabiduría popular tan cierta y al mismo tiempo tan mal entendida, que todos hemos escuchado alguna vez ante una vicisitud, en realidad encierra una doble connotación, y hay que tener cuidado con ella. Por un lado, la característica fundamental del tiempo es que va volviendo cotidiano lo que antes no lo era. El paso de este hace que una herida por una pérdida amorosa vaya cubriéndose de capas que la ocultan ante nuestros ojos y que hacen que nos deje de doler. Pero, por otro lado, la calidad de estas capas puede ser cuestionable y pueden demorarse demasiado en formarse. Desde mi perspectiva, durante el divorcio existen tres grupos de personas en cuanto a enfrentar el paso del tiempo se refiere y cada uno tiene características muy particulares.

En primer lugar están los "Plancton". Estas personas no poseen ni la confianza ni la capacidad de acción para salir adelante. Las denomino Plancton porque, al igual que este, se mueven nada más con la corriente. No opinan, no proponen, no accionan; solo están flotando en medio de la nada esperando ser devorados. Han decidido creer que esa es su condición y que no pueden hacer nada para cambiarla. Se sienten insignificantes y, en cierto modo, durante su etapa de Plancton, lo son. Su pensamiento se resume más o menos así: "Tengo tanto miedo, porque no creo que nada me ayude a superar esto, que ni siquiera tiene caso intentarlo". No hay acción y no hay ganas de salir del hoyo en el que están metidos.

Estas personas son las que nunca lograrán superar su divorcio si no aumentan su confianza casi inexistente y sus creencias en el poder de su accionar. Son incapaces de salirse del círculo vicioso en el que están, porque en el fondo, sienten placer cuando la corriente (llámese otras personas) las mueve a su antojo y se hace cargo de ellas. Les encanta estar en su zona de seguridad y terminan entrampándose a sí mismas. Desafortunadamente, los Plancton solo se darán cuenta de todo el tiempo que han perdido el día de su muerte; desearán haber sido más proactivos y haber tenido más confianza en ellos mismos pero lamentarse ya no servirá de mucho. Es casi seguro que estos **nunca** superen el duelo porque ni siquiera se atrevieron a intentarlo.

El segundo grupo está constituido por los que llamo los "Job", como el personaje bíblico que resistió estoicamente años de intenso sufrimiento, estas personas suelen tener una gran fe en que saldrán adelante, pero carecen de la capacidad de acción necesaria. Se conforman con sentarse a esperar mientras viven la desesperación. Tienen la firme creencia de que, tarde o temprano (por lo general lo primero), lo terrible terminará, mientras continúan sufriendo y aguardando. Desde luego deben recibir reconocimiento por su paciencia; no es fácil permanecer a la orilla del camino cuando las condiciones son inclementes. Pero la cosa se complica porque los Job le apuestan exclusivamente a la espera como herramienta de sanación; viven esperanzados pensando que "no hay mal que dure cien años", pero sin tomar en cuenta la otra parte del refrán: "ni tonto que los aguante". Y es casi seguro que la paciencia y el soportar el sufrimiento rendirán frutos. Es probable que el tiempo termine curándolos, pero también es seguro que será después de muchos años de vivir a medias. Los Job, en ocasiones, superan el proceso de duelo.

Así que mientras la gente Plancton no encuentra (ni le interesa) alguna otra cosa que no sea su propia conmiseración, la gente Job tiene la esperanza de que un poder mágico y ajeno a sus propias acciones la salvará finalmente de su dilema. Ambos tipos son absolutamente pasivos en la búsqueda de la solución y es ahí en donde su sufrimiento se acrecienta o, en algunos casos, no termina. Sin embargo hay un tercer tipo de personas que tienen la actitud contraria de las que hemos hablado y es a la que tienes que aspirar a formar parte.

Es el grupo de los que llamo los "Galahad" porque se asemejan al caballero que termina encontrando el Santo Grial. Pues bien, los Galahad son aquellos capaces de, como dice la leyenda, sentarse en el "asiento peligroso", sabedores de que hacerlo conlleva una gran responsabilidad no exenta de dolor y sacrificio. Al igual que los Job, tienen una gran fe en que saldrán adelante, pero no se quedan a esperar a que esto suceda por arte de magia. Dedican su tiempo a resolver lo que deben de manera activa. Son trabajadores, emprendedores y capaces de soportar el dolor y evitar el sufrimiento. Saben que la meta que se han trazado es maravillosa aunque parezca lejana; reconocen que alcanzarla solo depende de su esfuerzo y de nunca perder la confianza en ellos mismos.

Los Galahad siempre van a lograr superar el proceso de duelo en menos tiempo que los Job y los Plancton y además salir fortalecidos. Y lo más importante: de los tres, son los que más posibilidades tienen de obtener un gran aprendizaje, poder aplicarlo a sus futuras relaciones y vivirlas de una mejor manera.

Pero no te asustes, sé que justo en este momento te estás preguntando –te lo puedo apostar–, a cuál de los tres grupos perteneces. La respuesta es muy sencilla: en el que decidas estar. Si te has identificado con alguno de los dos primeros te tengo una gran noticia: puedes cambiar de grupo siempre y cuando en verdad lo desees. La duración y la calidad de esta etapa de superación solo dependen de ti y del compromiso, disciplina y trabajo que estés dispuesto a poner en esta empresa. Todo lo anterior aplicado de forma constante te irá llenando, día a día, con una nueva fortaleza que te revelará capacidades extraordinarias que creías no tener.[1]

Una regla de oro es que te olvides de compararte con los demás en cuanto a tiempos en tu progreso: cada quien es distinto y su proceso también. Esto lo ejemplificaré con una breve anécdota:

Un día una mujer se le acercó a otra que se encontraba sentada y melancólica a la orilla de un lago.

–¿Por qué estás triste? –le preguntó la recién llegada.

---

[1] Los conceptos de gente "Plancton", "Job" y "Galahad" fueron desarrollados por Vicente Herrera-Gayosso y poseen derechos de autor.

–Mi matrimonio se ha terminado y el tiempo pasa lentamente –respondió la mujer sentada.

–No te preocupes –le trató de confortar la otra, palmeándole compasivamente la espalda –el tiempo todo lo cura. Yo dejé que él se encargara de hacerlo conmigo cuando me divorcié y lo hizo.

La mujer sentada, que conocía la historia de su amiga, al escuchar lo anterior se puso lentamente de pie, se sacudió el pasto de su vestido y poniéndose derecha respondió:

–Tienes razón, el tiempo todo lo cura, pero si no hago nada puede terminar curándome en diez años como a ti y yo prefiero hacerlo en menos tiempo para seguir adelante con la única vida que tengo, así que hoy empezaré a trabajar en ello.

Es cierto que el tiempo termina arreglando los desperfectos, pero la trampa consiste en no ser capaces de afrontar las cosas precisamente a tiempo. Cuando no logramos tener una clara perspectiva de lo que debe de hacerse en el momento preciso, lo más probable es que esos problemas se vayan acumulando con el transcurrir de los días, meses e incluso años, creando un efecto de bola de nieve. Un posible remedio es identificar cuáles son las cosas importantes que necesitan resolverse, es decir, tener la conciencia de que mientras más importante es el problema, más apremiante se hace encontrar una solución.

Mi recomendación, en el caso de que te encuentres envuelto en la creencia de que el tiempo por sí solo terminará por sanarte, es hacer el siguiente ejercicio:

1. Toma una hoja de papel y divídela en tres columnas.

2. En la primera pon el título "Lo que el tiempo curará". Aquí caben todos los sentimientos de rechazo, frustración, culpa o dolor que estás atravesando.

3. En la segunda columna escribe "Lo que depende de mí". Aquí entran todas las ideas que puedan darte luz acerca de lo que tienes que hacer para ayudarle al tiempo a sanarte. Por ejemplo, la oportunidad de sentir el dolor, permitirte expresar el enojo o esforzarte por evitar la culpa.

4. Finalmente, en la tercera columna vas a colocar el título: "¿Qué hacer para ayudarle al tiempo?", que se refiere a las conductas que debes realizar para que el proceso de recuperación se acorte, pero de manera provechosa para ti. Por ejemplo, puedes escribir: "voy a golpear por quince minutos con un cinturón una almohada hasta quedar exhausta", "voy a encerrarme a llorar en el clóset solo por una hora diariamente" o "voy a releer cada capítulo de este libro resaltando ideas, con un marcador para permitirme realmente aprehender las ideas".

5. Esta última columna es la más importante de las tres, ya que generalmente nos quedamos en el plano emocional o racional, y aunque son un buen principio en la superación de la ruptura, sin acciones que los respalden, no alcanza. Además, la tercera columna te motivará al movimiento y evitará que te quedes expectante acerca del tiempo, lo que fácilmente se puede transformar en pasividad.

La siguiente tabla muestra un ejemplo de este ejercicio:

"Lo que el tiempo curará"	"Lo que depende de mí"	"¿Qué hacer para ayudarle al tiempo?"
Siento dolor por mi pérdida.	Darme permiso de sentir y dejar fluir mi dolor para descargar de mi pecho todo este peso.	Designaré por la noche una hora diaria por los siguientes quince días para encerrarme en el baño a llorar y gimotear.
Siento culpa por lo que pasó.	Entender que una relación es de dos y lo que hice, lo hice convencido de que así debía ser. Si me equivoqué, no había forma de saberlo entonces.	Le pediré a un amigo cercano que recuerde conmigo los buenos momentos con mi expareja, de los que yo fui artífice y nos hicieron felices a él (ella) y a mí.

Derechos Reservados. 2012. Vicente Herrera-Gayosso.

Tabla 1: Tarea para evitar dejarle exclusivamente al tiempo tu sanación tras la ruptura.

Debes de tener muy claro que hay que evitar con todas tus fuerzas la inmovilidad emocional, mental y física con respecto a tus necesidades de superación en la etapa postdivorcio. Oblígate, aunque parezca muy complicado o doloroso, a tirarte un clavado a la piscina de la proactividad. Nunca lo olvides: si eres proactivo vas a atravesar tu duelo más rápidamente. No lo dudes, de ti depende exclusivamente, como la mujer de la historia, cuánto le ayudas al tiempo a curarte.

Lo urgente frente a lo importante

"¿Me preguntas por qué compro arroz y flores? Compro arroz para vivir y flores para tener algo por lo que vivir", solía decir el filósofo Confucio a quienes le preguntaban qué camino elegir para tomar decisiones importantes en sus vidas. El gran maestro intentaba que la gente se diera cuenta de la diferencia fundamental entre lo que se necesita resolver de inmediato y lo que tendría que resolverse para darle un mayor significado a su existencia. Esta reflexión tiene mucho que ver con ayudarle al tiempo a curarte.

Muchas veces las personas confunden la urgencia de resolver un problema con la importancia del mismo, hasta llegan a usar ambos términos como sinónimos. Es vital saber priorizar y entender la diferencia: lo importante puede ser urgente pero lo urgente no necesariamente es importante. Trataré de explicarlo mejor contándote el siguiente experimento realizado por el psicólogo Walter Mischel en la Universidad de Stanford.

Allá por la lejana década de 1960, Mischel tomó a un grupo de niños de alrededor de los cuatro años de edad de la guardería de la universidad, los llevó a una habitación y les ofreció un delicioso bombón que podían comerse cuando quisieran. Sin embargo, al momento de dárselos, también se les decía que tenían dos opciones: podían comerse el que tenían sobre la mesa inmediatamente o podían esperar unos minutos a que el adulto regresara de "algo que tenía que hacer" y aguardar todo ese tiempo; la promesa era que si lograban esperar se les daría un bombón extra. Acto seguido, el investigador salía del cuarto mientras una cámara de video registraba todo lo que sucedía en la habitación.

Las reacciones de los niños al quedarse solos eran muy variadas; iban desde las tremendamente hilarantes hasta las francamente dramáticas. Prácticamente todos, al principio, decidían esperar a que transcurriera el tiempo y obtener la mayor recompensa, sin embargo, muy pronto la espera se volvía tan difícil que la frustración y la tentación de comerse el bombón aparecían como un terrible tormento, poco tiempo después de comenzada la prueba. La fuerza de voluntad, que en un principio se potenciaba en los niños ante la posibilidad de lograr algo **importante** (la obtención de una recompensa más grande: dos bombones), decaía ante la **urgencia** de la obtención de algo inmediato (comerse el bombón que estaba al alcance en ese momento), resolviendo en corto tiempo el predicamento en el que estaban.

La parte fundamental del experimento se dio después. Durante la década posterior se hizo el seguimiento a los niños participantes y se descubrió, entre otras cosas, que los que habían esperado por los dos bombones, a diferencia de los que habían optado por comerse uno solo de inmediato, eran mucho más asertivos y tolerantes a la frustración; tal vez lo más importante es que eran mucho más aptos para distinguir las elecciones importantes, de las decisiones urgentes, no tan importantes de la vida. Este sencillo experimento es conocido mundialmente como *The Marshmallow Test* (La Prueba del Bombón) y marcó un hito en el entendimiento del control de impulsos y la automotivación.[2]

Algo similar a los niños del experimento sucede con las personas recién divorciadas que tienen que enfrentar su proceso de due-

---

[2] Este experimento aparece descrito en el capítulo trece titulado "Self Regulation in the Service of Conflict Resolution", escrito por Mischel, DesMet y Kross, en la segunda edición de *The Handbook of Conflict Resolution*, editado por Deutsch, M., Coleman, P. Y Marcus, E. Jossey-Bass. 2006. El experimento de Mischel ha sido replicado cientos, tal vez miles, de veces arrojando resultados similares en todos los casos. Puedes encontrar videos del experimento en Internet.

lo. Cuando se termina un matrimonio, lejos de centrarse en lo importante, las personas suelen enfocarse en lo urgente, es decir, anulan aquello que les va a ayudar más eficazmente a salir adelante, pero que les tomará más tiempo y esfuerzo. Esta confusión provoca que, durante la etapa de duelo, la persona retrase el enfrentarse a él o darse por vencida después de tener solo algunos pequeños avances, cuando aparentemente había arrancado con toda la fuerza de voluntad. Es un riesgo recurrir a pensamientos y, sobre todo, a conductas que resolverán lo inmediato; como buscar de manera desesperada una nueva relación que les evite la soledad. Se cubre una urgencia pero se evita lo importante: el tiempo en solitario necesario para la introspección que lleva a la madurez.

Lo urgente es tomar una aspirina cada cuatro horas para aliviar un dolor recurrente, mientras que lo importante es acudir al médico para investigar la causa de ese dolor y que nos prescriba el tratamiento que termine con el de una buena vez. Es muy fácil tomar una caja de pastillas del botiquín del baño, pero no es eficaz. Llamar al doctor; hacer cita con él; esperar la hora de la cita; conducir hasta el consultorio; aguardar mientras nos recibe; explicarle los síntomas; pasar por la auscultación; recibir el diagnóstico; conducir de vuelta a la farmacia; comprar la medicina adecuada y empezar el tratamiento que nos liberará por completo del malestar... Evidentemente, el tiempo y el esfuerzo si seguimos todos estos pasos serán mayores, pero a la larga es lo que en verdad nos beneficiará.

Pregúntate entonces: **¿Qué es lo importante a resolver en estos momentos de tu vida?**

Atravesar el duelo y llegar a la superación de una pérdida amorosa se trata de un proceso de automotivación, es decir, de la capacidad para entender y aceptar que la postergación de la gratificación inmediata te llevará a una satisfacción más sólida, duradera y productiva.

La invitación es que empieces a identificar qué es más importante que urgente en estos momentos para tu bienestar. Evitar estar solo y salir desesperado a la búsqueda de una nueva relación o sentarte a vivir tu dolor y procesar tu pérdida y tu soledad. Este último es un camino necesario para encontrar respuestas a las preguntas que te acosan ahora mismo. Al irlas respondiendo en tu proceso de duelo te brindarán un mayor conocimiento de ti y promoverán tu crecimiento personal.

¿Estás confundiendo un camino con el otro? A continuación te comparto tres puntos fundamentales para que te automotives constantemente durante el duelo. Cada vez que sientas que te estanques, recurre a ellos, tómate un tiempo, medítalos y entonces regresa a tu camino.

La derrota no es opción

"Tanto si crees que puedes como si crees que no puedes, tienes razón", decía Henry Ford. En el instante en que empiezas a pensar que puedes sucumbir a lo que estás por comenzar, te paralizarás y te costará más trabajo seguir adelante. Te anticipo que perderás algunas batallas, pero si continúas sin detenerte demasiado en estos traspiés, es seguro que ganarás la guerra. Jamás pienses que no podrás superar tu duelo, borra eso de tu mente, lucha porque se alejen esos pensamientos cuando aparezcan, rebélate con todas tus fuerzas.

Si mantienes la disciplina lo lograrás

¿Qué es la disciplina? Es la convicción que se tiene, el amor que se siente y el trabajo que se hace por alcanzar una meta; lo cual requiere que jamás te rindas. La falta de trabajo disciplinado implica falta de automotivación o una motivación superficial. La falta de motivación es fuente de infelicidad, mientras que su presencia nos lleva al gozo y al bienestar. En el caso del duelo, la disciplina se potencia con la plena conciencia de que lo que estás atravesando es absolutamente necesario para erradicar el sufrimiento, para asimilar el aprendizaje y para tu evolución como ser humano.

Los problemas son oportunidades de triunfo

El gran psicólogo Viktor Frankl sostenía que no era el sufrimiento por sí mismo lo que daba sentido a la vida de una persona, sino que era el sentido que la persona daba a ese sufrimiento lo que le permitía salir adelante. Y Frankl sabía muy bien de lo que hablaba; pasó años de su vida confinado en los peores campos de concentración del régimen nazi y siempre encontró la manera de ingeniárselas para sobrevivir y seguir andando. La gente en situaciones límite, como en el caso de un divorcio, encuentra en ellas la motivación adecuada y necesaria para salir fortalecida. La clave está en avanzar un día a la vez, con pasos cortos pero firmes, y entender que el proceso no está cargado de urgencia (resultados inmediatos) sino de importancia (resultados valiosos).

El duelo amoroso se puede ver de dos maneras: como un problema, una posibilidad de sufrimiento y de darse por vencido, o como una oportunidad para crecerse ante él, aprender del mismo y salir fortalecido para enfrentar lo que venga.

No importa si no quieres pasar por el duelo, este tiene que pasar por ti, así que lo mejor es que le empieces a dar sentido.

PREPARÁNDOTE PARA EL DUELO

"Siempre hay que saber cuándo una etapa llega a su fin. Cerrando ciclos, cerrando puertas, terminando capítulos; no importa el nombre que le demos, lo que importa es dejar en el pasado los momentos de la vida que ya se han acabado".

PAULO COELHO

Los cuatro puntos esenciales antes de comenzar

La psiquiatra suiza Elisabeth Kübler-Ross, famosa por sus trabajos pioneros en el campo de la tanatología, es decir, en el acompañamiento del "bien morir", es a quien se debe el modelo Kübler-Ross que originalmente apareció en su libro *Sobre la muerte y los moribundos*. Es ella quien menciona, por primera vez, las cinco etapas del duelo que atraviesan los pacientes con enfermedades en fase terminal. Estas etapas son: la negación, la ira, la negociación, la depresión y la aceptación. Este modelo se ha usado para tratar de explicar el proceso del duelo amoroso, pero personalmente considero que es necesario modificarlas, ya que aunque estas etapas se asemejan a las que se dan tras una ruptura, también varían en algunos aspectos esenciales.

Ahora bien, antes de describir las etapas del duelo tras el divorcio, es necesario que consideres los siguientes aspectos, esenciales para poder atravesarlas de la mejor manera. Te sugiero que los leas detenidamente y trates de memorizarlos, analizarlos y hacerlos tuyos; son la base de donde necesitas partir en tu proceso de entendimiento, aprendizaje y sanación posterior a la ruptura. Es importante que recurras a ellos en cualquier momento que necesites reforzar tu convicción para enfrentar tu duelo:

1. Debes vivir las etapas del duelo **forzosamente**, si es que de verdad quieres superar tu ruptura.

2. Aunque tengas miedo o un gran dolor, si **evitas** cualquiera de estas etapas, tu fase de superación se verá seriamente comprometida y tardarás mucho más tiempo en recuperarte.

3. El tiempo de cada una de estas etapas, si bien tiene un promedio de duración, **puede variar** de individuo a individuo. Esto depende de la personalidad de cada quien y de factores como la automotivación, la disciplina y el trabajo constante.

4. Las etapas, aunque no seas capaz de identificarlas o aceptarlas, **siempre** se van a presentar. El orden puede cambiar, en particular las etapas del dolor y el enojo. Incluso pueden aparecer juntas.

Mi recomendación es que escribas estos cuatro puntos en una hoja de papel y la coloques en un lugar donde esté a la vista todo el tiempo. Cada vez que sientas que flaqueas, recurre a ella y vuélvela a leer con calma. Esto logrará motivarte cada día.

Conocer las causas y encontrar el sentido

Cuando te das cuenta de que, en efecto, tu matrimonio se acabó, el reclamo aparece con toda su fuerza. Esta recriminación se vuelve contra todo: el excónyuge, otras personas, Dios, la vida, etc. Y finalmente termina centrándose en ti, con la posible consecuencia de que si no atajas el reproche a tiempo, puede aparecer un visitante poco deseado que es la culpa. Este reclamo tiene una pauta más o menos así:

"¿Por qué me está pasando esto a mí?", la repetimos una y otra vez tratando de encontrar la respuesta. Pero el cuestionamiento no llega solo, también nos recriminamos: "¿Qué hice para que me sucediera algo así?" "¿En qué fallé?" y agregamos más sal a la herida culpándonos: "Seguramente me debí haber equivocado para que me haya sucedido esto". Después, en un afán de auto-compasión reflexionamos tratando de consolarnos: "Pude haber hecho las cosas de forma distinta", pero nos gana la negatividad y el reproche: "Es mi culpa". Al final nos ahoga el pesimismo y nos estacionamos en lo que pareciera un destino fatal: "No voy a lograr salir de esto".

¿Percibes el patrón que se genera con este tipo de cuestionamientos? Corres el riesgo de asumir que lo que sucedió es porque hiciste algo mal, cuando puede ser que no haya sido así, o al menos, no del todo. Con este enfoque, estas preguntas pueden convertirse en una trampa; es importante que te preguntes cuál es el verdadero objetivo al hacértelas y qué significan. Hago hincapié en lo anterior, porque es en este preciso momento en que vas a plantearte –como lo pudiste apreciar en el ejemplo del párrafo anterior–, el cuestionamiento natural que toda persona en crisis se hace y que es necesario para empezar a entender el problema, pero que por sí solo no es suficiente: **¿por qué me pasó esto a mí?**

Desde luego que es importante tratar de averiguar la razón de lo que sucedió; entender la causa puede implicar no repetir conductas que obstruyan una buena relación futura contigo y con los demás. Aunque conocer el origen de la ruptura es fundamental para sobreponerse a ella, te recomiendo que tengas cuidado de no quedarte revolcándote en eso, ya que de lo que se trata es de entender las razones de manera práctica y sin ningún tipo de juicio. Ese es el objetivo, en esencia, de preguntarnos el "por qué" al principio del camino. Evidentemente en este instante aún no te sientes preparado para ser pragmático, ni lo estarás por un rato, pero sí necesitarás ir avanzando en esto durante todas las fases del duelo para recuperarte óptimamente. Para ello considero recomendable que la pregunta sea formulada como una especie de sana indagatoria más que como un reclamo. De esta manera podremos impedir quedarnos atascados en el "por qué" más tiempo del necesario y comprender lo que realmente motivó la ruptura. Sin embargo, el complemento, la otra cara de la moneda de esta pregunta es la que me parece vital que entiendas.

Supongamos que no has dejado de cuestionarte *¿por qué me pasó esto?* Veamos, te volteas al cielo y clamas con todas tus fuerzas, tu dolor, inconformidad y reproche. ¿Obtienes algo en respuesta? Lo dudo. Y, de ser así, lo que obtienes ¿es algo que te deja satisfecha? Me parece que difícilmente la respuesta será afirmativa. Esto se debe a que prácticamente cualquier contestación que esa pregunta tenga no te parecerá adecuada, siempre desearás que la respuesta sea diferente. Por lo tanto, no basta con preguntarse el por qué, que si bien es lógico hacerlo ante las circunstancias en las que estás, palidece ante otra pregunta cuya respuesta es más necesaria para tu recuperación: **¿para qué me pasó esto a mí?**

¿Notas la diferencia? Son muy parecidas pero no son iguales. "Por qué" se refiere a las causas de los acontecimientos, mientras que "para qué" se refiere al sentido que le otorgas a lo que te sucedió. La primera no depende de ti; la segunda se somete por completo a tu voluntad. Quedarte con la primera es establecerte en el pasado, mientras que enfrentarte a la segunda es resignificarte con vistas al futuro. La primera te estanca, mientras que la segunda termina impulsándote. Tratar de saber el "por qué" es un derecho, pero intentar resolver el "para qué" es una obligación que tienes hacia ti. Como te he dicho, el duelo se divide en cinco etapas y es así porque primero requieres definir el asunto, después dividirlo en partes específicas y entonces aplicar las decisiones adecuadas para subsanar tu pérdida. Te darás cuenta de que por medio de los "por qué" podrás afrontar la primera fase, y los "para qué" te servirán para entender y accionar en las siguientes cuatro etapas.

¡Esta maldita sensación agobiante!

¿De dónde surge la sensación de que hagas lo que hagas en estos momentos, nada te servirá para salir adelante? La respuesta es de la angustia y, más en específico, de su percepción mental: el agobio. Agobiar se define, según el diccionario de la Real Academia Española, como: *Imponer a alguien actividad o esfuerzo excesivos, preocupar gravemente, causar gran sufrimiento.*

El agobio es un sentimiento que surge de la percepción de que nada de lo que hagamos será suficiente, pero todo está en nuestra cabeza. Esta sensación llega cuando intentamos realizar una tarea de manera completa e inmediata y no nos damos un momento para reflexionar acerca de cómo podríamos dividir esa misma labor en partes más sencillas e ir realizando cada una por separado para llegar a la meta.

Otra manera de agobiarnos es distraernos del trabajo que hemos de realizar y empezar a obsesionarnos con las cosas que tenemos que hacer. Por ejemplo, supón que cada vez que comes pensaras en todos los alimentos que te faltan por ingerir el resto de tu vida. Imagina que ves frente a ti las toneladas de pasta, carne y líquidos que aún te faltan por probar, sabiendo que tienes que comerte todo eso antes de morir. Al verlos pensarás que lo que estás por empezar a digerir el día de hoy es solo una pequeña parte de toda esa comida que te espera. Ante esto, seguramente te dirás: "¿Cómo se supone que podré terminarme todos estos alimentos? ¡Caray! No tiene sentido que coma algo hoy, no servirá de nada". El resultado de pensar de esta manera es que te sentirás con tanto agobio ante lo que falta que no querrás empezar.[1]

Pues algo similar ocurre cuando estás por enfrentarte al duelo para superar una pérdida. La gente suele agobiarse ante el hecho de toda la tarea que tiene por delante. Asumen que el trabajo será tan intenso y demandante, que lo que hacen les parece algo ínfimo con respecto a la meta a la que quieren llegar. En mercadotecnia a esto se le llama *orientación hacia el producto*, donde la persona evalúa su desempeño únicamente por el resultado sin apreciar el esfuerzo que ha puesto en ello.

Lo anterior termina generando una incapacidad para entender que lo importante no radica (al menos no de entrada) en el resultado, tanto como en el proceso, es decir, la capacidad oculta e ignorada que tienes para hacer algo por ti, sin esperar a que alguien o algo se encargue de ello. Es el camino que va a abrirte una nueva perspectiva de lo que eres capaz de hacer, de la fuerza interior que tienes descuidada. La prolífica escritora chilena Isabel Allende suele responder lo siguiente cuando le preguntan acerca de lo que para ella significa escribir: "Escribir es como hacer el amor, no te preocupes por el orgasmo, preocúpate del proceso". Y tiene razón, o por lo menos, parece más divertido. Lo pondré así: imagina que nuestra pareja no pusiera atención a todo el acto amoroso y exclusivamente se centrara

---

[1] Este ejemplo –que me parece muy adecuado para ilustrar el agobio–, es descrito por David Burns en el capítulo cinco de su libro *Sentirse bien: una nueva terapia contra las depresiones*.

en su orgasmo y, si tienes suerte, en el tuyo. ¿Qué pasaría si solamente el proceso que te lleva a ese final hermoso, a esa "cereza sobre el pastel", fuera algo mecánico, abrupto o apresurado? Tarde o temprano terminarías desencantándote del mismo. Es en el viaje en donde radica gran parte de la experiencia que recordamos, no en el final de este.

A mis alumnos y pacientes me gusta contarles la siguiente historia para ejemplificar cómo pueden evitar sentirse agobiados cuando tienen una labor muy pesada por delante:

Un día hubo una asamblea poco usual en un taller de automóviles. Un auto nuevo había ingresado a causa de un aparatoso accidente y estaba en muy mal estado, por lo que las herramientas se reunieron para arreglarlo. Tenían una ardua labor por delante. Lo que antes había sido un hermoso auto, ahora estaba muy deteriorado: pintura rayada, cristales rotos y abolladuras por todos lados.

Las herramientas empezaron a discutir acerca de cuál era la mejor manera de repararlo. La pistola de pintura fue la encargada de moderar la reunión, "yo me haré cargo de todo", dijo ufana y muy confiada, pero el resto de los asistentes le informaron que debía renunciar a su puesto porque lanzaba chorros de pintura tan potentes que a veces manchaba a las otras herramientas del taller. Al oír esto, la pistola reconoció lo que decían pero a su vez exigió que la sierra de metal, que fue la siguiente en querer hacer la reparación por sí sola, fuera expulsada porque al hacer su trabajo levantaba chispas que caían en los demás y eso era muy molesto. La sierra aceptó las razones pero pidió entonces la expulsión de los tornillos que sujetaban los cristales (que a su vez creían poder encargarse de todo el asunto), porque para que sirvieran de algo había que usar muchos cada vez. Estos estuvieron de acuerdo poniendo como condición para ello que fuera expulsado el gato hidráulico —que ya se encontraba a punto de levantar el auto olvidándose de los demás–, porque se creía el mejor de todos al ser capaz de levantar cualquier cosa sin ningún esfuerzo.

Se encontraban en plena discusión cuando entró el mecánico. Se colocó su overol y empezó a trabajar en el auto accidentado. El hombre comenzó a usar de manera alternada la pistola de pintura, la sierra para metal, los tornillos para sujetar los cristales y el gato hidráulico. Durante todo el tiempo que duró la reparación, se concentró en lo que estaba haciendo con cada una de las herramientas y estas se centraron en hacer su trabajo. El mecánico no pensaba en el resultado, sino en realizar cada parte del proceso de manera adecuada. Después de unos pocos días, el auto había vuelto a quedar flamante, con pintura llamativa, cristales nuevos y sin abolladuras.

La última noche, cuando el mecánico se fue a casa, las herramientas se reunieron de nueva cuenta. "Damas y caballeros –dijo la pulidora–, ha quedado demostrado que cada uno de nosotros por separado tenemos muchos defectos, pero el mecánico que es quien nos controla, sabe usarnos para aprovechar nuestras cualidades, que, a fin de cuentas, es lo que nos hace tener valor. Así que ¿por qué no mejor nos unimos, aunque seamos distintas, y trabajamos a nuestro ritmo para un solo fin?". Todas estuvieron de acuerdo y así se dieron cuenta de que la pistola era muy potente, la sierra era exacta en sus cortes, los tornillos se unían para sostener grandes estructuras y el gato hidráulico era increíblemente fuerte.

Se dieron cuenta de que identificándose primero cada uno como un ente individual, después como una parte de una estructura mayor, a cuyos fines estaban supeditados, podían lograr metas mucho más grandes. Desde entonces, el mecánico aprecia más a sus herramientas y ellas tienen claro el papel que le toca a cada una.

La moraleja de esta historia es que mientras más pronto seas capaz de entender que las partes que conforman tu proceso de duelo son importantes por ellas mismas, más rápido podrás conjugarlas para que en conjunto te den la respuesta y la tranquilidad que tanto necesitas en estos momentos. Así como en la fábula, eres tú el propio mecánico de tu vida y por tanto, identificar y usar adecuadamente las herramientas que tienes dentro de ti –que por sí solas y separadas son importantes pero no suficientes– es una tarea importante que debes realizar para después pasar a la acción.

En los siguientes capítulos expondré cada una de las de las **cinco etapas** del duelo. Estas son: estado de negación, el dolor, el enojo, el desprendimiento y la libertad. A estas etapas basadas en el modelo de la doctora Kübler-Ross, he decidido agregar una más, que si bien es muy importante durante el duelo, también es fundamental que nos acompañe el resto de nuestras vidas: la etapa del perdón.

La Negación

Cuando una persona empieza a tomar conciencia de una realidad incómoda o dolorosa, tiene la tendencia a negarla; actitud de protección que se da automáticamente.

A la primera etapa o de negación la llamo *estado de confusión*, porque la persona no entiende nada de lo que está pasando y aunque sea capaz de captar cierta información, no puede registrarla en su totalidad. No puede pensar ni accionar de manera asertiva con respecto a la situación. Sin embargo, este mecanismo es un ejemplo perfecto de que nuestro cerebro es la máquina más maravillosa de cuantas se han construido jamás.

En algunos momentos de la vida, como en el caso de una pérdida amorosa, las emociones son tan arrolladoras que la mente se protege inmediatamente del impacto brutal de la realidad. La persona que ha recibido el golpe se trata de convencer de que lo que está sucediendo es una equivocación o una mentira y entonces no toma ninguna decisión hasta tener la certeza de que todo es verdad. La mente, entonces, funciona como una especie de *cancerbero feroz*, que protege nuestra frágil condición. Esto se reconoce como un mecanismo de defensa, es decir, un proceso psicológico no razonado a través del cual una persona reduce las consecuencias de un acontecimiento estresante para seguir funcionando con normalidad. Date cuenta que se refiere a un estado que reduce el impacto de la situación que se atraviesa, pero no la evita ni la elimina. Es muy importante que recuerdes esto porque así tendrás conciencia permanente de que, si te quedas en la negación, no podrás avanzar en la solución de tu actual situación emocional.

Los objetos en el armario

La psique de los seres humanos está compuesta por diferentes tipos y esquemas de pensamiento. Nuestras respuestas emocionales y conductuales se ven afectadas por nuestra información personal y la información del día a día que va cambiando de niveles. Uno de estos esquemas dentro del pensamiento son las denominadas creencias, que no son más que el firme asentimiento y conformidad con respecto a algo o a alguien; es decir, es aquello que se considera como verdadero y se le da completo crédito. Sin embargo, muchas de estas creencias adquieren un nivel de paradigma porque están basadas en la fe (no necesariamente religiosa), lo que significa que no hay un sustento real, demostración absoluta o explicación empírica que la respalde. Y ahí radica su debilidad, e incluso, peligrosidad.

Por lo regular, una creencia se gesta en el interior de un individuo a partir de sus experiencias personales y de sus convicciones, así como de su parte moral. En muchos casos también están decisivamente influenciadas por el medio en el que se ha desenvuelto la persona y su relación con el entorno que le ha tocado vivir. Todo ello conforma, con el tiempo, una serie de factores que pueden volverse rígidos y limitantes y que terminan atrapando a la persona en una especie de caja con muros altos de la cual no puede salir, además de volverlo incapaz de ver más allá de esas paredes que él mismo construyó.

Las creencias de cada individuo se dividen en dos tipos: las **creencias centrales** y las **creencias intermedias**.

Las creencias centrales se encuentran en el nivel más básico. Son universales, generalizadas y muy rígidas. Son las que nos han acompañado desde siempre, desde que decidimos que algo "debería" o "no debería" ser de una forma determinada. Las creencias intermedias se originan a partir de las centrales. Aquí se incluyen las reglas transformadas en leyes por nosotros mismos, las actitudes y las suposiciones que hacemos y que pueden rayar en la intransigencia. Es adecuado decir que muchas de estas creencias intermedias no se expresan, pero influyen de manera decisiva en nuestra conducta. La suma de ambas da origen a los **pensamientos automáticos**, que no son más que los pensamientos rápidos e inmediatos que se tienen cuando ocurre un suceso y que no son originados por un proceso mental, sino más bien por una reacción emocional.

Me gusta llamar a estos pensamientos "los objetos en el armario". ¿Cuántas veces has descubierto objetos que guardaste en tu armario porque creíste que en algún momento servirían y mucho tiempo después descubres que no solo no sirven, sino que ocupan un espacio para guardar nuevas cosas que has adquirido? Algunas personas se empecinan en guardar esos objetos para que sigan acumulando polvo y continúen estorbando, por la creencia de que "en algún momento van a ser útiles". Como esto no va a pasar, el resultado va a ser que nos quitan espacio en nuestro armario. Así funcionan estas creencias, asumimos que nos servirán para más adelante y nos damos cuenta de que no es así, por lo que deberíamos de remplazarlas por creencias nuevas y más funcionales para nuestra vida actual.

Pues bien, en la negación, las creencias que hemos tenido acerca de ciertos sucesos, en este caso del divorcio, son confrontadas por el brutal golpe de la realidad. Si por ejemplo tu creencia central era que el matrimonio es para siempre y que el divorcio es un fracaso, seguramente tus creencias intermedias al respecto serán algo así como: "Tengo que mantener este matrimonio a como dé lugar, a pesar de ser infeliz, porque así debe de ser" o "Nadie volverá a quererme porque, como he fracasado al divorciarme, no soy digna de amor". Por tanto, los pensamientos automáticos que se generarán en ti serán: "Soy un fracasado" o "Yo no importo, mi matrimonio sí". Como el cerebro no puede trabajar mucho tiempo en estado de shock sin sufrir consecuencias, la negación se encarga de generar un breve período de apagón; una especie de limbo que permita a la mente adaptarse a la nueva realidad.

Durante este período es bastante común que tengas alteraciones como insomnio, falta de concentración y se modifiquen tus hábitos alimenticios (por eso la gente empieza a subir o bajar de peso en esta etapa). Este estado puede variar de horas a días, dependiendo de cuan inesperada fue la ruptura, pero si se extiende más allá de este tiempo puede surgir el problema de quedarte estancada en un mundo que no es el real. Por ejemplo, una mujer que se niegue por meses e incluso años a aceptar que su marido la ha dejado por otra, puede permitir que él siga usándola para satisfacer sus deseos sexuales cada vez que lo requiera y ella, al seguir aferrada a la creencia de que las cosas siguen igual, consentirá en ello solamente para caer de nuevo en la decepción cuando él se vaya. Para que el cerebro comience a procesar la información de lo acontecido y tome decisiones, la pregunta que nos hacemos es ¿por qué se acabó? Sin embargo, la paradoja es que aunque necesitamos encontrar una respuesta, es nuestra mente –inmersa en la negación– la que no nos permite tener la claridad necesaria para acceder a ella.

Increíblemente, la negación ante un suceso traumático sirve –si es bien encaminada– para que las ideas de la persona se reacomoden en un estado tipo limbo en el que se refugian. Cuando tu mente se fuga de la realidad, es en ese momento que se empieza a gestar la semilla que más adelante le servirá para enfrentar las siguientes etapas del duelo. Aquí hay puntos que, al ser tocados de manera inconsciente —es decir, sin el uso de un razonamiento en torno a ello—, provocarán una catarsis en la persona, misma que le arrojará una luz distinta a su problema y que, eventualmente, le dará la respuesta consciente que ella misma requiere.

Uno de esos aprendizajes importantes es que empezarás a tener consciencia de que en muchas de nuestras relaciones, ya sea con padres, amigos, compañeros de trabajo, pero particularmente con nuestra pareja, tenemos problemas que resultan más evidentes para la otra persona que para nosotros mismos. Lo que quiero decirte es que entenderás que los patrones de interacción inadecuada en un matrimonio, y que lo llevan al divorcio, comienzan mucho tiempo antes de que se tome esa resolución.

Patrones recurrentes

¿Cuáles son esos patrones?, te preguntarás. Son muy variados, pero déjame mencionarte algunos.

Cuando uno o ambos cónyuges se casan para liberarse de la influencia parental o no han vivido el suficiente tiempo lejos de esa influencia, aún no han sido capaces de constituir una identidad propia. Con el paso del tiempo, la relación se convierte en una lucha de poder entre un cónyuge que está rebelándose contra el control de la pareja —ya sea real o no, puesto que se ha extrapolado a partir de la relación con los padres—, y el otro que no alcanza a entender lo que está sucediendo; lo único que sabe es que esa persona "ya no es la misma de antes".

Otro patrón puede derivarse de haberse casado por las razones equivocadas; por lo general, debido a la creencia de que estar enamorado es razón suficiente para ello. Este es un error bastante común, en donde algunas señales obvias de alerta son minimizadas o pasadas por alto de manera flagrante. Cuando se termina la luna de miel, literal y simbólicamente hablando, y se enfrentan los problemas reales, las personas se dan cuenta de que el enamoramiento no es suficiente para construir una relación en el día a día. Es aquí en donde muchas parejas empiezan a tambalear y terminan derrumbándose ya que no lograron transformar ese enamoramiento en amor maduro. Este patrón erróneo es compartido por miles de parejas que confían en –como veremos en la tercera parte de este libro–, el Mito del amor romántico, es decir, que "el amor todo lo puede".

Un tercer patrón que considero importante es cuando la gente se casa para evitar la soledad; lo que implica una necesidad de ser cuidado o hacerse cargo de alguien. En cualquiera de los tres casos hay una falta de completitud de uno mismo, razón por la cual se busca algún depositario o dador para tener un soporte, una especie de tercera pierna que sirva de apoyo. Este tipo de relación flaquea desde su inicio ya que es muy difícil, por no decir imposible, mantener una vida junto a otra persona cuando ni siquiera se está preparado para enfrentar la vida de uno mismo.

En la gran mayoría de estos patrones de interacción se comparte un denominador: la creencia errónea de que solo institucionalizar la relación, es decir, casarse, podrá traer la felicidad. Cuando esta idea se extingue, no deja nada con que cimentar la relación de pareja. El pensar de esta manera nos habla de falta de madurez y dicha personal. Fritz Perls, el gran maestro gestáltico, se refería a la madurez de una persona como la capacidad que un individuo tiene para pasar del apoyo del entorno –lo externo– al autoapoyo –lo interno–.[1] Pregúntate dónde ha estado situado tu apoyo, ¿en los demás o en ti?

---

[1] Fritz Perls elabora esta definición de madurez y es ampliamente desplegada en su libro *Terapia Gestalt*; me parece el concepto de madurez más claro, conciso y adecuado de cuantos he leído y escuchado.

Siguiendo estos tres ejemplos de patrones que he planteado, te invito a realizar un ejercicio: Responde desde la más profunda sinceridad, la siguiente serie de preguntas que te ayudarán a empezar a entender por qué se terminó tu relación.

Antes de comenzar quiero compartirte que durante mi divorcio también las respondí y lo hice de forma brutalmente honesta. El resultado fue que reconocí que a pesar de lo doloroso que fue tomar la decisión de divorciarme, fue lo mejor para mí y –con toda seguridad– también lo fue para mi exesposa. Así es que sé de lo que te hablo cuando te propongo esta dinámica. Te recomiendo que las respondas en una hoja aparte y la tengas a la mano para repasarlas o por si deseas agregar algo.

Ejercicio

1. Responde con total honestidad a cada pregunta.
2. Enumera las razones que sostienen el sí y las razones que demuestran que no.
3. Compara ambas. Los resultados serán innegables.

Pregunta	Sí, ¿por qué?	No, ¿por qué?
¿Consideras que tu expareja y tú eran amigos?		
¿Compartían proyectos similares de vida?		
¿Compartían metas y posiciones con respecto al matrimonio?		
¿Compartían la idea de "futuro" juntos?		
¿Se comunicaban?		

¿Había un lenguaje común?		
¿Se usaba el "yo" o el "nosotros" en el planeamiento de metas y aspiraciones futuras?		
¿Confiabas en tu excónyuge como compañero (a)?		
¿Compartían responsabilidades por igual en cuestiones económicas y del cuidado del hogar?		
¿Era satisfactoria la vida sexual?		
¿Era satisfactoria la vida social?		
Con respecto al enojo, ¿se comportaban de manera belicosa o empática?		

Estos cuestionamientos pretenden establecer un punto de partida que te sirva de termómetro para darte cuenta de qué posibles signos y síntomas había en tu relación y que indicaban que podía tener problemas que no alcanzabas a notar. El objetivo es empezar a aceptar lo que era y no lo que tal vez creías que era.

Es necesario recalcar que debe haber un entendimiento de los posibles patrones que llevaron a tu relación a su disolución, ya que es una manera bastante eficaz para que superes la etapa de la negación e inicies el camino de la aceptación. Si en esta fase puedes enfocarte en que, en efecto, tu relación se terminó y comienzas a digerirlo, será más factible que trabajes los siguientes pasos que te ayudarán a dejar atrás lo "viejo"; podrás crecer y obtener nuevos conocimientos que te permitirán estar en paz. Esta actitud implica un proceso de sanidad mental y emocional adecuado.

Una vez que llega la idea de la aceptación del final, aparece la segunda etapa: el dolor. Pero no tengas miedo, te anticipo que podrás usar este período como aliciente para crecer y salir adelante. Podrás transformar tu vida en algo más positivo. Si te animas a vivir la etapa siguiente con la confianza de que vas a aprender mucho, todo empezará a estar bien, te lo aseguro.

Resumiendo

La negación es necesaria para que tu mente se proteja y sepa qué hacer con las emociones que la invaden. Es vital identificar las causas de por qué sucedió tu separación, así que trata de encontrar los patrones de interacción no adecuados que se dieron con tu expareja. Recuerda que mientras más rápido aceptes que la relación se acabó, más pronto podrás enfrentar el proceso de superación. En caso contrario, es posible que te quedes estancado como el hombre del que hablamos antes y que se negaba a asistir a las terapias intensivas, y por no empezar a aceptar su realidad, prolongó su sufrimiento en vano.

EL DOLOR

Cuando termina la negación y finalmente la realidad te golpea en la frente con un brutal "sí, se acabó", surge la etapa del dolor. Las reacciones físicas como el llanto y la tensión muscular o sensaciones como el pecho comprimido y el estómago revuelto son moneda corriente. El dolor físico y el emocional se juntan y no hay manera de parar su avance. Pero en contra de la creencia común, tal vez lo más contraproducente es tratar de detenerlo. Probablemente lo mejor es dejarse arrastrar por el dolor con toda su fuerza –desde luego, dentro de los límites razonables–, para así experimentar una crisis y un cambio, primero corporal, después mental y finalmente emocional. Tal vez la pregunta entonces sería ¿cómo reconocer cuando esos límites son razonables? Desde luego que cada individuo tiene sus propios *paquetes* de tolerancia y aceptación con respecto a las situaciones incómodas o dolorosas que acontecen en su vida, y en ello influye la experiencia personal; tal vez lo más idóneo sería –si partiéramos de una visión general–, aceptar cuáles son tus fronteras, tanto físicas como emocionales y mentales, y experimentar las sensaciones displacenteras hasta el límite, acceder al estado alterado de emociones que provoca el rompimiento crítico de tu persona y que te obligará a reconocerte también en esa parte dolorosa, incómoda o agotadora.

Los griegos se referían a este estado alterado de las emociones y de la conciencia con el nombre de *catarsis*. Cuando el individuo tenía algún tipo de impureza, la catarsis lo saneaba o purificaba. Aristóteles en su libro *Nacimiento de la tragedia*, se refería a ello como la experiencia que el espectador sufría al ver algo que lo conmovía y cuya consecuencia era liberarlo de sus pasiones exaltadas. Actualmente, el término se refiere básicamente al cambio que experimenta una persona después de que vive un hecho traumático o que le ha provocado una excitación muy elevada.

Es pues importante entender que esta etapa, aunque sea muy incómoda, es completamente necesaria para que la recuperación se pueda dar. Desde mi perspectiva, es fundamental. No puedes ni debes saltarte el proceso del dolor y su consabida catarsis porque todo se podría complicar más adelante.

Un dolor intenso pero breve

Desde luego comprendo perfectamente que sientas temor ante la perspectiva de ser abrumado por el dolor. Salvo contadas excepciones, el ser humano rehúye a este sentimiento y la insatisfacción que provoca; sin embargo, también en él puedes hallar satisfacción cuando te das cuenta de que no es un estado permanente. Al procesarlo purgas a tu organismo para depurarlo y para que se adapte mucho mejor a las nuevas circunstancias.

También está el asunto del tiempo. A las personas les asusta la incertidumbre acerca de cuánto durará el dolor de la pérdida. La respuesta varía de acuerdo a cada quien; sin embargo, nuestro cerebro eficientemente establece el tiempo que dura de manera que se viva lo suficiente para cumplir su objetivo, pero no demasiado como para hacernos permanentemente infelices.

Desde luego ese es el cerebro y sus límites químicos y fisiológicos, otra cosa es la mente. Cuando el dolor se vuelve una constante y nos acompaña todo el tiempo, la mente y sus creencias son las que nos están haciendo de las suyas. Es importante que sepas que el dolor *per se* no puede estar presente siempre y la razón es que biológicamente no es viable. Así que si caes en cuenta de que, después de un tiempo razonable no consigues liberarte de él, es tiempo de detenerte a reflexionar cuál es el mecanismo mental que lo está perpetrando. Lo más probable es que sean tus pensamientos automáticos y tus creencias erróneas las que no te permiten salir.

Para tu consuelo debo agregar que si te das permiso para sentir el dolor de manera directa y sin evitaciones, manteniéndote atento a su duración, este período será intenso pero breve. Recuérdalo siempre: **intenso pero breve.** La experiencia que se me ocurre para hacer una comparación es la de acudir al dentista. Supón que estás bajo el efecto de la anestesia para que el taladro no duela y, de improviso, la máquina va un poco más allá de la parte anestesiada, entonces sientes un dolor corto y penetrante que te toma por sorpresa pero no dura mucho. Así es el dolor por la pérdida, poderoso pero corto, así que date permiso de sentirlo y bajo ninguna circunstancia trates de evitarlo. Por lo regular, esta etapa puede durar entre tres y seis meses.

Junto con este estado se desarrolla de manera paralela un temor irracional con respecto a lo que depara el futuro inmediato. Surgen preguntas como: ¿Qué hacer ahora? ¿Qué decisión tomar? ¿Qué sucederá conmigo? ¿Debo tratar de solucionar las cosas? ¿Debo suplicar que no se termine? Todo este miedo es natural, así que no te sientas mal cuando esto suceda. Debido a que estás enfrentando algo para lo que en realidad nadie te prepara, el temor a lo desconocido se cuela en nuestra mente como un virus. Déjalo que esté ahí por un rato, pero bajo ninguna circunstancia te dejes dominar y, mucho menos, conducir por él.

Cuando le preguntaron a un maestro zen cuál era la mejor manera de lidiar con el temor, respondió:

"Dejar que te invada, pero jamás actuar guiado por él".

La etapa del dolor es sobre todo un estado de caos emocional. Nuestro funcionamiento cognitivo se ve afectado, lo cual repercute negativamente en nuestra toma de decisiones. Es común que en esos momentos las personas elijan abruptamente, y generalmente, de forma errónea. Muchas de ellas deciden cambiarse de casa, de trabajo o perder la dignidad ante el otro con tal de que regrese. Otra afectación cognitiva de la que te das cuenta es que la memoria a corto plazo te falla: puedes olvidar cosas como números telefónicos que te son familiares o lo que ibas a hacer, cuando minutos antes lo tenías presente. También puede suceder que somatices tu estado de ánimo, entonces aparecen malestares en el cuerpo como dolores intensos de cabeza, en las piernas o en la espalda. Algunos médicos llaman a esto "impedimento corporal", es decir, el cuerpo se expresa y termina protestando por la presión a la que está sometido por la mente.

Es aquí cuando sientes la necesidad de hablar con todos acerca de lo que te acontece; encuentras cualquier excusa para sacar el tema de tu expareja y buscas aliados que te acompañen en el esfuerzo de cargar con tus emociones y que empaticen contigo. Esta especie de "diarrea verbal", como suelo llamarla, no solo es buena, es vital. Trata de elegir bien a las personas con las que vas a compartir tu dolor porque no cualquiera te entenderá, ni estará dispuesto a soportarte por mucho tiempo. Apóyate en tus mejores amigos, los familiares más cercanos y en alguna persona profesional como un terapeuta.

La necesaria diarrea verbal

La familia y los amigos por lo general responden yendo en tu ayuda en momentos como este; suelen apoyar y están dispuestos a ofrecer sus brazos para sostenerte; sin embargo, muchas veces es la propia persona quien no se atreve a refugiarse en ese puerto para descansar. Creen erróneamente que no deberían llenar de cargas innecesarias a sus seres amados, lo cual provoca el "síndrome de Atlas", que se da cuando alguien se echa a cuestas un peso agotador sin pedir ayuda. Pero si hasta el mismo titán Atlas le solicitó ayuda al héroe Hércules, ¿por qué no habrías de hacerlo tú? No sientas vergüenza de "molestar" a otras personas hablando de tu situación. Si en verdad te aprecian entenderán que te es necesario, además, es probable que ellos hagan lo mismo cuando estén pasando por algo similar y desearían ser apoyados por ti.

Casi puedo asegurarte que te llenaría de asombro darte cuenta de que si pides ayuda, decenas de personas te extenderán su mano para que te tomes de ella. Soy un pleno convencido de que el ser humano es, en esencia, bondadoso y que está dispuesto a socorrer a los que necesitan de su apoyo. Recuerda que una de las reglas básicas de la que hablamos al principio del libro decía así: no te encuentras solo en esta situación, otros están pasando, pasaron o pasarán por lo mismo. Son esas personas las que estarán dispuestas a ayudarte pero, y aquí está el *quid* del asunto, eres tú quien debe estar dispuesto a ser receptor de esta ayuda. Pide ayuda, habla de lo que te pasa, olvídate de ser "adivino del pensamiento" de los demás. Si alguien no está dispuesto a escuchar lo que te pasa te lo hará saber de algún modo, entonces déjalo y apóyate en alguien más.

En este momento hay algo que debes tener claro y es que debido a tu vulnerabilidad, en la etapa del dolor no hay manera de evitar ser parcial. Buscas aliados que estén solo de tu lado y seguramente vas a acomodar la historia de tal manera que causes un efecto de simpatía, e incluso, de compasión de los que te escuchan. Probablemente cuando estés a solas, recapitules acerca de qué tanto es verdad lo que cuentas y esto te traiga un sentimiento incómodo, pero no te tiranices por ello, porque aún no es el momento de ser reflexivo. Un consejo que te doy es que –con excepción de tu psicoterapeuta– no te rodees de gente que externe opiniones "imparciales", ¡al diablo con esas personas durante el dolor! **En estos momentos no necesitas de ellos sino de gente que te apoye y que te escuche independientemente de si están de acuerdo contigo o no.** Con el paso del tiempo, estas mismas personas, si en verdad te aprecian, serán las encargadas de invitarte a una reflexión más profunda acerca de lo que sucedió, pero solo cuando consideren que estás listo para ello. Además, es bastante probable que para entonces tú ya seas capaz de hacer lo mismo.

¿Cómo empieza el fin de esta etapa? Es claro que todo exceso resulta contraproducente. Con el paso del tiempo, muy probablemente ocurrirá un evento que te sacudirá: un día, alguien te tomará del brazo y a solas te dirá algo como: "¡Ya es suficiente! Necesitas empezar y seguir con tu vida, así que es hora de hablar de temas que no tengan que ver con tu ex". Casi con toda seguridad, el que te diga algo así será tu mejor amigo o amiga, aunque también puede ser un familiar muy cercano. Desde luego, en un principio te va a parecer brutal y desconsiderado, pero cuando seas capaz de pensar un poco y mirar atrás, notarás que tiene razón, y empezarás a ser más selectivo con lo que compartes, la forma en que lo haces y a quien se lo cuentas. Pero también es muy cierto que no tienes que sentarte a esperar a que alguien haga esto por ti, tú puedes establecer el "¡ya es suficiente!" en cualquier momento. No vas a dejar de hablar de tu anterior relación de la noche a la mañana, te lo anticipo, pero al menos empezarás a dejar de centrar toda tu atención en lo que pasó.

Resumiendo

No hay manera de evitar el dolor, tienes que vivirlo porque vas a aprender mucho más de ello que de cualquier otra cosa. Si te das la oportunidad y trabajas, notarás que este periodo será intenso pero breve. Evita tomar decisiones importantes en esta etapa ya que el temor impedirá que sean las más adecuadas. Habla acerca de lo que te pasa pero hay que ser selectivo en cuanto a quien se lo confías. No busques opiniones imparciales, rodéate de gente que esté de tu lado. Cuando alguien que te aprecie te diga ¡basta!, considera que es momento de parar.

El Enojo

"Cualquiera puede enojarse, eso es algo muy sencillo. Pero enojarse con la persona adecuada, en el grado exacto, en el momento oportuno, con el propósito justo y del modo correcto, eso, ciertamente, no resulta tan sencillo".

ARISTÓTELES

Una buena noticia: si sientes enojo significa que tu proceso de aceptación ha avanzado al igual que tu proceso de superación. Algo recurrente en esta etapa es que nos llenamos de ansiedad debido a que muchas veces consideramos que no deberíamos sentirnos así. Nos han enseñado que sentirnos enojados es algo socialmente "malo", debemos tratar de ser siempre lindos y bien portados y como todas las personas desean ser aceptadas por sus congéneres, evitan esta emoción como si se tratara del diablo mismo. Estas ideas no te sirven de mucho y en especial en este momento. Si estás enojada, pues lo estás, ¿qué otra cosa se puede experimentar si nos acaban de dejar o de romper el corazón? El enojo es una emoción y como vimos antes, es inevitable. Sin embargo, qué tanto nos enojamos y cómo nos afecta depende de nosotros.

Es relativamente sencillo confundir el enojo con la ira, lo cual puede ser un terrible error y una fuente de sufrimiento. La ira surge de un mal procesamiento de la información en nuestra mente. El enojo, como emoción básica, es normal, la ira es la exacerbación de esa emoción, es decir, un sentimiento, y por tanto, tiene que ver más con procesos de pensamiento que emocionales.

La ira ocurre cuando tus pensamientos automáticos te dominan y no te detienes un solo segundo a considerar las consecuencias de tus acciones. Caer en ella es fácil, desde luego, es el camino más corto para desquitarnos y tratar de obtener una revancha por aquello que consideramos injusto. Pero al mismo tiempo es un arma de dos filos ya que impide la toma de conciencia como sucede con la sana manifestación del enojo. Este detona y se calma, la ira explota y continúa hasta la destrucción del otro y de nosotros mismos. Tal vez te quede más claro con la siguiente historia:

Juanito estaba muy feliz por haber recibido de regalo una autopista. Al día siguiente, Carlitos, su mejor amigo, acudió a su casa temprano para invitarlo a jugar. Juanito no podía pues iba a ir al dentista con su papá aquella mañana. Entonces Carlitos le pidió que le prestara su autopista para jugar el solo en el patio. Juanito dudaba en prestar su flamante regalo, pero ante la insistencia de su amigo decidió hacerlo pidiéndole encarecidamente que tuviera mucho cuidado.

Al volver del dentista Juanito se quedó helado al ver su autopista en el suelo completamente rota. El asombro dio paso al enojo y corrió a quejarse con su papá:

—¿Ves papá lo que *me hizo* Carlitos? ¡Le presté mi autopista nueva y la rompió!

Fuera de control Juanito corrió a la casa de su amigo dispuesto a hacer pedazos su muñeco de acción favorito pero su papá la alcanzó y le dijo:

—Hijo mío, ¿te acuerdas del día en que tu abuelo te regaló aquel par de tenis blancos que tanto querías? ¿Recuerdas que saliste a la calle y un coche que pasaba te los salpicó de lodo? Al llegar a casa querías lavar inmediatamente los tenis pero el abuelo no te dejó. ¿Recuerdas lo que te dijo?

—Dijo que había que dejar que el barro se secara, porque después sería más fácil quitar las manchas, respondió Juanito.

—Así es. Con el enojo desbordado pasa lo mismo, déjalo secar primero, porque si actúas dominado por este, las consecuencias podrían acompañarte el resto de tu vida.

Aunque Juanito no entendió muy bien lo que dijo su papá siguió su consejo y se puso a ver la televisión. Un rato después sonó el timbre de la puerta. Era Carlitos, con una caja en las manos. Al entrar a la casa dijo:

—Juanito, ¿te acuerdas del niño mal educado que vive en la esquina? ¿El que siempre nos molesta porque es más grande que nosotros? Quiso jugar conmigo y no lo dejé porque creí que no cuidaría tu autopista, entonces se enojó y destruyó tu regalo. Cuando le conté a mi mamá lo que pasó me llevó a comprar otro igualito para ti. Espero que no estés enojado conmigo. No fue mi culpa.

Y de repente Juanito entendió lo que le había querido decir su padre. Lo único que hizo fue abrazar a Carlitos e invitarlo a jugar con su nueva autopista y vaya que se divirtieron.

Así como en la anécdota anterior, la ira puede impedir que veamos las cosas como en realidad son. Si tu enojo se transforma en ira, lo más probable es que cometas errores que podrían tener graves consecuencias. En cambio, si logras enfocarte en la emoción, es decir, solo en tu enojo, podrás tener la lucidez necesaria para aceptar que lo que te está ocurriendo es algo doloroso, triste, e incluso, "injusto", pero que puede solucionarse de manera sensata y asertiva.

Hermanas incómodas

La presión interna que se libera del enojo es bastante benéfica porque nos ayuda a enfrentar la realidad, nos prepara para lo que viene y nos acerca a la adaptación de nuestra nueva situación.

El enojo tiene dos hermanas incómodas que lo acompañan: la culpa y la venganza. Cada una de ellas surge a raíz de un enojo que no fue aceptado ni canalizado adecuadamente y ambas están íntimamente unidas entre ellas. Cuando tu enojo no sale y se queda anclado en tu interior, se convierte en culpa y puedes correr el riesgo de deprimirte. Esto pasa sobre todo al principio. Al no permitirle al enojo manifestarse adecuadamente, este boicotea tu mente y entonces crea un círculo vicioso entre él y la culpa. Por ejemplo, si durante el proceso de divorcio tienes que ver a tu antigua pareja para solucionar asuntos legales o cosas que tengan que ver con los hijos, al estar reprimiendo el enojo podrías generar una sensación tipo "lo bien que está él o ella sin mí y lo mal que me encuentro yo", lo que te lleva a: "no debí aceptar el divorcio, es mi culpa no haber hecho las cosas de diferente manera".

Por tanto, construyes un sentimiento de impotencia en torno a ese pensamiento que te tumba y te manda directo al hoyo de la depresión. No quiero decir con esto que si ves a tu excónyuge tengas que caerle encima con golpes y patadas para evitar sentir culpa, porque ahí el enojo se transforma en ira; cuando me refiero a ser capaz de liberar tu emoción, implica que sea de forma asertiva, como veremos un poco más adelante. Recuerda siempre que sentir y expresar tu enojo no significa en absoluto comportarse agresivamente. Si lo haces lo estás confundiendo con su gemela malvada, la ira. Si no logras controlar tu ira es más fácil que aterrices en conductas perjudiciales. El caso de Sonia es un ejemplo perfecto de ello.

Cuando su matrimonio se acabó, Sonia se sintió enojada por haberse creído abandonada por su marido y era incapaz de procesar la ruptura. Durante los siguientes meses, gran parte de la comunicación con él, era en términos ríspidos y agotadores porque ella siempre trataba de mostrarle lo furiosa que estaba con actitudes agresivas y comentarios cáusticos. Si su expareja trataba de hallar una solución en términos pacíficos, Sonia se las arreglaba para darle la vuelta a la situación y hacer que él padeciera su ira. Cada vez que podía se refería a él con términos insultantes frente a terceras personas, aun sabiendo que muchas de las cosas que decía de su ex eran exageradas, verdades a medias o flagrantes mentiras. Eso la hacía sentir bien, momentáneamente. Pero paulatinamente, empezó a darse cuenta de que estas actitudes en realidad la deprimían y la hacían sentir culpable.

Sonia creía que tratar mal a su exesposo la haría experimentar una sensación de triunfo en el juego doloroso de la venganza, un error que cometen frecuentemente las personas que se divorcian. Cuando le expresó lo anterior a su terapeuta, este le recomendó identificar el origen de su enojo transformado en ira. Entonces reflexionó y cayó en la cuenta que, durante la separación, si bien ella había estado de acuerdo en la decisión, no esperaba que su exesposo fuera definitivo en la resolución. Anhelaba secretamente que este se diera cuenta de su "error" y regresara a la relación, por lo que nunca quiso dejar de lado su orgullo y hablar con él acerca de una posible solución. Entonces esperó y esperó y esperó... Desde luego, el esposo asumió que la indiferencia de Sonia era señal de que no le importaba el matrimonio, por lo que siguió adelante.

Después de pensar y reflexionar largamente, una asombrada Sonia descubrió que la ira enfocada en su excónyuge, era la manera de lidiar con el enojo que sentía contra ella misma por haber dejado que su orgullo se impusiera al cariño que sentía por ese hombre. La manera más fácil, desde luego, de enfrentar esa sensación era mostrarse iracunda y poner a su expareja como el villano. Sonia se dio cuenta que su ira no era más que la culpa que sentía por no haber sido proactiva en buscar una posible solución y que la venganza ahora le sabía amargamente dulce.

Enojo y agresividad

Verás, en esta etapa la culpa aparece cuando, en efecto, nos portamos de manera "belicosa" con el otro, confundiendo enojo con agresividad; la expresión de lo anterior se da con la venganza. Cuando canalizamos este sentimiento por medios iracundos, inadecuados, como tratar de hacerle la vida imposible al excónyuge con difamaciones, caprichos, o lo más terrible, usando a los hijos como arma contra él o ella, nos sumergiremos tarde o temprano, y casi sin darnos cuenta, en una espiral de sentimientos de culpabilidad. Y esto siempre termina por afectarnos. Cuando, por ejemplo, acusas y demeritas a tu expareja ante los demás, pintándolo como un bastardo o una arpía sin sentimientos por haberse salido de la relación, no solamente la haces quedar mal a ella, sino que eres tú quien –sobre todo–, pones en evidencia tus fallas de carácter al canalizar erróneamente tu enojo y haciéndote daño.

En primer lugar, al hacer esto eventualmente terminarás preguntándote ¿por qué si esa persona era tan terrible la elegí? Esta es una pregunta devastadora, porque te darás cuenta de que esa persona no es cómo quieres que la vean, y si lo es, los sentimientos de culpa van a estallarte en la cara como bomba por haberte "equivocado" al elegirla. ¿Qué necesidad de entrar en ese juego desgarrador? En segundo lugar, acciones de este tipo van a bloquear tu paso a la etapa del perdón.

Entonces, ¿qué hacer para, sin evitar el enojo, expresarlo de manera asertiva y provechosa? Hay varias maneras de lograrlo, por ejemplo, el ejercicio físico; realizar una actividad que te guste; acudir a terapia y verbalizar a solas sin parar, son algunas de ellas. De acuerdo a tu personalidad te inclinarás por alguna o por una combinación de estas. Te confieso una estrategia que le da muy buenos resultados a la mayoría de las personas: súbete a tu auto y maneja sin rumbo fijo (si no tienes auto, camina y elige un lugar tranquilo como un parque). Mientras lo haces, escoge una calle tranquila y sin mucho tráfico ni peatones, disminuye la velocidad mientras piensas en todas las cosas que te tienen furioso, sube las ventanillas y explota. Grítale a esa persona todas las cosas horribles que sientes y piensas de ella, llámale *puta* o *cabrón* –eso se vale– llora si es necesario, no pares hasta que te sientas sin nada adentro; después baja las ventanillas, respira profundamente y ríete. Ríe sin parar. Suspira y nota lo bien que te sientes y cómo se ha evaporado el peso que tenías en tu pecho. Entonces conduce hasta tu lugar de helados favorito y pide una porción de tu sabor preferido y disfrútalo. Te aseguro que funciona.

Así como este ejercicio hay muchos otros que puedes idear. Encuentra algo que sea similar, pero pase lo que pase, evita caer en la ira siendo agresivo con el otro. Superar la etapa del enojo es un trabajo íntimo y personal, no algo compartido. El estado de enojo, venganza y culpa es, probablemente, el más largo de todos. Lo normal es que varíe entre cuatro y ocho meses. No desesperes, si trabajas podrás pasarlo más pronto de lo que te imaginas, pero solo si aceptas este sentimiento como parte de tu naturaleza humana serás capaz de lograrlo.

Resumiendo

Acepta que el enojo es una emoción básica en todos los seres humanos y que no tiene nada de malo; cuando piensas lo contrario estás aferrándote a creencias erróneamente aceptadas en la niñez. No confundas enojo con ira. Recuerda que el primero se expresa asertivamente, mientras que la segunda lo hace de manera agresiva. Un enojo mal canalizado da origen a la venganza y la culpa, lo que es causa principal de depresión. Encuentra maneras sanas de exteriorizar el enojo como el humor, las actividades físicas, la creatividad y la **terapia.**

El Desprendimiento

"Dejo la casa donde nací, dejo la aldea que conozco, por un mundo que no he visto. Dejo amigos por extraños, dejo la ribera por el mar, dejo en fin cuanto quiero bien... ¡Quién pudiera no dejar!".

ROSALÍA DE CASTRO

A partir de este momento, empezamos a introducirnos en un terreno menos complicado e intenso, aunque se sigue necesitando de trabajo arduo para seguir adelante. Probablemente ya han pasado algunos meses de tu divorcio y ahora estás aquí, algo cansado, pero con la satisfacción de que tu avance empieza a rendir frutos.

¿Qué quiero decir con desprendimiento? Pues bien, como su nombre lo sugiere, esta etapa consiste en, literalmente, dejar ir al otro. Es un estado de gran cuestionamiento personal, en donde empezamos a ver por nosotros mismos y ya no tanto lo que pase con el excónyuge. Y aquí surgen dos fenómenos característicos que explicaré a continuación.

Tirando lo inservible

El primero se da como un relámpago en la oscuridad. Es lo que los psicoanalistas llaman *insight* y los católicos "epifanía". Yo prefiero referirme a esto simplemente como *entendimiento*. Cuando llegues a este momento te vas a dar cuenta, muy probablemente, como sucede en la gran mayoría de los casos de ruptura amorosa, que **tu matrimonio se había terminado mucho antes de que** se tomara la decisión del divorcio. Y casi, con toda seguridad, comprenderlo te quitará un gran peso de encima.

"En el amor todo ha terminado cuando uno de los amantes piensa que sería posible una ruptura", es una frase que el escritor francés Paul Bourget solía decir a sus amigos enamorados cuando estos acudían a relatarle sus penas. Aunque un tanto radical, la afirmación de Bourget encierra una verdad ineludible: cuando las cosas van bien no hay razón para creer que algo pueda terminar mal. En ese sentido, es probable que este pensamiento te haya rondado desde antes pero no fuiste capaz de hacerlo consciente. Es en esta etapa de profunda reflexión cuando se manifiesta con toda su fuerza y lo hace precisamente por una razón: ya estás preparado para entenderlo y aceptarlo.

Aunque ya habías pensado en esto, tu mente, bombardeada por los arrebatos de las emociones y los sentimientos, no era capaz de procesar la información adecuadamente, ya no se diga comprenderla y analizarla. En este momento en el que te haces preguntas como ¿Cuál es el sentido de mi vida? ¿Qué me motiva a seguir adelante? ¿Cómo hacerlo? empiezas a encontrar la parte constructiva a lo que te sucedió. Cuando comienzas a entender que la relación se tambaleaba o ya se había perdido desde antes de la separación, ves con claridad las señales que te lo confirman, y eres capaz de analizarlas desde una perspectiva más racional y menos emocional. Es decir, empiezas a dejar de padecer.

El otro fenómeno al que me refiero es que en esta etapa sorprende que regresan los estados de tristeza. Justo cuando pensábamos que se habían marchado, vuelven y nos toman con la guardia baja, pero es importante que sepas que se trata de estados transitorios. Cuando esto sucede mucha gente se aterra porque no puede creer que, a pesar del tiempo transcurrido, los asaltos de tristeza profunda regresen, pero esto es normal. Sucede que tu mente se está acomodando a su nueva situación y está más abierta a la reflexión, por tanto, es más receptiva que antes.

Es muy importante que confíes en que esta especie de regresión es indispensable porque te permite liberarte de tu antigua relación. Empiezas, ahora sí, a "tirar todo lo inservible".

Cuando regresan estos estados, el primer episodio te puede durar entre una semana o diez días. El primero es el más difícil de todos, pero ten por seguro que no durará más de eso y aunque será fuerte, te lo anticipo, lograrás superarlo. Sabiendo lo que se avecina es más fácil prevenirse, ¿no lo crees? Después te darás cuenta de que pasas períodos prolongados sintiéndote bien y de repente vuelves a tropezar, pero he aquí lo maravilloso: ahora en lugar de una semana, la duración de la tristeza será de dos o tres días y nuevamente volverás a tener un período prolongado de estabilidad. Cuando menos te des cuenta notarás que los episodios te invaden ya no por días, sino solo algunas horas a la semana, y una mañana te levantarás para caer en cuenta que hace mucho tiempo no te sientes triste. Esto significa que lo lograste. Probablemente sientas aún melancolía, pero no tan intensamente, más bien un piquete de nostalgia y nada más.

La actitud del surfista

Si bien antes solías desesperarte porque el avance aparentaba ser lento, de repente caerás en cuenta que en esta etapa el proceso de sanación se agiliza; tu mente empieza a cambiar la percepción de las cosas y vislumbra un presente y un futuro más brillante. Antes te esforzabas por encontrar los nubarrones en el día soleado, mientras que ahora empezarás a ver el sol hasta en la esquina más oscura.

En la etapa de desprendimiento lograrás un gran avance porque es cuando empieza un estado de transición en donde se refuerza la autoestima (tan vapuleada antes). Comienzas a generar una apertura a nuevos proyectos y aspiraciones, y aunque aún sientes temor por el futuro, de repente, este parece ser más alentador que peligroso. Lo más importante de todo es que aquí surge un gran amor hacia tu persona, te das cuenta de que eres tú quien importa y, tímidamente al principio, pero después con más fuerza, vas disfrutando de cada momento de tu vida y empiezas a tomarla como viene. Empiezas a arriesgarte a hacer cosas que antes te causaban temor o apatía. *Empiezas a re-vivir.*

La psicoterapeuta, amiga mía, Samantha Urzua y Madrid, se refiere a esta manera de actuar como "la actitud del surfista", ya que ahora empiezas únicamente a deslizarte sobre la ola, esperando por la siguiente, solo por diversión. Es en estos momentos en que la presión de "hacer lo correcto" se transforma en "hacer lo que quiero y es mejor para mí". Samantha sostiene que gran parte de nuestro desprendimiento se potencia cuando entendemos esto y nos relajamos. ¿Adivina qué? Estoy completamente de acuerdo.

El recuerdo de tu excónyuge no te abandonará, esto es cierto, aún sigue estando presente, sin embargo, esta etapa –a diferencia de la etapa del dolor– te permite de vez en cuando volver a mencionar a tu expareja en las pláticas, con gente cercana, pero de manera distinta. Debido a que ya tuviste tiempo de pensar y sentir profundamente, las referencias a él o ella ya no serán tan duras y amargas porque ahora tienes la capacidad de vislumbrarlo como un ser humano lleno de aciertos y fallas y no como un villano. Esto no necesariamente quiere decir que lo hayas perdonado, pero te da más asertividad e imparcialidad. Por lo regular esta etapa dura de uno a tres meses.

Resumiendo

Este período es de reflexión personal. La figura de tu ex ha empezado a perder el "peso sentimental" que tenía en ti, aunque todavía no consigas apartarlo de tu vida completamente. Eres capaz de ver pragmáticamente y entender las señales que indicaban el fin de tu relación y aceptarlo. Te asaltan de vez en cuando episodios de tristeza –tienes que recordar que no es depresión–, pero son pasajeros y lo sabes. Puedes empezar a hablar de tu antigua relación de una manera más imparcial y sin sentimientos tóxicos.

LA LIBERTAD

"Para mi corazón basta tu pecho, para tu libertad bastan mis alas".

PABLO NERUDA

¡Estás del otro lado! ¡Un aplauso para ti por tu gran esfuerzo y valor que te han traído hasta aquí! Finalmente, después de tanto batallar has ganado. Recuerda que no hay manera alguna de perder en el proceso de superar tu divorcio a menos que tú quieras.

La etapa de libertad se diferencia de la del desprendimiento porque en ella ya no es necesario esforzarse por dejar ir al otro, de pronto descubres que este se ha marchado. Es aquí en donde ocurre lo siguiente: el pasado ya no se oculta ni se niega, simplemente pierde valor. Francesco Alberoni –el gran filósofo italiano– lo describió así: "El pasado aparece como *prehistoria* y la verdadera historia empieza ahora".[1] Al desvalorizar sin negar tu historia se acaban el resentimiento, la amargura, el rencor y los deseos de hacer daño al otro porque ya no significa nada en tu nueva vida.

Eli Wiesel, gran escritor judío, ganador del premio Nobel de la Paz, sobreviviente de los campos de concentración de la Segunda Guerra Mundial y que toda su vida se dedicó a escribir acerca de los horrores del Holocausto, decía que "lo contrario

---

[1] En su libro *Enamoramiento y Amor*, Alberoni profundiza en la diferencia entre pasado y presente y su cambio de significado. Hace hincapié en lo vital que es no negar lo que fue, y al contrario, sostiene que honrar los sucesos del ayer nos complementa como personas renovadas.

al amor no es el odio sino la indiferencia". Y es absolutamente cierto. Cuando te das cuenta que las heridas, aunque quedan presentes en cicatrices, ya no duelen, han dejado de ser importantes en tu vida actual, ha llegado el momento del desinterés por el otro y el mal de amor ha quedado atrás. Te encuentras de nuevo en el punto de arranque para iniciar una nueva relación. Es aquí cuando te levantarás cada mañana con una sonrisa porque te alegra enfrentar tu día pensando en las cosas nuevas que te traerá. A esto algunos terapeutas le llaman *cerrar el círculo*.

Círculos cerrados o espirales abiertas

Casi todo el mundo en algún momento hace alusión a esta frase, pero pocos saben lo que significa en realidad. ¿Qué es cerrar el círculo? Es el instante en que lo otro (el otro) ya no tiene más influencia en tu vida. También es un avance fundamental en tu salud mental y emocional.

Personalmente me cuesta algo de trabajo aceptar la concepción purista de cerrar un círculo porque esto hace alusión a un fin absoluto. Creo que es vital tener presente lo que ha ocurrido como una referencia en el presente, es decir, no dejar ese aprendizaje en el olvido. Cuando cerramos por completo el círculo solemos creer que se refiere a olvidar esa particular parte de nuestra historia. Yo más bien considero que más que un cierre es una generación de una nueva espiral en el entramado de nuestra vida.

La idea de cerrar el círculo proviene de la teoría de la Gestalt, que si bien no posee una traducción directa al español, la aproximación más cercana a su significado sería "forma". La Gestalt básicamente dice que la forma de cualquier cosa tiene dos componentes: la figura y el fondo. Un ejemplo de lo anterior es la lectura de este libro, en donde el papel constituye el fondo mientras que el texto se considera la figura; y todo esto depende de la percepción particular. Para la teoría Gestalt dicha diferencia es de suma importancia por su valor psicoterapéutico; el psicólogo danés Edgar Rubin estableció esta distinción por medio de su famosa "Copa de Rubin", en donde la imagen puede interpretarse como la figura de una copa blanca sobre un fondo oscuro o las figuras de dos rostros mirándose uno al otro sobre un fondo claro. La percepción de un elemento o de una situación, de acuerdo a Rubin, consiste de dos componentes: en primer lugar está una parte más estructurada y bien delimitada (esto es lo que "vemos de inicio" y que llamamos figura), mientras que hay otra parte indiferenciada en la periferia y que captamos de un modo difuso (es lo que rodea al elemento, figura o situación y que sabemos que está ahí pero no lo vemos).

En el caso de un divorcio o ruptura, por ejemplo, la situación o "figura" es el evento mismo: la pérdida. Lo más probable es que al momento de sufrir la experiencia (como ahora mismo), tu atención exclusivamente se centre en esa sola "figura" y no tome en cuenta el "fondo" de la situación, como pudiera ser en este caso, y por mencionar uno muy positivo, la oportunidad de rearmar tu vida, reconocerte de nuevo y empezar una renovada experiencia vital. Pero la percepción previamente aceptada –al igual que en la copa de Rubin–, puede cambiar dentro de la mente de la persona.

Figura 1. La copa de Edgar Rubin. (Tomada de Nuñez Partido, J.P., p. 42)

La razón de ese cambio es que este fenómeno no se queda meramente en el nivel de la percepción, sino que se inmiscuye en toda la experiencia mental. Esto quiere decir que algunas experiencias que en un momento determinado nos parecen sumamente importantes, es decir, que tienen el nivel de figura, una vez que el problema que las puso en ese estatus desaparece, terminan pasando a ser fondo o perder su significancia. A esto se le llama cerrar un proceso de Gestalt y es el origen de la frase "cerrar un círculo".

La mayoría de la gente se refiere a cerrar círculos en cuanto a sus relaciones amorosas, como terminar asuntos pendientes, concluir experiencias incompletas o culminar etapas con una persona en particular. Y tienen razón porque esto es una parte importante en el proceso de sanación. Sin embargo, lo más importante de esto es la acción de cerrar un círculo se vea acompañada necesariamente por el hecho de permitir que otro se abra. Es decir, es un proceso constante de descubrimiento personal, no de estancamiento. A esto es a lo que me refiero como permitir el inicio de una nueva espiral, un comienzo renovado con el mismo ingrediente primordial en la fórmula: nosotros mismos.

En *El Ojo en el Caleidoscopio* los autores Pablo Bresca y Evelia Romano, citan los trabajos del notable intelectual Juan José Arreola quien sostiene que la vida misma es como uno de estos hermosos juguetes; cuando miras a través de un caleidoscopio las figuras que aparecen en él jamás tienen un principio y un final, sino que están interconectadas la una con la otra: cuando parece que una ha llegado a su fin, su último estertor da origen a una nueva. Y de eso se trata tu situación en este momento, de que este círculo que se cumple se transforme en uno nuevo que tenga su origen a partir del fin del anterior. No se trata de un nuevo libro, sino del siguiente capítulo del mismo, pero —al igual que él—, jamás podrías entender este nuevo episodio si olvidaras o negaras por completo el anterior, ¿no lo crees? Esta es la razón por la que un círculo no se cierra, sino que se transforma, dando origen a una vida en forma de espiral.

En la etapa de libertad es cuando se cimenta el proceso de cierre y generación de espiral. Todo aquello que –previo a la ruptura con tu pareja– tenía un profundo significado para ti, comienza a perder fuerza y es sustituido por una percepción nueva con respecto a tu futuro; y pierde su fuerza porque ya no hay experiencias detonadoras de ese suceso. Contrariamente a lo que hacías antes cuando centrabas tu atención en los más mínimos detalles de tu situación, ahora te centras en tu presente y tu futuro. Así, vas logrando quitar tu atención de la figura para situarla en un fondo nuevo.

Sin embargo, es aquí donde está la trampa en la que suelen caer muchas personas una vez que cierran el círculo de su separación. Es bastante frecuente que cuando se llega a esto, se haga una especie de alto en el camino, lo cual es muy sano. No obstante, ocurre a veces que detenerse nos puede poner muy cerca de la inmovilidad emocional. Detenernos posterior a cerrar un círculo es un proceso que nos debería situar en la recapitulación, la reflexión y el autoanálisis, todas ellas formas de aprendizaje sólido. Es el "capítulo de un libro", pero no significa que no seguirás dándote la oportunidad de leer los que faltan. Con lo que aprendiste en el episodio anterior sabrás –al darle una hojeada al nuevo capítulo que abras– cómo disfrutarlo desde un nuevo enfoque. El objetivo de quitar la atención del fondo del antiguo problema es que de ahí mismo se dé la génesis de una nueva espiral. Esta es una experiencia constante, cuando parece que algo se cierra se abre otra cosa, así de sencillo, y eso conlleva una evolución de cuerpo, mente y espíritu.

Los monjes budistas, por ejemplo, conciben el avance del alma humana como una especie de círculos concéntricos, encimados unos con otros en una especie de pirámide y, a su vez, conectados entre ellos. Su creencia es que el ser humano empieza en la vida avanzando por un círculo inferior y en la medida en que esa persona obtenga aprendizaje y acumule experiencias podrá acceder al círculo inmediato superior. Ahí, el camino será probablemente igual de laborioso, pero menos extenso, debido, en gran medida, a que la persona lleva consigo conocimientos más cimentados que en el círculo anterior.

Este ejemplo de la filosofía oriental nos habla acerca de que en la vida el avance siempre es constante, que lo ideal es no quedarse empantanado dando vueltas como "asno en molino". Por tanto, las evaluaciones que tengas que hacer al cerrar el círculo de tu matrimonio deben llevarte un tiempo razonable, pero debes estar alerta y tener cuidado de que este no sea demasiado; el tiempo no perdona y como decía el filósofo griego Séneca: "Mientras se espera vivir, la vida pasa". Así que este es justo el momento en el que, sin apresurarte, comenzarás a poner en práctica tu aprendizaje recién adquirido.

Hasta antes de este momento aspectos como la confianza, la apertura, la autoestima, el propósito de tu vida y, sobre todo, el amor, se habían visto vapuleados terriblemente. Sin embargo, a partir de este instante eso cambiará, porque ahora estás en la etapa de transición y se gesta un ajuste no solo en tu mente, sino también en tu actitud. Tu conducta se torna más analítica y sobre todo, más inteligente, hablando en términos emocionales. Ingresarás a una nueva dimensión de humildad, la cual implica darte cuenta de que la verdad de cada persona es individual y que no puede ofrecer resistencia a la presencia de la realidad que, a final de cuentas, se termina imponiendo. Es decir, te das cuenta de lo que significan el principio de placer (lo que quiero) y el principio de realidad (lo que me conviene), lo cual te prepara para tomar decisiones más provechosas para ti en un futuro, en cuanto a relaciones de pareja se refiere.

Potenciar tus fortalezas

Desde la década de 1990 y a lo largo de la primera década del siglo XXI la corriente llamada *psicología positiva*, fundada por el doctor Martin Seligman, ha cobrado una gran fuerza. Esta corriente básicamente cimbró al mundo de las ciencias de la mente y la conducta por su peculiar abordaje de la problemática de las personas. Su premisa es no enfocarse en lo que la persona tiene mal y cómo arreglarlo, como lo hace la psicología tradicional originada del modelo médico, sino centrarse en lo que la persona tiene bien y cómo potenciarlo. Esto constituye un enorme avance en cuanto a la recuperación emocional.

El punto fundamental de esta corriente es identificar las fortalezas del individuo y trabajar con ellas para encontrarles una expresión adecuada, lo cual allana el camino hacia el estado pleno y feliz del ser humano. En la medida en que seas capaz de encontrar tus fortalezas y trabajar con ellas, te darás cuenta de que puedes enfrentar las situaciones de la vida desde otra manera de pensar, de actuar y, desde luego, de sentir.

Pero ¿cuáles son tus fortalezas y cómo potenciarlas? Bien, tal vez deberíamos empezar, en primer lugar, a establecer las diferencias que hay entre las capacidades y las fortalezas, ya que ambos términos tienden a confundirse. Las capacidades son características innatas y tienden más hacia determinados talentos y aptitudes lo que quiere decir que, en esencia, se tienen o no se tienen. Ejemplos de capacidad son la habilidad para jugar al fútbol de Lionel Messi o para el canto —bellísimo por cierto— de María Callas. Por otro lado, las fortalezas son rasgos morales que básicamente cada ser humano posee pero no necesariamente descubre o utiliza. Ejemplos de fortalezas son el ingenio, el valor y la honestidad.

Otra diferencia fundamental es que mientras que las capacidades se dan prácticamente en automático o "por obra divina", las fortalezas requieren de la expresión de la voluntad y la disciplina. Esto es muy importante, ya que por más que nos esforcemos en hacer una carrera como cantantes, sin la capacidad para ello, seguramente estará plagada de dificultades. Sin embargo, que no tengamos la capacidad del canto no nos impide reconocer, deleitarnos, emocionarnos e inspirarnos al escuchar a la Callas entonando *O mio babbino caro* de Puccini. Por tanto, las fortalezas sí pueden, con el esfuerzo y el tiempo suficientes, ser obtenidas y desarrolladas por casi cualquier persona. El doctor Seligman ha identificado 24 fortalezas básicas en el ser humano. Debido a tu experiencia de duelo podrás reconocer claramente tus fortalezas y en cuáles tienes que trabajar más. Para identificar cuáles tienes y cuáles están más desarrolladas en ti, realiza el cuestionario diseñado por el doctor Seligman que a continuación se describe:

Cuestionario de las 24 fortalezas básicas del ser humano[2]

Instrucciones:

A continuación se muestran las 24 fortalezas, cada una con dos afirmaciones. Puntea como indica la siguiente tabla en cada afirmación y suma el total:

Valor	Puntuación
Muy propio de mí	5
Propio de mí	4
Neutro	3
Poco propio de mí	2
Impropio de mí	1

---

[2] Este cuestionario ha sido tomado del libro *La auténtica felicidad* del doctor Martin Seligman, en donde básicamente se explican los conceptos de la felicidad, la vida buena y la psicología positiva. Todo el crédito es *exclusivamente* para el doctor Seligman. El formato se adaptó para mejor comprensión.

Cuestionaro de las 24 fortalezas básicas del ser humano

1. Curiosidad e interés por el mundo.

"Siento curiosidad por el mundo"	Puntaje	"Me aburro con facilidad"	Puntaje:	Total:

2. Amor por el conocimiento.

"Me emociono cuando aprendo algo nuevo"	Puntaje	"Nunca me desvío de mi camino para visitar museos u otros lugares educativos"	Puntaje:	Total

3. Juicio, pensamiento crítico, mentalidad abierta.

"Cuando la situación lo exige, soy un pensador altamente racional"	Puntaje	"Tiendo a emitir juicios precipitados"	Puntaje	Total

4. Ingenio, originalidad, inteligencia práctica, perspicacia.

"Me gusta pensar en nuevas formas de hacer las cosas"	Puntaje	"La mayoría de mis amigos son más imaginativos que yo"	Puntaje	Total

5. Inteligencia social, inteligencia personal, inteligencia emocional.

"Independientemente de la situación social, soy capaz de encajar"	Puntaje	"No se me da muy bien advertir lo que sienten otras personas"	Puntaje	Total

6. Perspectiva.

6. "Siempre soy capaz de analizar las cosas y verlas en un contexto más amplio"	Puntaje	"Los demás, pocas veces me piden consejo"	Puntaje	Total

7. Valor y valentía.

"A menudo defiendo mi postura ante una oposición fuerte"	Puntaje	"El dolor y el desengaño suelen vencerme"	Puntaje	Total

8. Perseverancia, laboriosidad, diligencia.

"Siempre acabo lo que empiezo"	Puntaje	"Me distraigo mientras trabajo"	Puntaje	Total

9. Integridad, autenticidad, honestidad.

"Siempre mantengo mis promesas"	Puntaje	"Mis amigos nunca me dicen que soy realista"	Puntaje	Total

10. Bondad y generosidad.

"El mes pasado ayudé voluntariamente a un vecino"	Puntaje	"Raras veces me emociona la buena suerte de los demás"	Puntaje	Total

11. Amar y dejarse amar.

"Hay personas en mi vida que se preocupan tanto por mis sentimientos y bienestar como por los suyos"	Puntaje	"Me cuesta aceptar el amor de los demás"	Puntaje	Total

12. Civismo, deber, trabajo en equipo, lealtad.

"Doy lo mejor de mí cuando trabajo en grupo"	Puntaje	"Me cuesta sacrificar mis propios intereses en beneficio de los grupos a los que pertenezco"	Puntaje	Total

13. Imparcialidad y equidad.

"Trato a las personas con igualdad independientemente de quienes sean"	Puntaje	"Si alguien no me cae bien me cuesta tratarlo con justicia"	Puntaje	Total

14. Liderazgo.

"Siempre consigo que las personas cumplan su cometido sin insistir en exceso"	Puntaje	"No se me da demasiado bien organizar actividades de grupo"	Puntaje	Total

15. Autocontrol.

15. "Controlo mis emociones"	Puntaje	"Me cuesta mucho hacer régimen de dieta"	Puntaje	Total

16. Prudencia, discreción, cautela.

"Evito actividades que resulten físicamente peligrosas"	Puntaje	"A veces me equivoco al elegir amistades y relaciones"	Puntaje	Total

17. Humildad y modestia.

"Cambio de tema cuando la gente me halaga"	Puntaje	"Suelo hablar de mis logros"	Puntaje	Total

18. Disfrutar la belleza y la excelencia.

"El mes pasado me he emocionado por la excelencia en música, arte, teatro, deporte, ciencia o matemáticas"	Puntaje	"No he creado nada bello el año pasado"	Puntaje	Total

19. Gratitud.

"Siempre digo gracias, incluso por pequeñas cosas"	Puntaje:	"Raras veces me detengo a dar las gracias"	Puntaje	Total

20. Esperanza, optimismo, previsión.

"Siempre veo el lado bueno de las cosas"	Puntaje:	"Rara vez tengo un plan bien desarrollado de lo que quiero hacer"	Puntaje	Total

21. Espiritualidad, propósito, fe, religiosidad.

"Mi vida tiene un propósito fuerte"	Puntaje:	"No siento una vocación en la vida"	Puntaje	Total

22. Perdón y clemencia.

"Siempre pienso que lo pasado, pasado está"	Puntaje:	"Siempre intento desquitarme"	Puntaje	Total

23. Picardía y sentido del humor.

"Combino el trabajo con la diversión en la mayor medida posible"	Puntaje:	"Raras veces digo cosas divertidas"	Puntaje	Total

24. Brío, pasión, entusiasmo.

"Me implico por completo en todo lo que hago"	Puntaje:	"Muchas veces me siento decaído"	Puntaje	Total

Harás lo mismo con cada afirmación de cada fortaleza. El porcentaje considerado alto se encuentra entre 16 y 24 puntos, el medio entre 9 y 15 y el bajo entre 1 y 8.

Por lo regular, obtendrás cinco o menos valores con 9 o 10 puntos, lo que significa que estas son tus fortalezas más significativas, o al menos, las que tú piensas que lo son. Por otro lado, registrarás puntuaciones entre 4 y 6 que te van a indicar cuáles son las fortalezas más débiles que posees.

En la medida en que puedas empezar a identificar tus fortalezas, vas a poder potenciarlas, tanto si ya están elevadas como si su puntuación ha sido baja.

¿Para qué te sirve hacer este cuestionario? La respuesta es para conocerte. Para saber lo que antes no sabías. Gran parte de nuestro sufrimiento en el proceso de una ruptura amorosa es porque no estamos preparados para enfrentarla; porque no nos conocemos. Hablando a un nivel interno, conocerse uno mismo implica un alto grado de conexión con las fortalezas que poseo y también con las que aún no tengo, pero que puedo desarrollar. Con esto tu experiencia se incrementa para afrontar el futuro; este te traerá muchas cosas positivas y felices, pero también, con toda seguridad, cosas negativas y tristes. Si te conoces mejor, es más factible que tornes las malas en buenas.

Resumiendo

En la etapa de libertad es donde el propósito de la vida se comienza a volver más claro. Una vez que te das cuenta de que eres capaz de hacer muchas cosas, más de las que hasta entonces creías que podías lograr, y, mucho más importante aún, de las fortalezas que posees, pero que hasta antes de este momento no las veías o aceptabas, podrás encarar tu nueva vida con un significado más profundo y positivo. Esta es la base de tu nuevo aprendizaje. A partir de este momento empiezas a vivir de nuevo y a existir.

EL PERDÓN

"Solamente aquellos espíritus verdaderamente valerosos saben la manera de perdonar. Un ser vil no perdona nunca porque no está en su naturaleza".

LAURENCE STERNE

Los cuatro mitos

Tal vez llegar al perdón es la parte más difícil del proceso de sanación posterior a un divorcio. Esto se debe en gran medida a que hemos crecido en una sociedad que hace hincapié en que aquella acción que implique un mínimo de bondad o arrepentimiento se toma como signo de debilidad o falta de carácter. Esto, a su vez, se contrapone con la creencia de que el perdón es un sentimiento que solo forma parte del repertorio de los "santos" o de los tontos. En principio, quiero tratar de definir qué es el perdón por medio de un sencillo sistema de sustracción, ya que, si establecemos lo que no es, podremos llegar posiblemente a su entendimiento.

Perdonar no es condonar ni es justificar un hecho, tampoco es excusar, es decir, suponer que existen razones válidas para obrar de una manera determinada.

Hace algunos años se realizó un extenso estudio en el que se sugería que hacer esa suposición era la primera equivocación y una de las más recurrentes en las personas que se ven a sí mismas como incapaces de perdonar. Es decir, solemos confundir la concepción psicológica del término con la acepción legal de "indulto".

¿Por qué es tan importante el perdón? ¿Por qué la gente que no logra perdonar no consigue liberarse del sufrimiento? ¿Por qué se vuelve tan complicado perdonar y pedir perdón? Desde luego no hay una respuesta simple a estas preguntas; sin embargo, gran parte de la respuesta estriba en las ideas erróneas que tenemos acerca del perdón.

Cuando somos, o incluso creemos ser víctimas de una burla, un rechazo o una decepción, automáticamente se disparan en nuestra mente patrones de creencias y comportamientos que funcionan como una barrera para protegernos del daño emocional. Estas se levantan como una forma de defensa inmediata hacia las posibles heridas que nuestra mente (o corazoncito, para los más románticos) pueda recibir. Así, por ejemplo, en el caso de que tu pareja te haya dicho que quiere divorciarse, tu mente registrará esta idea como una amenaza y mandará órdenes de comportamiento específico con respecto a la situación. Dos de las más comunes son el rencor y la amargura, con todas las connotaciones que estas conllevan.

Sin embargo, como vimos anteriormente, no todo aquello que nos sirve para salir adelante en un momento determinado, forzosamente nos será útil más adelante. Con el paso del tiempo, nos damos cuenta de que estas barreras se han convertido en una especie de cárcel que nos impiden vivir de frente a la felicidad y nos mantienen dando vueltas en el recuerdo. Es aquí donde surge la inquietud de por qué somos incapaces de cerrar el círculo de una relación terminada. Estas barreras construidas para aliviar el sufrimiento se han vuelto obstáculos de manera mediata, como una especie de efecto secundario que nos bloquea el avance. Entonces, ¿cómo hacer para revertir este efecto?

Lo que debes saber es que muchas de las dificultades que nos impiden perdonar se acaban cuando aclaramos las quimeras –mitos– que nos han inculcado acerca de lo que es el perdón. Por ello, valdría la pena tratar de ahondar en cuatro de estos mitos que impiden que la gente se libere de ataduras del pasado y restablezca un nuevo orden en su vida. Estos son tan comunes que hemos aprendido a darlos por hecho y no los cuestionamos. Entonces cuando nos sentimos vacíos, algo nos falta y no logramos encontrar la respuesta a este sentimiento, tal vez deberíamos replantearnos si estas creencias son ciertas:

- Perdonar es olvidar.
- El perdón es signo de debilidad.
- Perdonar es fingir.
- Necesito perdonar al otro en su presencia.[1]

Primer mito: Perdonar es olvidar

"Puedo perdonar pero no olvidar, es solo otra forma de decir, no puedo perdonar". Henry Ward Beecher, el autor de esta frase, fue un notable religioso norteamericano del siglo XIX. En ella, Beecher se refirió a la incapacidad que tienen algunas personas para perdonar las afrentas, reales o imaginarias, a las que han sido sometidas. Sin embargo, la frase no es del todo acertada. Lo vivido no puede –salvo excepciones que impliquen algún trastorno neurológico o un severo trauma psíquico– olvidarse así nada más. Olvidar a voluntad es mentalmente imposible, ya que en caso de que quieras hacerlo, seguro que ese pensamiento es lo único que estará presente en tu mente. ¿No me crees? Intenta en este momento, y mientras lees el resto del capítulo, olvidar cómo luce un oso polar.

---

[1] En su libro *Cómo perdonar cuando no sabes cómo hacerlo*, las autoras Jacqui Bishop y Mary Grunte mencionan un total de trece mitos que impiden que la gente perdone. Si el tema te interesa, como creo que debería ser, te recomiendo su lectura.

Aunque olvidar a placer es imposible, puede, sin embargo, hacerse una cosa muy efectiva para perdonar y esto es resignificar la experiencia vivida. Resignificar es otorgar un nuevo y naciente significado a lo que viviste. Por ejemplo, algunas personas que han pasado por experiencias traumatizantes como secuestros, violaciones, ataques de animales o intentos de asesinato han sido capaces de perdonar a sus agresores, aunque ello no signifique que hayan olvidado lo que les hicieron.

Tal vez uno de los ejemplos más claros sea el del papa Juan Pablo II que el 13 de mayo de 1981 fue gravemente herido por las balas provenientes de la pistola de Alí Agca, un radical turco quien proclamaba que el papa era la "encarnación del capitalismo y debía ser destruido". Poco después de salir del hospital, Juan Pablo II les pidió a todos sus fieles que oraran por su hermano Alí, a quien sinceramente había perdonado. No solo eso, el pontífice visitó dos años más tarde a su agresor en prisión y le otorgó personalmente su perdón y ambos siguieron en contacto a lo largo del tiempo.

Desde luego este caso es uno de los extraordinarios, pero de lo que quiero que te des cuenta es que Juan Pablo II no olvidó lo que Agca hizo, si bien lo perdonó. Lo que hizo fue otorgarle un nuevo significado al hecho de haber sido herido por un extremista, lo que lo impulsó a seguir en su esfuerzo en la búsqueda de la paz mundial y ayudar a mediar entre las diferencias religiosas de las naciones. El acto del papa surgió de un legítimo y personal acto de resignificación.

Déjame ponerte un ejemplo aún más personal para reforzar lo anterior. Cuando los hijos gemelos de mi hermana eran pequeños, a veces solía ayudarle a entretenerlos con diversas actividades mientras ella tenía que trabajar. Una era, al igual que lo hacen la mayoría de los padres y tíos del mundo, sentarme con ellos a ver películas animadas. Entre sus favoritas estaba *El Rey León,* de Walt Disney. También era –y sigue siendo– mi favorita. Me parece una cinta genial, no solo por el hecho de ser una versión de *Hamlet* de William Shakespeare para niños, sino porque quizá contenga una de las enseñanzas más certeras en cuanto a aprender del pasado y perdonar se refiere. Tal vez recuerdes el momento del que hablo.

La escena en cuestión es cuando el pobre héroe, Simba, atormentado por el asesinato de su padre y la usurpación del trono por su malvado tío, conoce al sabio mono Rafiki y le pide un consejo. Pero este en lugar de compadecerse por su sufrimiento, le golpea fuertemente la cabeza con su bastón sin previo aviso. Simba, sorprendido, le pregunta por qué ha hecho eso ya que le ha dolido mucho. Y entonces recibe como respuesta una frase que deberíamos incorporar de inmediato a nuestro diccionario emocional:

—"¿Así que te dolió mucho?, pues eso ya no importa, *porque está en el pasado*".

¡*Voilà*! Y acto seguido le lanza un golpe aún más fuerte que el primero, solo que en esta ocasión, el Rey León se agacha para esquivar el golpe. Simba ha aprendido y sonríe porque ahora sabe qué es lo que debe de hacer: resignificar su situación y entender que el sentido de lo que ocurrió depende de él mismo. Por favor, nota que usé a propósito los adjetivos "pobre", "malvado" y "sabio" para describir a los tres personajes anteriores. Porque por lo regular así es como nos sentimos: somos los pobres, víctimas de un malvado, y necesitamos encontrar al sabio que no reside en otro lado más que dentro de nosotros mismos.

Segundo mito: El perdón es signo de debilidad

También llamo a este mito el juego de "si perdono, el otro gana" y tiene su base en la inconsciencia hacia nosotros como entes completos y en la inseguridad que surge del orgullo mal enfocado. Creemos, erróneamente, que perdonar nos hace parecer débiles ante la mirada de los demás, en particular de la expareja, y que si perdonamos nos volvemos acreedores a una menor valía como ser humano. Esta actitud, como dije antes, tiene que ver más con un orgullo mal entendido que con una adecuada madurez emocional.

¿Por qué habría de perdonar a quien me ha hecho tanto daño?, ¿por qué habría de perder?, ¿permitir que el otro se burle? ¡Jamás! Sin duda que estas son tres preguntas que aparecen frecuentemente y tal vez en algún caso sean legítimas. Sin embargo, el proceso de evolución del ser humano siempre requerirá realizar actos distintos con respecto a lo que hasta el momento en el que nos encontramos hemos hecho; es increíblemente difícil –por no decir imposible– que haya una cambio y un crecimiento en el individuo a menos de que lleve a cabo elecciones, conductas y pensamientos distintos, solo así se genera un avance significativo. Recuerda que tu mejora interna no se trata de un acto de competencia, nadie puede juzgarte en tus decisiones a menos que tú le concedas ese poder. Si eres tú quien lo hace, entonces la persona más poderosa de todas no es otra más que tú misma. Y eso implica que te hagas consciente de que no importa si el otro cree que "gana" ya que, tanto su visión como la tuya con respecto a su bienestar emocional, son personales y muy diferentes entre sí.

Contrario a la creencia popular, perdonar es un acto poderoso y requiere de una gran fortaleza interna. En realidad cualquiera puede odiar y seguirlo haciendo el resto de su vida, hasta que en el lecho de muerte se dé cuenta de que hacerlo no le sirvió de mucho. Pero perdonar requiere volverse virtuoso, es decir, es una acción que necesita superar los límites que cada persona supone poseer para transformarse en un ser humano más completo y, tal vez lo más importante, con paz interior, porque después de todo no hay mejor almohada que una conciencia tranquila. Perdonar requerirá de la disposición a usar las virtudes que minimizamos como la humildad, la empatía, la integridad y, en particular, el amor. Sí, perdonar es amar; es amarse a uno más que a nada. Ahora reflexiona, ¿te sigue pareciendo un signo de debilidad el hecho de que seas capaz de perdonar?

Aquí sería importante ayudarte a discernir que existe una diferencia fundamental entre perdón y reconciliación:

Perdonar implica la disposición personal de dejar a un lado el resentimiento, los prejuicios y la amargura hacia la persona que nos ha hecho daño y ser capaz de transformar esos sentimientos en otros de compasión y generosidad. La reconciliación no necesariamente forma parte del perdón, es decir, no es forzoso el restablecimiento del vínculo con esa persona para que el perdón se lleve a cabo.

Entonces este conlleva un cambio interno que se reflejará en la actitud y/o relación con la persona o situación que percibimos como hiriente y en donde el otro puede o no participar, pero que hace a la persona que perdona replantearse sus pensamientos y conductas con respecto a las ideas que tenía antes. Y esto provoca un acto liberador.

Desde luego, y en este sentido, estoy de acuerdo con algunos autores que sostienen que el perdón es un tema delicado debido a que perdonar puede hacer a algunas personas más vulnerables a volver a ser víctimas de relaciones interpersonales de violencia y agresión, pero, una vez más, perdonar no es justificar maltratos ni soportar relaciones abusivas. Y, desde luego, el acto de perdonar no es sinónimo de aceptar la injusticia y quedarse callado ante ella, siempre y cuando el hecho de clamar justicia no se transforme solamente en un acto de "ojo por ojo".

Y es que, idealmente, el perdón es el acto máximo de congruencia personal. Tal vez sea la acción más elevada en cuanto a los parámetros éticos del hombre. Al perdonar honestamente, no solo nos liberamos de una carga en particular, sino que realizamos varias acciones en una, mediante ello resignificamos al otro, podemos continuar con nuestra vida, mostramos un anhelo de seguir adelante así como la capacidad de reponernos ante los reveses y, tal vez lo más importante, damos un paso agigantado hacia nuestra madurez emocional mostrando humanidad, la cual, básicamente, constituye la esencia de nuestra alma.

Tercer mito: Perdonar es fingir

> Particularmente en el caso de una relación de pareja, fingir que nada pasó para tratar de perdonar puede ser perjudicial a la larga. Los hechos no pueden negarse, están presentes y tienen peso así como consecuencias.

Por ejemplo, en el caso de un divorcio, cada uno de los dos tiene su grado de responsabilidad, su parte involucrada en el resultado dado. Perdonar no significa que debes de ignorar lo que sucedió durante la relación y que pudo orillar a la separación. Cerrar los ojos o taparte los oídos no elimina el dolor ni hará que deje de importarte, mucho menos significa que tengas que obligarte a minimizar la gravedad de lo que pasó. En otras palabras, que perdones lo que sucedió no quiere decir que finjas que no ocurrió. El hecho está ahí.

Cuando finges el perdón la única persona perjudicada eres tú, porque vivir en la apariencia suele ser una acción demasiado desgastante. Lo idóneo es profesarlo como un acto honesto, en donde por voluntad propia decides prestar más atención a las cosas positivas y que te aportan mejoría, que a las cosas negativas y que te carcomen. No es que finjas que no existieron, sino que decidas vivir con ellas y a pesar de ellas, de forma que puedas perdonar y seguir adelante.

Si después de un divorcio aún tenemos relación con nuestra antigua pareja, ya sea porque hay hijos en común, porque se mantiene una amistad, o por otro tipo de lazos, **fingir que no sucedió nada, es decir, que esa persona no significó algo, es negarse la oportunidad de otorgar a esa relación un nuevo significado, que sea más positivo para nuestra vida.** No se trata de decir: "Por lo que pasó, ahora decido que nunca exististe en mi pasado" sino al contrario, "por haber sido lo que fuiste en mi vida y por lo que sucedió cuando nos separamos, te doy un nuevo significado". Y sería provechoso hacerlo tanto si la relación y la separación fueron amistosas, como si fueron algo terrible. Al no fingir en el perdón, aceptamos y transformamos para nuestro provecho esa acción sublime.

Cuarto mito: Necesito perdonar al otro en su presencia

Mucha gente nunca perdona porque cree erróneamente que necesita ver cara a cara al causante de su ofensa para poder hacerlo y, ya sea por miedo, orgullo o ira, no se atreven a dar ese paso. Pero resulta que se equivocan, porque perdonar es un acto de purificación personal. El perdón es para uno mismo y como está dirigido hacia nosotros, entonces automáticamente se destina al otro. Quien está obteniendo el mayor beneficio es la persona que realiza la acción porque crea un efecto liberador de todo aquello que la tenía maniatada en un mismo lugar o situación. Como no podemos leer la mente de los demás es una pérdida de energía y tiempo preguntarse si el otro aceptará o no nuestro perdón; perdona, y si el otro lo toma o no eso es algo que ya no te corresponde a ti.

Cuando en uno de mis cursos le pedí a mis alumnos que eligieran a una persona de su pasado que ellos consideraran que les hubiera hecho daño y quisieran perdonar, la parte más complicada no fue redactar una carta de perdón, ni siquiera investigar en dónde se encontraba ahora esa persona, sino la idea atemorizante de que tenían que ver cara a cara a ese ser que les había causado tanto daño. Muchos de ellos decían que en realidad deseaban perdonar al otro para seguir adelante con sus vidas, pero era más grande el miedo o la ira de verlo que postergaban continuamente la acción. Cuando les hice ver que en realidad no era necesaria la presencia física, ni siquiera una llamada por teléfono para hacerlo, todos y cada uno de ellos lograron externar finalmente su perdón y se sintieron liberados.

> Al perdonar de manera íntima y personal estamos dando un gran paso, como si otorgar el perdón hubiese sido frente a frente.

Mis alumnos lo pudieron constatar, ya que más de la mitad del grupo se animó a buscar a la persona que les había lastimado, una vez que hicieron el acto interno de perdón de manera honesta. Dejaron ir los sentimientos reprimidos de odio, angustia y sufrimiento que los tenían agotados y ganaron su propia libertad.

En palabras de María, una de mis estudiantes, que había pasado por un divorcio tras descubrir que su esposo tenía una relación extramarital:

"Jamás creí que llegaría el momento en que pudiera decir que lo perdonaba desde el fondo de mi corazón [...] hacerlo poco a poco dentro de mí fue como si cada día abriera una pequeña válvula por donde el vapor que me quemaba saliera, hasta que de repente me sentí aliviada, sin nada de ello adentro. Después de escribir la carta en donde le concedía el perdón fue cuando supe que podía verlo y perdonarlo de frente. Y así fue, quedamos en un café, nos reunimos, los dos lloramos un poco y nos pusimos sentimentales, él aceptó mi perdón y me ofreció el suyo. Fue un alivio darme cuenta que él había pasado por tanto o más sufrimiento que yo, pude verlo ya no como un monstruo sino como un hombre cualquiera, con virtudes y defectos. ¡Ahora soy libre!".

Y mostró la sonrisa hermosa que siempre había tenido pero que no usaba.

Resumiendo

El perdón no es fácil, desde luego. Llevar a la práctica lo aquí expuesto es una tarea titánica de esfuerzo y disposición. Sin embargo, el mejor inicio que se me ocurre es la identificación de los cuatro mitos acerca de perdonar, analizarlos y descubrir si tienes uno o varios que están interfiriendo con tu avance en el plano emocional. Una vez que lo hagas, el siguiente paso es actuar al respecto, sin presiones, a tu tiempo. Un cambio de pensamiento así como su consabido cambio de conducta se da de manera gradual, así que no desesperes. Es muy probable que en un breve lapso te estés dando cuenta de que perdonar es posible y depende de ti. Por cierto, ¿qué ocurrió con el oso polar? Todavía recuerdas cómo es, ¿verdad?

Segunda parte

SUPERANDO EL DIVORCIO

"El divorcio es un camino hacia la felicidad".

LUIS ROJAS MARCOS

Eres un superviviente, esto es lo más importante que debes de recordar. Cuando se es un superviviente solo puedes lograr el éxito porque has tenido que luchar por ti y has logrado superar los momentos de peligro emocional. Sin embargo no es fácil reconocerlo, ya que la mente te pone distintas trampas para que olvides lo asombroso de tu fortaleza. Como te dije al principio, gran parte del estancamiento en el proceso de recuperación tiene su origen en el tipo de creencias, centrales e intermedias, que nos hemos formado de patrones aprendidos en la infancia, mismas que nos han llevado a ver la vida desde un solo punto de vista; esto nos ha impedido tomar en consideración opciones de solución que podrían ser más efectivas, evitando sufrimientos innecesarios. Lo primero que necesitas para empezar a cambiar estas creencias caducas es entenderlas a un nivel racional, ya que una vez que tomes conciencia de ellas, podrás identificarlas cuando aparezcan y trabajarlas.

Para ilustrar esto hagamos un simple ejercicio: observa por un minuto completo la siguiente figura y trata de descifrar en qué cara del cubo se encuentran estampadas las estrellas, ¿en la trasera o en la delantera?

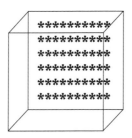

Figura 2.

No es tan fácil como parece ¿verdad? Así como puede ser que las estrellas estén adelante o atrás, dependiendo del ángulo desde el que las mires, lo mismo sucede con nuestras creencias. Todo depende de nuestra capacidad para reformularlas desde una perspectiva distinta.

Déjame intentar ser un poco más claro. Generalmente andamos por la vida convencidos de que las ideas que tenemos acerca de muchas cosas son "nuestras"; esta manera de ver el mundo aplica en todos los aspectos de nuestra existencia, pero particularmente en el amor. Nos cuesta trabajo admitir que casi todas las creencias que tenemos acerca de algo son el resultado de aprendizajes en la infancia, apreciaciones de otras personas —por lo general de nuestros padres—, y que hemos aceptado como propias sin apenas replicar.

Por lo regular, dichas ideas han sido inculcadas en nuestra psique infanto-juvenil por gente adulta y resulta que el mundo de esos adultos tiene su propia lógica. Esto quiere decir que por muy bien intencionadas o racionales que sean esas ideas, lo cierto es que no terminan de encajar en nuestra lógica infantil o juvenil. Muchas veces en mi consulta me encuentro con padres que intentan —en su ilimitado amor, he de conceder—, imponer su lógica de vida a sus vástagos y en la gran mayoría de los casos, sucede que esos niños o jóvenes la aceptan aunque vaya en contra de su propia lógica y del momento de la vida en el que se encuentran. Esto a la larga les termina ocasionando ansiedades o presiones para cumplir o apegarse a esa lógica, aunque en su personalidad o experiencia vital no encaje, o no sea funcional.

Por ejemplo, supongamos que una persona tiene una idea específica con respecto al derecho a la libertad sexual. Dicha idea la rige más o menos de la siguiente forma: aquella mujer (u hombre) que se acuesta con alguien que le atraiga, pero sin que haya una relación romántica o sentimiento de por medio hace mal y, por tanto, es una "golfa". Aunque haya adoptado como suya esta idea, no necesariamente lo es. Lo más probable es que sea la lógica del momento de vida y pensamiento de un adulto que se la inculcó. Con el paso del tiempo –y dejándonos de moralidades– en el interior de esa persona puede darse un dilema entre cumplir la directriz de esa idea y el deseo natural de gozar plenamente de su intimidad como le venga en gana. Por un lado, necesita apegarse a la idea de evitar ser una "golfa" y, por el otro, también necesita expresarse a sí misma en su esencia.

Una persona en esa dicotomía, entonces, se ve inmersa en el recurrente dilema de hacer lo que "debe" o lo que le gustaría. La lógica de otros que crearon ideas en nosotros y que a base de repetírnoslas terminamos creyendo en ellas como propias, se enfrenta a la lógica personal del individuo. En cualquier caso, es una carga muy pesada para la persona.

Creencias obsoletas

Desde luego que lo anterior no quiere decir que todas las ideas inculcadas en nuestra infancia o juventud son inadecuadas, ya que cuando éramos niños necesitábamos tener una formación que nos permitiera adecuarnos al mundo real para sobrevivir en él. Además, cuando crecemos empezamos a sentir el apremio de buscar un sistema de ideas y creencias que nos permita expresarnos como seres individualizados y así construir nuestra personalidad. El problema radica en que cuando empezamos este ejercicio muchas de las ideas previamente asimiladas chocan brutalmente con las que deseamos establecer para nosotros mismos (¿recuerdas "los objetos en el armario"?). Si tenemos suerte, podemos rebelarnos contra lo que hemos aprendido cuando nos damos cuenta de que deseamos algo diferente; sin embargo, en la mayoría de los casos solemos conformarnos y seguir creyendo que lo que nos enseñaron es lo mejor para nosotros y nuestra vida.

Esta necesidad de certidumbre tiene su momento más representativo durante la adolescencia. En esta etapa, el cuestionamiento se hace más agudo y tendemos a buscar la manera de resolver las dudas que nos asaltan acerca de nosotros mismos, así como de nuestra manera de ver y conducirnos en la vida. Desafortunadamente, la mente y ya no se diga las capacidades emocionales, aún no tienen la aptitud para discernir adecuadamente. Las nuevas investigaciones en el campo de la neurología han logrado establecer que el cerebro y particularmente la corteza prefrontal –que es la encargada de la expresión de la personalidad así como de la regulación y profundidad de las emociones– terminan de hacer sus interconexiones, en las mujeres, aproximadamente a los veintiún años, mientras que en los hombres se ha registrado que ocurre hasta los veinticinco años (tal vez por eso los varones tardan más tiempo en asentarse),[1] Por tales razones no es difícil entender por qué no somos capa-

---

[1] Esta información proviene de un estudio llevado a cabo en el Dartmouth College con un grupo de estudiantes por parte de los doctores Craig Bennett y Angela Baird y apareció publicado como Anatomical changes in the emerging adult brain: A voxel-based morphometry study en *Human Brain Mapping*, vol. 27, núm. 9, pp. 766-777, septiembre 2006.

ces de romper con el viejo patrón de creencias durante la fase de más cuestionamiento en la primera parte de nuestra vida.

Con el paso del tiempo dejamos sepultadas estas inquietudes y nos acomodamos de acuerdo a lo que ya hemos aceptado como nuestro sistema de creencias. Cuando ocurre un evento significativo ya de adultos, como un divorcio, todo ese sistema vuelve a cimbrarse, es entonces cuando caemos en la cuenta de que dejamos sin resolver todo aquello, en las etapas más tempranas de nuestra vida.

Y he aquí la paradoja: si en la adolescencia teníamos todo el empuje necesario para buscar el cambio, pero nos faltaba la capacidad cognitiva y emocional para consolidarlo, de adultos, cuando ya tenemos aparentemente solidificadas dichas capacidades ¡nos falta el empuje para cambiar eso! Es así como nos sentimos atrapados y claudicamos. Nos quedamos inmersos en lo que ya somos y nos cuesta trabajo evolucionar. No sabemos cómo romper los estigmas y tabús que han regido nuestra vida. Suena terrorífico y tal vez, en cierta medida, lo sea. Pero la buena noticia es que se puede terminar con eso. Al respecto hay una vieja reflexión popular que dice:

> Cuando una persona es adolescente tiene el tiempo y las ganas, pero no el dinero; cuando es adulta tiene el dinero y las ganas, pero no el tiempo; cuando es vieja tiene el tiempo y el dinero, pero no las ganas.

Para lograr romper este esquema, primero que nada, tienes que aceptar que las ideas y las creencias con respecto al divorcio que probablemente tenías, como que "el divorcio es un fracaso" o "no volveré a ser feliz después de esto", **son falsas**. Este primer paso es fundamental porque es lo que dará pie al proceso siguiente que consiste en crear un nuevo sistema de apoyo para salir adelante. ¿Cómo lograr esto? Evitando repetir patrones de pensamientos y conductas que no nos han funcionado y tomar conciencia de que si algo hace ruido es porque no está trabajando correctamente.

Aunque, clínicamente, prácticamente ya no se utiliza el término locura, una frase que explica el camino que hay que tomar –atribuida a una de las mentes más brillantes en la historia, Albert Einstein–, es la siguiente: "Un loco es aquel ser que haciendo siempre lo mismo, espera obtener resultados diferentes". Bastante contundente ¿no lo crees? Hacer algo distinto a lo que has hecho y que no te ha servido te dará una nueva perspectiva del asunto, por lo que mi sugerencia es que empieces a replantearte profundamente tus ideas acerca del divorcio y su relación con el fracaso.

Las equivocaciones de la mente y de la conducta

"La mitad de nuestras equivocaciones nacen de que cuando debemos pensar, sentimos, y cuando debemos sentir, pensamos"

PROVERBIO INGLÉS

En los siguientes capítulos trataré de desmenuzar una serie de formas recurrentes de pensar y accionar en la etapa posterior al divorcio y en las cuales todo caemos, en algún momento, por lo menos alguna vez. Confío en que al leer acerca de estas trampas, como las llamo, y a las que haré alusión, te sirvan para darte cuenta de qué es lo que está sucediendo contigo y así puedas tratar de corregir el rumbo en caso de ser necesario.

Durante la etapa de superación del divorcio, por lo regular, se cae en dos errores esenciales: *las equivocaciones de la mente* y *las equivocaciones de la conducta.* Cada una de ellas te impide una resolución adecuada de los conflictos que necesariamente van surgiendo a lo largo del proceso. Recuerda que aquí ya estamos hablando de una etapa más adelantada, en donde ya has empezado a aceptar que tu relación, en efecto, llegó a su fin.

Las equivocaciones de la mente

Se refieren a aquellos razonamientos que tienden a incrementar los niveles de ansiedad, angustia, desesperación y poca valía personal. De no ser reconocidos y suprimidos a tiempo se vuelven hábitos, siendo más difícil su erradicación. Una vez

que estas trampas se disparan, el riesgo consiste en atorarse en
un círculo vicioso que genera más pensamientos nocivos; estos
desencadenan actitudes que atentan contra tu estabilidad emocional y física. Las equivocaciones más comunes de la mente
son: *el estado telepático, la clasificación negativa, el absolutismo,
la culpa, la tiranía* y *la evasión irresponsable.* Si pones atención
es probable que te reconozcas en una o más de ellas.

Las equivocaciones de la conducta

Existen factores externos que terminan de constituir el proceso postdivorcio. A estos los denomino las equivocaciones de
la conducta, pues es en el comportamiento donde se reflejan
ciertos patrones que la persona sigue –por lo general como
consecuencia de una previa equivocación de la mente–, y que
la llevan a actuar de forma contraria para lograr la estabilidad
emocional que tanto se ansía. Dentro de estas equivocaciones
se encuentran: *el temor al dolor, el apego, las distracciones falsas,
esperar la recompensa mágico-divina* y *la promiscuidad.*[1]

Ahora bien, debo de ser claro y decirte que estas equivocaciones
no se presentan después del proceso de duelo. **Se presentan junto con este.** De manera que mientras vives las etapas del duelo,
estas equivocaciones pueden aparecer o no, algunas veces todas y
otras –las menos– solo algunas, pero para fines prácticos he tenido
que separarlas. Una vez aclaradas estas diferencias, abordémoslas.

---

[1] Tanto las equivocaciones de la mente como las equivocaciones de la conducta
que a continuación expongo, están basadas en algunas de las distorsiones cog-
nitivas originalmente descritas por Aaron T. Beck. Sin embargo, he decidido
cambiar el nombre de algunas de ellas para que sean más adaptables y precisas
en cuanto a la pérdida amorosa se refiere. Desde luego, el mérito original es
exclusivo para el doctor Beck y su terapia cognitivo-conductual.

El estado telepático

*"La incertidumbre es una margarita cuyos pétalos
no se terminan jamás de deshojar".*

Mario Vargas Llosa

Según el diccionario digital Word Reference la palabra telepatía se refiere a un "fenómeno parapsicológico consistente en la transmisión de pensamientos o sensaciones entre personas, generalmente distantes entre sí, sin la intervención de los sentidos". Esta habilidad implica una comunicación sin otra intervención más que de la mente; en la telepatía se "sabe" lo que el otro está pensando y viceversa, además de que no se realiza esfuerzo alguno para tener contacto real con la otra persona.

Los seres humanos invariablemente tendemos, en casos de incertidumbre, a priorizar las señales que nos confirmen nuestras sospechas. Incluso cuando los hechos no arrojan evidencia alguna para la confirmación de las mismas, solemos hacer acomodos de tal forma que se adapten a una idea preconcebida en nuestra cabeza. Esto se vuelve un problema cuando se teme escuchar la verdad; aunque la mayoría de las veces esa verdad no sea algo necesariamente trágico o doloroso para el involucrado en el divorcio, este suele hacer oídos sordos para quedarse exclusivamente con lo negativo.

Telepatía, ¡mi superpoder!

El origen de esta equivocación de la mente reside en el hecho de que las personas suelen constantemente dar por hecho las cosas. Es así de simple. El miedo hace de los seres humanos unos personajes muy peculiares, como en este caso, en donde las emociones logran que evitemos la confrontación directa con los hechos; en lugar de preguntar, asumimos que sabemos lo que las personas están pensando y lo tomamos como una verdad incuestionable, es decir, si fueras un superhéroe, tu "poder" sería la telepatía. Esto crea un gran problema porque lo cierto es que los superhéroes solo existen en las películas; nadie puede saber lo que otra persona está pensando; por lo tanto, cualquier aseveración que hagas derivada del estado telepático es, en esencia, una tomadura de pelo que te haces a ti mismo.

El poeta libanés Khalil Gibran decía: "Algunos oyen con las orejas, algunos con el estómago, algunos con el bolsillo y otros no oyen en absoluto". Habría que agregar que a algunos –entre los que se cuentan los recién divorciados–, les encanta oír con la mente. En el estado telepático, la persona que se divorcia cree que puede leer los pensamientos de los demás para confirmar que lo que cree de sí misma es también lo que creen los otros. Por ejemplo, si consideras que eres una persona fracasada por haberte divorciado, tu estado telepático te hará pensar que las demás personas también lo creen y afirmarás completamente segura: "La gente me cree un fracaso por haberme divorciado", lo cual te generará un estado de ansiedad. Lo terrible es que esa aseveración que permites que te domine, por lo general, existe solo en tu mente y no en la de los demás. Asumes lo peor debido a que crees merecer el rechazo y el desprecio, reafirmas esta creencia sin ninguna prueba sólida.

Pero eso es solo la primera parte de la ecuación porque no solo creemos ser capaces de leer la mente de los demás, asumimos que ¡ellos también pueden leer la nuestra!, completando así el estado telepático. Esta segunda equivocación se revela cuando finalmente nos atrevemos a preguntar algo y, en lugar de escuchar la respuesta de nuestro interlocutor, esperamos secretamente que lo que responda sea lo que deseamos oír o lo que creemos que debe ser la respuesta; cuando no es así, nos molestamos o nos deprimimos. Debemos entender que cuando uno hace cualquier pregunta, tiene que estar preparado para escuchar cualquier respuesta. El padre de la terapia racional emotiva, el doctor Albert Ellis, usaba un término completamente adecuado para este conjunto de pensamientos preconcebidos, Ellis los llamaba "musturbation" que básicamente se refiere a un juego de palabras que proviene de la combinación de los términos en inglés *must* (debes) y *masturbation* (masturbarse) y que ejemplifica la idea de provocarse estímulos mentales fijos.

Esclareciendo hechos

El estado telepático puede enfrentarse de manera contundente si te comprometes a evitar las suposiciones hasta que tengas pruebas concluyentes de las mismas. Toda inferencia telepática que hasta ese momento te hagas son meras hipótesis que no deben ser tomadas como hechos hasta que puedan confirmarse. Una manera adecuada para aclarar lo anterior es cuestionando y escuchando realmente las respuestas que las personas den a preguntas directas que les hagas. Siéntate con ellos y pregúntales lo que opinan de tu situación, al mismo tiempo que expones tus puntos de vista y tus emociones al respecto. Pero es importante que antes de empezar con una sesión de preguntas y respuestas, pongas especial atención en cumplir con tres condiciones; en la medida en que tengas claros estos aspectos, el resultado puede ser más provechoso para ti.

1. No hagas preguntas confirmándolas

Es muy importante que tus preguntas no sean hechas de manera preconfirmatoria, es decir, anticipando la respuesta. Por ejemplo, en lugar de preguntar: ¿Crees que no debí haberme divorciado?, en donde estás manifestando veladamente que cometiste un error, es mejor formular un sencillo y directo: ¿Qué opinas de mi divorcio? Es probable que te sorprenda lo que esa persona responderá, ya que no tendrá nada que ver con la creencia errónea que tienes acerca del tema, y te abrirá un panorama más esclarecedor de tu situación.

2. Haz preguntas directas y claras

El punto número dos es que la pregunta que hagas sea enunciada de la manera más clara y asertiva posible. No te andes con medias tintas, si quieres saber algo simplemente pregúntalo, ¿para qué dar tantos rodeos? Agarra al toro por los cuernos porque a fin de cuentas, cuando uno avanza directamente hacia el corazón de un misterio, este se esclarece. Tienes que hacer un esfuerzo para coserte la boca durante el tiempo que la persona está respondiendo; lucha con todas tus fuerzas contra las ganas que tienes de interrumpir y exponer tu punto de vista, respira y controla tus sentimientos. Es difícil, lo sé, pero sumamente efectivo.

3. Recuerda: cualquier respuesta a cualquier pregunta

Finalmente, tal vez el punto de más cuidado es que siempre tengas presente que puedes recibir cualquier respuesta a la pregunta que hagas. No esperes que te respondan lo que quieres oír, sino lo que verdaderamente esas personas piensan o creen. Esa es la manera en que te ven los demás y al estar preparada para ello, serás capaz de empezar a tener objetividad acerca del asunto. Pero no te asustes por favor, casi puedo asegurarte que la gran mayoría de las respuestas que obtengas serán sumamente positivas y beneficiosas para tu crecimiento y aprendizaje. Por eso trata de tener ser selectivo con respecto a las personas a las que te acercas como interlocutores, recuerda que no se le puede contar todo a todos.

Resumiendo

No puedes leer la mente, así que intentarlo es una pérdida absoluta de energía y tiempo, además de que te llena de ansiedad. Dar las cosas por hecho es una equivocación; significa que ya está hecho, entonces ¿para qué dedicarle tiempo y energía? Ten cuidado con la *masturbación mental*, recuerda que las historias que te haces son precisamente eso. Confronta y confirma, no te adelantes. Pregunta de manera clara, sin rodeos y hazlo sin ansias de confirmar tus ideas. Ten presente que el hecho de preguntar puede implicar una respuesta diferente a la que quieres oír; sopésala, acéptala y trabaja con ella.

LA CLASIFICACIÓN NEGATIVA

"En lugar de censurar a la gente, tratemos de comprenderla. Tratemos de imaginarnos por qué hacen lo que hacen. Eso es mucho más provechoso y más interesante que la crítica; y de ello surge la simpatía, la tolerancia y la bondad".

DALE CARNEGIE

Marco y Ana decidieron ir al cine un sábado en la tarde. Después de comprar los boletos, él la dejó para ir al baño y ella hizo fila en la dulcería. De regreso, Marco se encontró con un amigo de la infancia al que no veía hacía mucho tiempo y a quien lo había unido un gran cariño, por tanto se quedó platicando con él. Con la emoción del reencuentro no se percató del paso del tiempo. Cuando regresó al lado de Ana, la película había comenzado con la mejor escena y ambos se la habían perdido. Mientras él trataba de explicar a su esposa lo que había sucedido y se disculpaba con ella por su retraso, Ana, furiosa por no haber visto la escena, ignoró las disculpas de Marco y explotó contra su marido. Lo llamó **egoísta** y le reclamó que **siempre** les echaba a perder los buenos momentos juntos por su poca consideración. De manera lógica pero no adecuada, Marco reaccionó ante el ataque llamando a su mujer **histérica** y vociferando que **todo el tiempo** armaba escándalos por cualquier cosa. Al final, el resultado fue una tarde de diversión transformada en una de silencios y agresiones veladas.

A pesar de que su esposo se había disculpado, Ana hizo caso omiso de ello y se dedicó a clasificarlo negativamente, es decir, tomó un hecho negativo –un error–, y lo transformó en una idea global y simplista hacia su persona. Marco contraatacó con la misma técnica y con ello suprimieron toda posibilidad de comunicación, entendimiento y reparación de la situación.

Un hecho no es una persona

Cuando se hace una clasificación negativa, la persona blanco de ella es desvirtuada a favor de una idea estandarizada y prejuiciosa. Podemos decir que la clasificación negativa es la transformación de las personas en una o varias cualidades negativas de forma exclusiva, negando su complejidad de ser humano, potenciando únicamente sus fallas y eliminando sus aciertos. Y, por cierto, es una receta perfecta para la aniquilación del amor y la confianza.

A pesar de que la clasificación negativa puede presentarse más frecuentemente durante la relación, es probable que, después de un divorcio, también lo haga en estos dos sentidos: clasificar negativamente a la expareja y clasificarse negativamente a sí mismas. En el primer caso, el resultado generado es ira (recuerda que ya hablamos de ella), porque desde luego es mucho más sencillo enojarse con alguien si nos convencemos de que es una "golfa" o un "don nadie" que cuando se ve a la persona que se amó, en su plenitud, con defectos pero también con virtudes. En el segundo caso, si por ejemplo una persona se clasifica a sí misma como rechazada o fracasada por haberse divorciado, el resultado puede ser una tristeza severa que corre el riesgo de volverse depresión.

Muchas personas, incluso terapeutas y otros autores, sugieren que para superar una ruptura amorosa se debe de recordar exclusivamente lo malo de esa relación, pero yo no estoy totalmente de acuerdo con esa aseveración. Recordar solo las cosas malas puede ayudarte en parte, es cierto, pero también te puede hacer sentir culpable y equivocado por haber elegido precisamente a una pareja tan "malvada" (desde luego hay excepciones en donde esta sugerencia cabe como una manera de lidiar adecuadamente con circunstancias muy específicas como en el caso de las exparejas golpeadoras, las que ejercían una gran violencia emocional o las abusadoras de los hijos); pero cuando el matrimonio se terminó por factores digamos dolorosos, pero comunes –y sí, incluyo aquí la infidelidad–, lo mejor es diferenciar entre clasificaciones negativas, ya sean personales o hacia los demás, y conductas específicas del excónyuge o propias.

Como en el ejemplo de Ana y Marco: él no era necesariamente un egoísta (clasificación negativa) por el hecho de haberse retrasado unos minutos saludando a su amigo de la infancia (conducta específica) y ella no era necesariamente una histérica (clasificación negativa) por el hecho de haberse enojado por su retraso (conducta específica). En pocas palabras, el error estuvo en centrar la crítica en su pareja y no en el hecho recién ocurrido, es decir, la agresividad de ambos se manifestó al meterse con la persona y no con su comportamiento.

Así también, en tu caso, no eres un fracasado o una rechazada por haberte divorciado (clasificación negativa), simplemente estás atravesando por una situación complicada a nivel emocional y estás acoplándote a ella para continuar positivamente con tu vida (conducta específica). De acuerdo a la disposición que tengas para erradicar de tu mente las clasificaciones negativas, tu pensamiento e incluso tu lenguaje, se irán tornando más adecuados para lograr un bienestar auténtico luego de superar tu divorcio.

El objetivo es ser más benevolente con los demás, pero particularmente contigo mismo. Dejar de ser tu peor juez y cesar la clasificación negativa personal despierta un estilo de amor propio que forma parte de la piedra angular de tu autoestima: la empatía. Y la capacidad de empatizar contigo mismo te aliviará bastante el sufrimiento en el camino postdivorcio.

Empatía y neuronas espejo

Hay una gran confusión al respecto de lo que es la empatía, lo cual genera desconcierto. La respuesta más común que da la gente suele ser "ponerse en los zapatos del otro"; sin embargo, esto no es del todo cierto ya que esta afirmación se refiere más a la simpatía. Es posible simpatizar con alguien sin sentir empatía por esa persona y viceversa. Una acepción más acertada sería: "ponerse en los zapatos del otro, caminar, correr y saltar con ellos, aunque nos queden pequeños", esto se asemeja más al acto empático.

Por ejemplo, ¿alguna vez has visto lo que sucede en un jardín de niños, entre dos pequeños, cuando uno de ellos se lastima un dedo? Lo primero que hace el niño que no está herido no es socorrer a su compañero, ni llorar y tampoco llamar inmediatamente a la maestra; no, la primera reacción que tiene es mirar su propio dedo, lo cual es una respuesta empática automática. Es decir, el niño entiende orgánicamente y siente lo que su compañero está pasando; esto provoca en él la reacción más adecuada para ayudarle.

En términos concretos, la empatía es poder sintonizar de manera espontánea y natural con los sentimientos de la otra persona, conocer las motivaciones que tiene y desarrollar la capacidad de predecir su conducta.

Esta es una característica esencial en las relaciones sociales y lo que nos hace humanos, porque es el rasgo que nos detiene justo un momento antes de herir los sentimientos de los demás. Además, la empatía no solo se genera por elección, sino que los seres humanos tenemos aspectos biológicos que se encargan de ella, por lo que siempre tendemos a expresarla de manera espontánea y natural.

En 1996, en la Universidad de Parma, Italia, el neurofisiólogo Giacomo Rizzolatti hizo por casualidad un descubrimiento que cimbró los campos médico y social: las neuronas espejo. Mientras trabajaba con neuronas motoras de un macaco conectadas a un electrodo para registrar su actividad, podía ver que cuando el animal extendía su brazo y tomaba un cacahuate, sus neuronas se "encendían". Una mañana entró un investigador visitante al laboratorio y sin darse cuenta tomó uno de los cacahuates del macaco mientras este lo observaba a la distancia, entonces la neurona motora del mono se "encendió" de inmediato, ¡pero el animal no se había movido![1] Más adelante, a partir de la primera década de este siglo, se hicieron los mismos descubrimientos en seres humanos, con lo que el fenómeno empezó a cobrar mayor interés en el mundo científico.

Básicamente, las neuronas espejo permiten a nuestro cerebro correlacionar los movimientos que observamos en otra persona con los propios y así reconocer su significado. La célula se activa en uno de dos momentos: cuando una persona realiza una acción o cuando observa a otro mientras la realiza ¿Te has preguntado por qué nos dan ganas de bostezar cuando vemos a alguien más hacerlo?, la respuesta es porque se activan nuestras neuronas espejo ante la visión de ese acto. En pocas palabras, es como si quien observa, realiza la misma acción pero sin realmente llevarla a cabo; las sensaciones, emociones y sentimientos que se relacionan a ella se hacen presentes.

Las neuronas espejo son las que provocan nuestra empatía por el otro y esto es fundamental en las relaciones interpersonales, en este caso, en las relaciones de pareja; su actividad es muy importante para evitar la clasificación negativa. Sin embargo, al igual que reprimimos el bostezo, también se puede coartar la

---

[1] La historia del descubrimiento de las neuronas espejo se describe de manera amplia e interesante en el primer capítulo del libro *Las neuronas espejo, empatía, neuropolítica, autismo, imitación o de cómo entendemos a los otros*, de Marco Iacoboni.

acción de la empatía y más aún cuando clasificamos de manera negativa a nuestra pareja o a nosotros mismos. Lo importante es cuándo deberíamos sentir empatía. Ciertamente sería adecuado empatizar con los demás cada vez que se presente la oportunidad, pero más importante es la necesidad de empatizar con nosotros mismos el mayor tiempo posible. Experimentar en carne propia es una gran fórmula para desarrollar y potenciar capacidades y fortalezas que, a su vez, pudiéramos aplicar con los demás.

Entonces, la mejor manera de luchar en contra de la clasificación negativa es la generación constante de empatía hacia uno mismo y hacia el otro. Si mostramos empatía y cuidamos de no herir los sentimientos propios o ajenos, las neuronas espejo se pondrán en funcionamiento, dando como resultado la repetición de esta misma conducta por parte nuestra (hacia nosotros mismos) o del otro hacia nosotros. Es un método efectivo para evitar la crítica o la agresividad inútil.

Resumiendo

La clasificación negativa es llegar a una conclusión generalizada a partir de un incidente aislado, por lo que se saca un juicio global sin tomar en cuenta la realidad. El error más grande de esto es meterse con la persona y no con la conducta de esta. La fórmula para subsanar este tipo de equivocación de la mente es empatizar con las motivaciones y sentimientos de la persona para ser capaz de detenernos antes de herirla. La mente está programada para tender a este comportamiento, la cuestión es decidirse a usar la empatía, como herramienta a nuestro favor, en las relaciones con los demás.

El absolutismo

"Generalizar siempre es equivocarse".

Hermann Keyserling

Esta equivocación de la mente se refiere a la tendencia de sacar conclusiones extremas y generalizadas contando con pocas pruebas al respecto. Se caracteriza por establecer enunciados absolutos que se vuelven leyes inmutables que tienen como resultado entristecernos e impedir la realización de nuestra felicidad. Algunas afirmaciones de este tipo después de un divorcio son: *"jamás* encontraré el amor de nuevo", *"siempre* me equivoco al elegir pareja" o *"nada* de lo que intento sale bien en mis relaciones".

La naturaleza absoluta de estas creencias hacen que pierdas la confianza en ti al otorgar más poder a la idea en la que crees, por encima de lo que en realidad eres o de como se está desarrollando la situación. Por ejemplo, si te repites la frase "todo lo que intento me ha salido mal", mandarás señales a tu organismo de derrota, angustia y desesperación, lo que provocará una firme creencia en la inutilidad de tu esfuerzo que, poco a poco, te irá empequeñeciendo a nivel anímico y te impedirá ser proactivo.

La proactividad como base de la acción

En el proceso posterior a un divorcio, no hay error más grande y que genera más sufrimiento que dejar de ser proactivo. La proactividad se refiere a la capacidad de tomar el control de nuestra conducta de manera clara y objetiva. Para lograr conducir las riendas de nuestro comportamiento es necesario cambiar los pensamientos extremos y aceptar que no hay términos absolutos en la vida sino que, como seres humanos, fluctuamos entre uno y otro extremo todo el tiempo. Ninguna situación o persona es "siempre" o "nunca", o "todo" o "nada", más bien somos un compendio inagotable de posibilidades. Carl Jung decía que "la vida es absurda y llena de sentido a la vez" y, ciertamente, también los seres humanos somos así.

Cuando las personas dejan de ocuparse de ellas mismas se vuelven dependientes de los absolutos. Se dan por vencidas y deciden claudicar a favor del "destino". Es como si dijeran para sus adentros: ¿De qué sirve hacerme cargo de las cosas que deseo, quiero o anhelo para mí, si de cualquier forma *todo* lo que hago me sale mal? ¿Para qué luchar? La consecuencia de esta manera de pensar no pinta muy favorable. Lee el siguiente caso:

Remedios, una mujer en la mitad de sus cuarenta, con un divorcio a principios de los treinta, había pasado los últimos quince años de su vida aferrándose a la idea de que no podía mantener una nueva relación debido a una creencia del tipo "todas mis relaciones terminan fracasando". Como resultado había pasado por una multitud de escarceos amorosos o relaciones francamente patológicas con hombres casados, abusadores o indiferentes. Con cada nuevo intento fallido, reafirmaba su creencia absoluta y se encerraba en un círculo vicioso: mientras más le achacaba la culpa al "todo", más fracasaba en sus nuevas relaciones, y mientras más fracasaba, más le echaba la culpa y así sucesivamente. No había alcanzado a entender la importancia de la proactividad y la nulidad de lo absoluto.

Cuando acudió conmigo a terapia, desesperada porque sentía que el control de su vida se le escapaba, expresó su consternación al darse cuenta de que gran parte de la dinámica en la que se encontraba era consecuencia de las afirmaciones absolutas que se había hecho a lo largo de su vida y que se vieron potenciadas cuando se divorció. Después de su ruptura, se aferró aún más a dichos pensamientos y empezó a relacionarse con hombres que le terminaban de confirmar *lo que ella quería creer*. En las sesiones comenzó a entender que había vuelto hábitos dichas afirmaciones y las había incorporado como estilo de vida. El proceso con ella consistió en trabajar con la desincrustación de esos hábitos. Por medio de una rigurosa y constante serie de ejercicios de proactividad que incluían la repetición de expresiones diarias contrarias a sus creencias, como por ejemplo, al levantarse por la mañana tener la consigna de decir para sí misma en voz alta: "No es que nada me salga bien en mis relaciones, sino que hay veces en las que las cosas no resultan como las espero, pero eso es parte de la vida", empezó a sentirse cada vez más confiada con respecto a que quien tenía el control de sus pensamientos y conductas era ella y no el destino. Después de un tiempo comprendió que se encontraba más cómoda estando sola que con parejas que no le convenían; empezó a disfrutar de actividades como salir al cine o irse de viaje sin ningún acompañante, sabiendo que ella era la conductora de sus acciones. Un mes después de su última sesión conoció a su actual pareja formada en la fila del teatro. Cada vez más confirmo que, en la mayoría de los casos, cuando una persona se libera de estos pensamientos absolutos contra sí misma, una buena relación aparece bastante rápido.

El gimnasio emocional

Así como las afirmaciones absolutas con la repetición terminan volviéndose hábitos, es con la repetición de afirmaciones contrarias que se pueden cambiar esos hábitos para transformarlos en algo positivo para nosotros. Como siempre digo en estos casos, ser proactivo emocionalmente es equiparable a ir al gimnasio, es decir, debe hacerse todos los días de manera constante para que los resultados se empiecen a notar.

¿Qué sucede al quedarnos con afirmaciones extremistas? Lo más común es que se pierda objetividad, que solamente veamos una pieza del rompecabezas y nos cueste trabajo encontrar una forma diferente de abordar el asunto, se pierde creatividad, por así decirlo. La mente humana está capacitada en automático para absorber como esponja el conocimiento nuevo, se mantiene alerta a las nuevas ideas y conceptos que le damos diariamente, no importa si son erróneos, la mente igualmente los aceptará mientras dilucida si son útiles o no. Así como generalizamos de manera equivocada sin darnos cuenta, se puede intentar el proceso contrario, es decir, centrarnos en los puntos específicos de la situación y no solo en nuestras ideas.

Por ejemplo, cuando Remedios cayó en la cuenta de que su conducta absolutista le estaba afectando en su vida y en su relación con los hombres, de las primeras cosas que empezó a trabajar en terapia fue el entrenamiento de su capacidad para detectar, en primer lugar, aquellas situaciones en las que su pensamiento absolutista le estaba haciendo preconcebir un resultado: "Siempre fracaso en mis relaciones" y, posteriormente y con el paso de las sesiones, también comenzó a identificar al tipo de hombres que le podían detonar dicha actitud. Fue así como empezó a enfocarse en su propio control de pensamientos, al mismo tiempo que su elección de personas se volvía más asertiva, evitando a los hombres que le hacían reforzar su idea errada. Se vio forzada a no anteponer sus ideas preconcebidas y a esperar a ver de qué manera se desenvolvía todo el asunto antes de emitir un juicio que, al ser hecho *a priori*, se convertía en prejuicio. De esta manera, empezó a tomar las riendas de su propia vida y a dejar de creer que no había posibilidades distintas a las que veía y que no podía hacer nada para mejorarlas.

Marco Aurelio, el gran emperador romano, escribió en sus *Meditaciones* que en su vida él solo se ocupaba de lo que estaba en sus manos y que dejaba de preocuparse por lo que estaba en manos de sus enemigos.[1] Esta afirmación puede parecer trillada y obvia, pero en realidad no lo es tanto. Solemos olvidar bastante a menudo que una de las fortalezas que deberíamos entrenar más es la perspicacia, es decir, la capacidad de distinguir entre los asuntos de los que nos corresponde ocuparnos y dejar de hacerlo de los que pertenecen a los demás. En el caso de una separación, cada una de las partes tendría que asumir sus responsabilidades, y cada uno haría bien en tomar conciencia de cuáles cargar y cuáles no, al menos por salud emocional. Esto es algo, desde luego, que no se logra de la noche a la mañana, sino que requiere de un esfuerzo y disciplina continuos para ejercitar el músculo de nuestra mente, casi como lo haríamos con los músculos del cuerpo si fuéramos a un gimnasio, solamente que ahora es algo mucho más íntimo y personal: tu *gimnasio emocional.*

Tú puedes centrarte en lo que te toca cambiar. Controlar tus pensamientos significa dejar de creer que hay un sentido cósmico e inevitablemente trágico que afecta tus decisiones y que no importa lo que hagas no podrá ser cambiado. A fin de

---

[1] *Las Meditaciones* se considera la gran obra de Marco Aurelio, en la que se alaba a la rectitud y a la persecución de la perfecta manera de gobernar. La obra está tan bien escrita que algunos filósofos contemporáneos la consideran aún hoy en día como una maravillosa mezcla de ternura y exquisitez. En realidad Marco Aurelio es un gran ejemplo de proactividad constante. Pese a que tuvo que enfrentar una de las épocas más convulsas del Imperio Romano (161–180 d.C.) en la que los planes de conquista excedían por mucho los límites de su patria, encontró la manera de organizar, controlar y dirigir sus ejércitos mientras escribía libros de reflexiones filosóficas que lo hicieron pasar a la historia como uno de los más grandes emperadores, filósofos y poetas romanos.

cuentas, hay muy pocas cosas absolutas, la muerte es una de ellas, por ejemplo, pero otras que creemos que son así, no lo son. Aun la noche y el día tienen el amanecer y el crepúsculo, lo blanco y lo negro tienen lo gris, y la maldad y la bondad tienen a la naturaleza humana.

Resumiendo

Mantente muy atento a no sacar conclusiones extremas y apoyadas en creencias y no en pruebas. El riesgo de ser extremista es que no se suele hacer ningún esfuerzo una vez que se ha tomado la determinación de permanecer con una idea absoluta. No olvides que la proactividad es la clave para mantenerse en la búsqueda de respuestas más acertadas y un mejor entendimiento de la situación. No claudiques, no hay "nada escrito con antelación", cada persona elige el curso de acción a seguir, esa es la base de la proactividad. Para que evites caer en absolutos, es imprescindible que tomes en cuenta que estos pensamientos se originan de situaciones que solamente viven en tu mente y no en la realidad; cuando esta la cotejas con tus ideas es posible que te des cuenta de que no son tan efectivas; si haces el esfuerzo diario –como en un gimnasio emocional– de ajustarte a la realidad, tu vida será más funcional.

LA CULPA

*"Si es que hay un infierno en la tierra, debe estar
en el corazón del hombre melancólico".*

ROBERT BURTON

La culpa no sirve de nada más que para detener tu recuperación y, muchas veces, para hacerte cargar con la responsabilidad que pertenece a otros. Se vuelve increíblemente devastadora porque afecta tu autoestima y agranda tu tristeza. La culpa se genera en la infancia y es, por lo general, producto de exigencias y manipulaciones, conscientes o no, de parte de nuestros padres o de personas significativas. Expresiones como "si no te comes la sopa me voy a poner triste" o "si no prestas tu muñeca no eres una buena niña", provocan que sintamos la obligación, e incluso la necesidad de tratar de hacer siempre lo que se considera correcto, de manera que las personas importantes para nosotros nos acepten, nos quieran y nos protejan.

Todas esas ideas se afianzan en nuestra mente y las adoptamos como propias sin replicar, volviéndonos extremadamente punitivos con nosotros mismos. Al crecer, por este aprendizaje programado permitimos que los demás y en particular la pareja, nos manipulen y nos remitan a la exigencia parental original, recordándonos el temor de la no aceptación, el abandono o la desprotección. En estos sentimientos es en donde más afloran los pensamientos distorsionados, que son ideas que nos vienen a la cabeza y que nos impiden ver la realidad última de las cosas; no son objetivos con el momento o la situación por la que se está atravesando; además, estas distorsiones suelen llevarnos a cometer equivocaciones que influyen directamente en nuestro bienestar.

Todos poseemos pensamientos acerca de nosotros mismos y sobre lo que nos rodea. Ellos aparecen a partir de las conclusiones e interpretaciones que hacemos de las situaciones cotidianas, y en un gran porcentaje de ocasiones, este tipo de pensamientos hacen que suframos de manera innecesaria. Son estas interpretaciones –lo que decimos de nosotros mismos y de nuestra experiencia– las que nos crean estados de ánimo sanos o tóxicos. La culpa es un gran representante de estos pensamientos distorsionados porque se genera desde un camino de dos vías y aparece:

1. Cuando crees que hiciste algo que no deberías haber hecho o, en caso contrario, no hiciste algo que crees que deberías haber hecho.
2. Cuando, a causa de lo anterior, te invade el convencimiento de que eres una "mala persona".

Lo que refleja un sentimiento de culpa es la creencia de que has actuado mal pero –y aquí está la vuelta de tuerca–, aunque esto podría ser cierto, casi siempre resulta que no lo es; es en este momento en el que entran los pensamientos erróneos y entonces las personas con tendencia a la culpa creen que demeritarse y autocastigarse hará que esas sensaciones desaparezcan, pero por desgracia con esa actitud sucede lo contrario, se vuelven más aprensivas, tristes y desorientadas.

Por ejemplo, la culpa en la separación es, por un lado, el exceso de responsabilidad en el dolor del cónyuge y en la ruptura de la relación y, por el otro, el regreso a nuestras creencias infantiles en donde "hacer lo correcto" es lo indicado, aun cuando lo "correcto" vaya en contra de nuestras necesidades, valores o deseos, porque así no seremos "malas personas". Es decir, se siguen sosteniendo estos pensamientos y creencias erróneas.

Distorsionar la realidad

Quiero detenerme un instante en el concepto de "maldad" que es un elemento fundamental en el proceso culpígeno. Para que la culpa aparezca debe estar presente este pensamiento distorsionado, es decir, una condena hacia lo que se hizo (o que cree que se hizo) y que se considera terrible o inmoral; por tanto se establece una distorsión acerca nosotros mismos: "Soy mala", "soy flojo", "soy inútil". Cuando somos capaces de desterrar el concepto erróneo de "maldad" ante una equivocación, se presentará una sensación sana de remordimiento, más no de culpa.

El remordimiento surge a partir de una percepción no distorsionada de que se ha realizado una acción equivocada o nociva, ya sea para ti o para los demás. La gran diferencia con la culpa es que no hay una presunción y mucho menos una aceptación de que la razón para haber actuado así es que seas un ser malo o inmoral, sino que has cometido un error, como cualquier ser humano sujeto a la falibilidad. **El remordimiento se da partir de la conducta (objetividad) mientras que la culpa, a partir de las ideas de uno mismo (subjetividad).**

Esta es una confusión muy recurrente en la separación. Seguir aceptando sin cuestionar la creencia de que lo que el otro necesita es más importante que lo propio, y que no haber cumplido esas necesidades te hace ser "mala persona", es ideal para sumirnos en un *autosabotaje* absolutamente innecesario. Afirmaciones como "no hice lo suficiente" o "debí haberlo intentado más" son perfectas para arrastrarnos a un mar de confusión y ansiedad. Por favor, piensa en esto: cuando asumes toda la culpa de lo que sucedió en la ruptura, lo que haces es seguir haciéndote cargo de tu expareja, negando el derecho que tienes a equivocarte como cualquier persona, confundiendo la culpa con remordimiento y olvidando la dinámica interpersonal del matrimonio, o dicho coloquialmente, olvidas que "una relación de pareja es un tango que se baila entre dos". Cargar con ese peso te hace susceptible a más incertidumbre y dolor. Además, la gran desventaja de tener una personalidad con tendencia a la culpa es que los demás pueden usar (y de hecho lo harán) ese sentimiento para manipularte con relativa facilidad, provocando una serie de pensamientos y conductas dañinas para ambas partes.

Cuando has hecho algo terrible o nocivo es aconsejable preguntarte: ¿Merezco sufrir por ello? Suponiendo que la respuesta fuera afirmativa, entonces cabría preguntarse: ¿Por cuánto tiempo? ¿Días? ¿Meses? ¿Años? ¿Toda la vida? Pero, ¿tendrá algún sentido echarse encima esta penitencia? Por favor, piensa en que si en realidad cometiste alguna conducta que provocó daño a alguien, sentirte culpable no eliminará tu error. Tampoco permitirá que aprendas del mismo para no repetirlo en el futuro y es probable que ni siquiera los demás piensen que mereces ser odiado o amado por ello. Lo que es necesario después de una equivocación o serie de equivocaciones, como las que probablemente tú y tu expareja cometieron en su matrimonio, es elaborar todo un proceso que traerá a tu vida un nuevo entendimiento, aprendizaje y, por tanto, un cambio. Solo pregúntate si la culpa que sientes está interfiriendo en lograr este cambio. Cuando te des cuenta de que es así, que entorpece tu avance para recuperar tu bienestar, sabrás que hay que hacerla a un lado porque no sirve en absoluto. Pero ¿cómo hacerlo?

¿Cómo lidiar con la culpa?

"Lo hecho, hecho está y no puede deshacerse"; esta frase, producto de la mente de William Shakespeare, se la dice Lady Macbeth a su esposo cuando, después de ser instigado por ella, este siente una culpa avasalladora por haber asesinado al rey. Y, aunque puede parecer una expresión fría y desalmada, ejemplifica perfectamente el método adecuado para superar la distorsión de la culpa. Mucha gente, en particular las mujeres, me miran de una manera sospechosa cuando hago estas aseveraciones. Les cuesta trabajo aceptar que la mejor manera para superar la culpa consiste en aplicar una buena cantidad de egoísmo positivo y distanciamiento mental y emocional.

Porque te repito, la culpa no sirve de nada por sí sola, pero si va acompañada de las siguientes reflexiones puede llegar a transformarse en una herramienta de aprendizaje:

1. La culpa deja de actuar en tu contra ante la aceptación y resignación de que **no puedes hacer nada** por lo hecho, dicho u omitido en el pasado.

"Ni siquiera Dios puede cambiar el pasado", decía el griego Agatón, una verdad llana e incuestionable. Para bien o para mal, y eso ya no importa, las decisiones que tomaste las hiciste basadas en lo que sabías, querías, creías o pensabas en ese instante y ese momento es completamente diferente al que te encuentras ahora, por lo que no es sano hacer comparaciones del tipo "hubiera". Es ahora que la resignación juega un papel crucial.

La mayoría de las personas creen que resignarse es agachar la cabeza, bajar los brazos y dejar de pelear. La confunden con derrota y esto está más que alejado de la verdad. Resignación tiene que ver más con la aceptación que con la derrota, por tanto, promueve un nuevo significado –del que tiene actualmente– hacia aquello que no está funcionando y en realidad es un punto de partida para el cambio. Si una conducta o pensamiento no es funcional debemos buscar la manera de darle un nuevo significado para sacar provecho (¿recuerdas el ejercicio del cubo y las estrellas?); que abra la puerta a un conocimiento que te servirá para tu siguiente relación. Lo que nos lleva a la segunda reflexión:

2. La culpa sirve de algo cuando se transforma en un ejercicio que tiene como objetivo **asumir responsabilidades.**

Transcurrido un lapso razonable después del divorcio, digamos unos seis meses, lo que normalmente sucede es que eres capaz de ver las cosas calmadamente mientras reflexionas acerca de la parte que te corresponde de la ruptura. Asumir responsabilidades en lugar de culparte implica hacerte cargo de lo que te corresponde, de lo que no funcionó, pero también de lo que sí funcionó en la relación. Es hasta entonces que obtienes el aprendizaje que te lleva a la certeza de que, en caso de verte involucrada en una situación similar más adelante, no repetirás las mismas equivocaciones que te causaron dolor.

Cuando te decides a aceptar que hagas lo que hagas ahora, lo cual incluye etiquetarte como "mala persona" o caer en el sufrimiento por tiempo indeterminado, no vas a poder cambiar lo que hiciste antes, pero sí puedes cambiar lo que harás en el futuro. La culpa se transforma en responsabilidad dando paso al perdón y al autoperdón, permitiéndote llegar a un nuevo conocimiento. Tu patrón de creencia infantil empieza a desvanecerse al entender que eres un ser humano y que por ello eres falible como cualquier otro. Te animas, de esta forma, a descargar de tus hombros el peso de una exagerada responsabilidad que además, como dijimos antes, en un divorcio siempre es compartida. Así, empiezas el desarrollo de una madurez emocional que se irá incrementando con esta nueva dinámica de actuar ante las vicisitudes.

Resumiendo

Recuerda que la culpa es un sentimiento que surge de pensamientos distorsionados, por tanto, cuando te sientas así, desconfía de lo que estás sintiendo. La culpa no es lo mismo que el remordimiento, ya que este último proviene de la objetividad y te permite entender la situación sin distorsiones. Sentirte culpable no eliminará tu error, si es que lo hubo en realidad; así que lo mejor es dejar el pasado en el pasado, ya que no puede cambiarse. Recuerda que la culpa y la depresión no son más que un exceso de pasado. Empieza a transformar la culpa en responsabilidad para asumir, tanto lo acertado, como las fallas en la dinámica de tu relación terminada.

LA TIRANÍA

Posterior al divorcio, ¿cuántas veces no te has sorprendido estableciéndote reglas estrictas con respecto a cómo crees que tienes que pensar, sentir o accionar a partir de ahora? En un clásico y amplio estudio sobre el efecto del divorcio en las personas, los doctores Matthew McKay y Richard Gosse, identificaron que siete de cada 10 recién divorciados creían firmemente en aseveraciones como: "aunque no tengo ganas, debería haber salido" o "tendría que disfrutar más esta libertad". La pregunta es ¿quién dice cómo debes accionar, pensar o sentir y en dónde está escrito qué deberías hacer? Recuerda que eres tú quien formula las reglas. Cuando haces caso de pautas o principios que no tienen que ver contigo, estás sembrando en un terreno de incredulidad y de poca confianza en tus propias decisiones, lo que, a la larga, te puede acarrear una amarga cosecha.

Muchas personas que en estos momentos están a tu lado intentan ayudarte de la mejor manera que creen que es posible, pero desafortunadamente, en lugar de hacerlo, provocan una generación de expectativas que condicionan los tiempos y la calidad de tu proceso de recuperación. Por apoyarte, alguien te puede incitar a que te sientas fuerte y te obligues a no sentir dolor por tu situación, o a que busques desaforadamente conocer a otras personas; estos *deberías* pueden empujarte a hacer algo poco beneficioso para ti en estos momentos. Tal vez tú quieres darte un tiempo para sentir tu dolor o aún no estás preparada para salir. Dejarte presionar para sacar provecho de tu "nueva libertad" podría interrumpir tu proceso de recuperación.

No estoy diciendo que debas quedarte atorado en un mundo de angustia o que no intentes trabajar contigo para seguir adelante, pero sí que lo hagas de acuerdo a tus tiempos, desde luego, tiempos razonables. Por ejemplo, si alguien te dice que tienes que empezar a salir más y te invita a una noche de copas, pero sientes la necesidad de quedarte ese viernes en casa porque prefieres ver una vieja película romántica y comer palomitas, no te tiranices obligándote a ir, pero tampoco te vayas al extremo de quedarte todo el fin de semana viendo decenas de películas románticas. Puedes quedarte ese viernes en casa y proponerle a esa persona ir a desayunar el sábado. Equilibrio es la clave.

¿Qué tan bueno es tu autoconcepto?

La tiranía surge de un autoconcepto deficiente, lo que se refiere a la distorsión que las personas hacen de su propia imagen. Aunque es muy parecido, no es lo mismo que la autoestima, esta última forma parte del autoconcepto y solo se refiere a la evaluación que hace la persona de sus capacidades para enfrentar la vida; es decir, mientras que una baja autoestima se refiere a la escasa confianza que tenemos en nuestras herramientas para enfrentar los sucesos que se presenten (resistencia mental y emocional, capacidad de aprendizaje y entereza de espíritu, etc.), una deficiencia en nuestro autoconcepto implica no poder alcanzar el ideal de figura que quisiéramos ser. Si hay deficiencias en este renglón tu individualidad se ve obstruida y mermada.

El sabotaje por lo regular sucede cuando la gente constantemente toma en cuenta otras opiniones o aseveraciones antes que las propias; en particular para tomar decisiones de peso, se sienten agobiados por la necesidad de cumplir con la expectativa de lo que se espera que hagan para alcanzar esa imagen idealizada. Por ejemplo, en la película de 2009, *A él no le gustas tanto* (*He's just not that into you*), todos los personajes toman decisiones a partir de lo que otro personaje cree que debería hacer o de lo que sugiere de acuerdo a su experiencia. Debido a esto, varios de ellos, pese a que desean comportarse de acuerdo a sus propios conceptos e ideas, terminan cediendo a la presión de lo que sería "más adecuado", dando como resultado una serie de amargas decepciones de los protagonistas. El autoconcepto se consolida cuando empiezas a entender que tú eres lo que eres y que lo más importante son los deseos, ideas, planes y metas que tienes pensadas para ti. Esto es, cuando aceptas vivir tu propia vida a partir de lo que eres en realidad y no de lo que crees que deberías ser, esta es la clave para quitarnos un enorme peso de encima y acercarnos al disfrute pleno de nuestra existencia.

Si no tenemos un autoconcepto sano de nosotros mismos es bastante probable que nos sintamos extremadamente presionados y anormales si no cumplimos con dicha exigencia. Trataremos de mostrarnos "fuertes" aunque por dentro estemos siendo apuñalados una y otra vez, con el probable resultado de que terminemos convirtiéndonos en un manojo de nervios, ansiedades e inseguridad; en una especie de bomba, la cual, solo será cuestión de tiempo para que haga una devastadora explosión que arrasará con todo y con todos, incluyéndonos por supuesto. Si nos tiranizamos al movernos con la norma, podemos acabar haciendo cosas que podrían empeorar nuestra situación. Cuando aceptamos que somos nosotros quienes formulamos nuestras propias reglas, una vez que decidimos que alguna de ellas no sirve, rectificar o desprenderse de ella es mucho más fácil.

El génesis de la exigencia

¿De dónde surge la mayoría de estos conceptos generalizados de tiranía? Es evidente que su origen es muy diverso, pero uno de los más comunes radica en prejuicios y estereotipos que se expresan en historias, mitos y cuentos infantiles que determinan, en cierta medida, nuestras falsas creencias que se vuelven verdades compartidas, y en el peor de los casos, en exigencias brutales con nosotros y con los demás. Un ejemplo de ello es cuando alguien nos aconseja poco después de la ruptura: "No llores ante ella, no le muestres que eres débil, sé valiente" o "espera a que él te busque y te reconquiste, porque eres una princesa" ¿En dónde dice que los valientes no lloran o que las princesas esperan sentadas la resolución de los conflictos? En los cuentos que hemos escuchado desde la infancia y adolescencia y en los cuales seguimos creyendo firmemente. El problema de seguir con estas creencias en la vida adulta es que fácilmente pueden provocar pensamientos y conductas disfuncionales que detienen la sana proactividad. Hay una broma popular que reza: "Para dejar de sufrir por amor, lo ideal es que las mujeres demanden a Disney y los hombres a *Playboy*".

Hablando en serio, es evidente el influjo de estas historias que han tiranizado nuestra vida al definir cómo debe ser, en específico, nuestra relación de pareja. Bruno Bettelheim en su libro *Psicoanálisis de los cuentos de hadas* sostiene la tesis de que estas no son simples historias cuyo fin es atraer la atención de un niño, sino que en ellos hay una serie de códigos que influirán en la vida del mismo. Bettelheim se refiere más en específico a que los cuentos infantiles, más allá de su valor estético, son fácilmente accesibles para el niño, abordando de manera comprensible los problemas existenciales de los mismos. El autor defiende la tesis de que esas historias son indispensables para la evolución del niño de forma casi siempre positiva, pero también hace hincapié en que en la sociedad moderna, dichos cuentos, llevados al máximo de idealización, terminan por hacer creer al niño o a la niña que la vida real debe de ser forzosamente igual que las historias de princesas y héroes, dando como resultado una fantasía inalcanzable que lo termina afectando en su vida adulta. No es que siempre suceda así o que pase con todos los cuentos que el niño lea o escuche, pero sí sucederá con algunos con los que su psique infantil se identifique y que lo marcarán de manera determinante para el resto de su vida. La influencia de los cuentos y los mitos en cómo entendemos las relaciones, impacta directamente en nuestras vidas y sobre todo en nuestros acercamientos afectivos.

Como vimos anteriormente, la primera parte del proceso postdivorcio (el duelo), conlleva una serie de pasos que se van acomodando de acuerdo a cada persona. Todos tienen sus propios tiempos. Cuando cimentamos nuestro autoconcepto, lo que estamos haciendo es darnos la oportunidad de aceptarnos a nosotros mismos, incluyendo lo que pensamos, sentimos o deseamos. Una recomendación que te hago es escuchar los consejos de los demás, pero no seguirlos como una verdad incuestionable hasta haber evaluado si concuerdan con el autoconcepto que tienes de ti en ese momento.

Repito, no estoy sugiriendo que te quedes atascada en la soledad y te conviertas en una especie de abate Faria, el personaje de Alejandro Dumas, inmortalizado en su novela *El conde de Montecristo,* encarcelado por años y que cavaba en la dirección opuesta a la de su libertad. Sal y continúa con tu vida, pero a tu propio tiempo y sin exigencias por cumplir. No dejes de avanzar con pasos cortos, pero siempre hacia adelante, recuerda que solamente tú estableces lo que debes o no debes hacer. Ten presente que las personas opinan de acuerdo a sus propias experiencias y a su propio autoconcepto, o a lo que ellos creen que es el "ideal", pero eres tú quien debe determinar tu avance en ritmos y formas.

Resumiendo

Trata de no establecer exigencias del tipo "deber que", "tener que" o "hay que". Evita, en la medida de lo posible, hacer cosas ajenas a tu voluntad. No dejes de lado la proactividad y el trabajo que tienes por delante, pero sé consciente de que todas las personas tienen su propio ritmo, y el tuyo no es mejor ni peor que el de los demás, simplemente es el tuyo. Olvídate de seguir reglas y mandatos ajenos, ya que lo importante es lo que tú decides, no los demás. Replantéate si tu autoconcepto está careciendo de solidez y si descubres que es así, detente por un momento y reflexiona en dónde está el problema para tomar cartas en el asunto. No te tiranices, más bien identifica tus armas, tus puntos flacos y fuertes, trabaja en los primeros y enaltece los segundos. Si estás pendiente de ello, en menos de lo que te imaginas estarás pensando, sintiendo y haciendo las cosas que te gustan y deseas de verdad.

La EVASIÓN IRRESPONSABLE

"Jugar limpio es no culpar a los demás de nuestras equivocaciones".

ERIC HOFFER

Cuando no somos capaces de responsabilizarnos de nuestras conductas, solemos evadirnos culpando al otro de cualquier dolor o pérdida que sentimos. Es el otro el causante principal y, a veces, exclusivo de la ruptura. Desde luego culpar al otro es fácil porque implica mucho menos trabajo personal; de esta forma te proteges de reconocer tus propias fallas porque tu atención está situada en tu excónyuge; estar en el papel de "pobre víctima del egoísmo y la incomprensión" puede provocarte un cuadro general de estancamiento y nulo avance personal.

Más allá de que no responsabilizarte de tus actos, constituye una salida falsa y extremadamente simplista, es sobre todo, una actitud que polariza la concepción que tienes de tu relación con tu expareja. Es decir, suele pasar que en el otro recaiga toda la culpa de los eventos "malos" que sucedieron o siguen sucediendo entre la interacción de ambos y, por otro lado, te pases la mayor parte del tiempo tratando de convencer a los demás y, lo que es peor, tratando de convencerte a ti mismo, de que nada de lo que está sucediendo tiene o tuvo que ver contigo. Desde esa perspectiva no hay grises, sino que tú eres el blanco y el otro el negro. Pero la vida no es monocromática, se mueve en una amplia gama de tonos grisáceos y de color como también lo hacen los seres humanos. Cuando una persona cae en la victimización es prácticamente imposible que pueda vislumbrar y asumir el camino que debe de empezar a recorrer.

¡Pero si el diablo es el otro!

Aaron T. Beck, el creador de la terapia cognitiva llamaba al fenómeno antes descrito *satanización*, es decir, al otro le deben salir cola y cuernos para corroborar que estamos mejor sin su presencia[1]. Pero una vez más olvidamos que –con toda seguridad– el otro está realizando el mismo proceso con nosotros, entonces ¿quién tiene la razón? Esto se convierte en un problema cuando dejamos de ser racionales y evadimos irresponsablemente nuestra participación en lo que no salió bien y le achacamos todo a la expareja. Asumir tu responsabilidad de manera directa, honesta y sin culpas, es la mejor manera de establecer un bastión de resistencia que te ayude a avanzar en tu proceso postdivorcio y en tu crecimiento como persona.

El origen de la satanización se remite a formas de protección desarrolladas en la infancia. Cuando eres niño vives constantemente a la defensiva porque te mueves en un mundo de adultos poderosos que tienen la capacidad de dominarte fácilmente, por lo que buscas estrategias de acomodo y supervivencia. Cuando en algún caso, por ejemplo, la vez que por no ordenar tu cajón de juguetes tus padres te castigaron y te impidieron ver tu programa favorito en la televisión, mandándote a dormir

---

[1] La contundente tesis de Aaron T. Beck y la terapia cognitiva reside en afirmar que *lo que nos provoca malestar es la interpretación que hacemos de la situación, no la situación en sí misma, por tanto si somos capaces de cambiar nuestras creencias erróneas acerca de una situación determinada, esta dejará de afectarnos.* Por mucho la terapia cognitiva (llamada másadelante terapia cognitivo-conductual), es la que más resultados comprobables tiene para tratar entre otras cosas, la depresión, la baja autoestima y las fobias.

temprano, llorabas inconsolable en la soledad de tu cama y solo podías ser capaz de enfocarte en lo que ellos hicieron contigo; la sensación de injusticia te invadía al pensar en lo malvados que eran y cómo abusaban de ti. Te aseguro que incluso tuviste algún tipo de fantasía como que un día que estuvieras a punto de morir, sufriendo por alguna terrible y rara enfermedad, tus pobres padres angustiados y arrepentidos te pedirían a gritos que los perdonaras por haberte dejado sin programa de televisión, y tú, con el último espasmo de tu tierna vida lo único que harías sería ignorarlos, voltearte hacia la pared y morir. Una forma cómica e infantil de venganza.

El problema es que en la adultez seguimos repitiendo esos mismos patrones. No basta, como en la infancia, enfocarse en lo malo que nos hicieron, sino que debemos de ser capaces de reflexionar acerca de lo que nosotros también hicimos y que colaboró para detonar una acción determinada. Asumir nuestra responsabilidad por acto, palabra u omisión es un paso indispensable para llegar a resoluciones de conflictos íntimos, tanto en nosotros mismos como en nuestras relaciones interpersonales.

Evadirse después de una ruptura implica un fuerte apego a la idea de que no seremos capaces de enfrentar y satisfacer nuestras necesidades a nivel emocional, y que necesitamos una suerte de "chivo expiatorio" que nos ayude a cargar con nosotros mismos a ese nivel. Por tanto, estas creencias aumentan el enojo y disparan nuestra agresividad en contra de la expareja, como si creyéramos que estar furiosos nos fuera a salvar del dolor, tan necesario para salir adelante. En este período surgen frases como: "Era un pobre diablo, demasiada poca cosa para mí" o "esa bruja histérica, no sé qué hacía metido con ella". La creencia de que "soy la mejor persona y el mundo está en mi contra" se refuerza por completo. Esta actitud es propia de la personalidad neurótica.

Todos somos neuróticos

Karen Horney, una de las pioneras en el estudio de las personalidades neuróticas, estableció, según mi punto de vista, la definición más bella y acertada de lo que es la neurosis; de acuerdo a Horney, es *la sensación de encontrarse solo e indefenso en medio de un mundo hostil.*[2] En ese sentido, es evidente pues, que todos los seres humanos nos encontramos en algún momento de nuestras vidas, enfrentados ante lo que percibimos como un mundo peligroso, y esto nos provoca una serie de conductas neuróticas.

Cuando, por ejemplo, nacemos y somos arrancados de la calidez y comodidad del útero o cuando nos encontramos ante el dolor de una separación, el *shock* de enfrentarnos a lo desconocido, y por tanto a una aparentemente nueva situación peligrosa, provoca que nos aterremos ante lo que vendrá. Nos metemos en un tobogán de angustia que nos deja tensos, temerosos y agotados, se dice entonces que nos *neurotizamos.*

El asunto se complica porque el neurótico es incapaz de hacerse cargo de su responsabilidad con respecto a lo que está provocando su estado, y por tanto, no puede hacerle frente de manera adecuada. Es sobrepasado por los acontecimientos externos ya que su capacidad interna no está equilibrada para responder a la altura de dichos eventos. De manera resumida, el problema radica en que el neurótico sabe lo que le ocurre, sabe lo que tiene que pensar, sabe lo que tiene que decir y sabe lo que tiene que hacer para solucionar su predicamento y con todo ello, no hace nada.

---

[2] Horney establece esta tesis en uno de sus libros más conocidos: *La personalidad neurótica de nuestro tiempo.* A pesar de las décadas transcurridas desde su publicación, sigue siendo uno de las referencias obligadas y vigentes acerca del estudio de los procesos y personalidades neuróticas.

Así es como se sienten la mayoría de las personas recién divorciadas: solas e indefensas como si fueran niños pequeños que han perdido a sus padres; también saben lo que tienen que hacer para salir adelante, lo han leído o lo han escuchado hasta el cansancio, pero con todo, no se atreven a poner en práctica las actitudes correctas. Y es aquí, en este momento, en donde –para poder sobrevivir– caen en la evasión irresponsable: evitan la responsabilidad, ya que esto implica una profunda reflexión y un acto de honestidad que, como todos los esfuerzos de comprensión de uno mismo en momentos límite, generan dolor.

Para que no te sientas tan mal, si te encuentras en este caso, he de agregar que, de cierta forma, la tendencia natural del ser humano a evitar todo aquello que sea desagradable o que cause dolor es perfectamente normal, y le ha servido como instrumento evolutivo de supervivencia. Algunos antropólogos, de hecho, sostienen la teoría de que somos hijos de generaciones "cobardes"; a lo largo de la historia de la humanidad, nuestros ancestros solo tenían dos posibilidades para enfrentar un potencial peligro: huir o luchar. La teoría sostiene que las generaciones que fueron prevaleciendo eran descendientes de aquellos antepasados que decidieron escapar, y no de los que se quedaron, pelearon y murieron. Por tanto, esta tendencia a la evitación se vuelve una constante genética y desde luego, también se presenta a nivel emocional en todas las personas.

¿Hacer lo contrario?

La pregunta que surge en el caso de un divorcio es ¿cómo podemos transformar esta tendencia a la evasión? Lo recomendable es enfocarnos, por un lado, en que lo que elegimos fue lo mejor para ese momento particular de nuestras vidas, y por el otro, en la conciencia de que nadie nos obligó a estar en esa relación; es decir, tener la honestidad de aceptar que escogimos determinada forma de relacionarnos con esa pareja, de abordar los problemas en el matrimonio, y eso, al igual que el dolor que pudo causarnos, es responsabilidad nuestra, al menos en parte. En otras palabras, hay que decidirnos a enfrentar al monstruo con la esperanza de que no nos vapulee tanto, pero a fin de cuentas, enfrentarlo.

Lo contrario a la evasión irresponsable es asumir con compromiso la parte que nos toca en cuanto a lo que no salió bien, pero sobre todo, asumir la responsabilidad de lo que sí salió bien en la relación; esto a la larga nos va a ayudar a aminorar la evasión. Así como solemos ser jueces tan terribles con nosotros, también debemos hacer el esfuerzo de vernos, y también al otro, de forma más acertada y hasta benigna. Cuando eres capaz de reconocer que lo que salió bien es tu responsabilidad y también de tu expareja (por ejemplo, los bellos momentos juntos, las sorpresas, los viajes placenteros, los hermosos hijos que tuvieron, etc.), comienzas a encaminarte hacia una manera de pensar y actuar más asertiva que netamente emocional.

Con respecto a ser más benigno en nuestras apreciaciones con nosotros mismos y con el excónyuge, me sorprende cómo las personas obvian algo tan básico al momento de decidir unirse en matrimonio: **la gente se casa con alguien que conoce solo en parte.** No hay nada que garantice que el otro mantendrá el mismo nivel de compromiso, amor o claridad en cuanto a los sentimientos y con respecto a la relación; incluso si el noviazgo duró mucho o se vivió con la pareja antes del matrimonio, la realidad termina imponiéndose. Las personas evolucionan, las expectativas, necesidades y sentimientos cambian y no hay nada de malo en ello. Poner la etiqueta de maldad al excónyuge por no haber mantenido su palabra de que todo permanecería igual por siempre es un error y un acto de evasión irresponsable, porque la realidad es que nada es eterno. En otras palabras, las rupturas amorosas, aunque implican grados de responsabilidades por parte de los involucrados, literalmente y aunque no nos guste, no son culpa de nadie, sino un natural desarrollo evolutivo de la naturaleza humana.

Resumiendo

Aunque las personas solemos tener una tendencia a la satanización tras una ruptura, debes estar consciente de que esta es una manera de evadir la propia responsabilidad ante la situación. Una manera de evitar la satanización es aceptar lo que hiciste y dejaste de hacer durante la relación. Todas las personas son neuróticas alguna vez en su vida, pero la mejor forma de lidiar con la neurosis es moverse hacia la acción. Asume tu responsabilidad de lo que pasó en cuanto a lo que no salió bien, pero también en lo que sí salió bien. Recuerda que las rupturas, aunque sean dolorosas, no son culpa de nadie, sino un proceso evolutivo natural en la vida de las personas y por eso merecen ser aceptadas.

EL TEMOR AL DOLOR

"El dolor es inevitable, el sufrimiento es opcional".

BUDA

¿Se puede precisar el significado del término *dolor* de manera más o menos certera? o ¿su concepción es tan variable de persona a persona que resulta imposible definirlo? Pudiera definirse como aquella pasión del ánimo que nos impulsa a tratar de escapar o evitar aquello que consideramos arriesgado, peligroso o dañino para nuestra persona, tanto a nivel físico como mental y emocional. Una segunda concepción posible es que se trata de una sensación molesta, aflictiva y por lo general desagradable en el cuerpo o en el espíritu. Como lo sugieren estas dos definiciones, el dolor puede ser tanto una experiencia racional y objetiva, como una experiencia sentimental y subjetiva. Lo que sí sabemos, a ciencia cierta, es que el dolor es una sensación normal en los seres humanos, siempre y cuando no se vuelva un hábito en nuestra forma de vivir.

Todos los seres vivos superiores sienten dolor, lo cual es inevitable y parte fundamental de su naturaleza. Comprender esto es importante para superar las pérdidas, porque hay ocasiones –de hecho bastante frecuentes–, en que las personas creen que los términos dolor y sufrimiento son sinónimos, lo cual constituye un error muy peligroso. Si bien se asemejan bastante, ambos guardan dentro de sí características claramente diferenciadas que nos permiten darnos cuenta de que el dolor es un mecanismo bastante sano que optimiza la recuperación, mientras que el sufrimiento no hace más que perpetuar los pensamientos negativos y los sentimientos tóxicos.

La diferencia fundamental entre uno y otro estriba en que el dolor te saca adelante, mientras que el sufrimiento te manda directo a la depresión. Esto es así porque el primero surge de una alteración biológica en nuestro organismo, es decir, de un estado excitado que se experimenta físicamente; en tanto que el segundo es también un estado alterado, pero que se padece y eterniza en la mente, además de que surge como producto de creencias poco o nada objetivas y, por tanto, sospechosas en su naturaleza. Expresado en conceptos psicológicos (¿recuerdas lo que hablamos en la primera parte acerca de la diferencia entre emociones y sentimientos?): el dolor es una emoción, lo que quiere decir que es objetivo e inevitable, mientras que el sufrimiento es un sentimiento, o sea, subjetivo y evitable. Dicho de manera más coloquial: **el dolor no depende de ti, pero el sufrimiento se somete por entero a tu voluntad, tú decides si sufres, cuánto tiempo y cómo lo haces.**

Como podrás darte cuenta, las sensaciones de dolor que surgen dentro de ti son completamente normales y te suceden todo el tiempo, aunque estés feliz. Sin embargo, en los momentos en que, como después de una separación, te encuentras más vulnerable anímicamente hablando, estás más propenso a magnificar la atención prestada al dolor y tiendes a convertirla en sufrimiento. Generas su prolongación, nada saludable, debido a los pensamientos que enlazas a ese dolor natural. Temer al dolor y por eso no enfrentarlo, es una receta perfecta para que la sensación de malestar se perpetúe, se vuelva sufrimiento y pienses que no podrás salir adelante.

La historia del hombre que le temía al dolor

Existía, hace tiempo, un hombre que durante toda su vida había tratado de evitar el dolor a como diera lugar, le tenía pánico porque sentía que si se daba la oportunidad de experimentarlo no sería capaz de soportarlo. Desde muy pequeño le habían enseñado que el dolor, particularmente el que lo asaltaba después de una pérdida afectiva, era un signo de debilidad; por lo tanto se castigaba a sí mismo cada vez que sentía que algo lo lastimaba, y reprimía la sensación de llorar, entristecerse o hablar de ello. Entonces prefería fugarse dentro de su mente. Con el paso del tiempo, y después de haber sufrido algunos reveses amorosos, comenzó a sentir que se ahogaba, que tenía una carga constante dentro de su pecho como si fuera un balón inflándose cada vez más, hasta el punto de fatigarlo atrozmente. Y esto le sucedía ¡cada día de su vida! Con todo, siguió fiel a su conducta de evitación del dolor, cada vez que sufría una decepción reprimía sus impulsos normales de sentirlo, y reinterpretaba esos acontecimientos que se acumulaban en su cabeza. Y así vivió mucho tiempo.

Un día el hombre conoció a una mujer hermosa, alguien que le mostró —o al menos eso creyó él—, que el dolor era una cosa que no existía. El hombre se enamoró profundamente de ella, se casó, fue inmensamente feliz durante un tiempo, y sintió que esa sensación lo había abandonado. Entonces, de repente y sin entenderlo, de la noche a la mañana el sueño acabó, su amada esposa cambió de opinión con respecto a su amor y sobrevino el divorcio. Sucedió de manera tan sorpresiva que el balón dentro de su pecho se convirtió de inmediato en una enorme pelota de playa.

El hombre consideró entonces varias opciones, cada una más tenebrosa que la anterior; sin embargo, esta vez algo era diferente en él. Los años no habían pasado en vano y sus experiencias vividas lo hicieron replantearse si estaba haciendo lo correcto al seguir la conducta que, desde niño y hasta entonces, **le había fun-**

cionado después de una pérdida afectiva. Sus amigos siempre le daban sus puntos de vista desde una perspectiva diferente que él no veía y no dejaba de preguntarse cómo es que lo hacían. Le sorprendía que ellos fueran tan certeros para dar sus opiniones con respecto a la situación que atravesaba, que parecía que la conocían mejor que él que la estaba viviendo; ¿cómo podían hacerlo? ¿Por qué él no podía hacerlo consigo mismo? Por ello, acudió a una terapeuta, que tras escucharlo durante algunas sesiones, reconoció su problema y le dio las tres recomendaciones más extraordinarias de cuantas había recibido en su vida: darse la oportunidad de ser su mejor amigo, dejarse aconsejar por este y **sentir su dolor con toda la intensidad que fuera capaz.**

Entonces el hombre le hizo caso. Aún con mucho temor, se decidió a vivir los asaltos de dolor en el presente, recibirlos, saborearlos y aceptar que llorar y entristecerse eran parte de una realidad innegable, y con el paso del tiempo algo sucedió. Es cierto que al principio le costó mucho trabajo, pues no en vano había vivido más de treinta años con ese patrón de negación aceptando que "los hombres no lloran y no sienten dolor", pero su disciplina y convicción de que eso era lo correcto para sanarse lo impulsó cada día un poco más y así, finalmente, se dio cuenta de que había desperdiciado demasiado tiempo temiéndole al dolor. En su afán de evitarlo, lo que había hecho era convertirlo en sufrimiento permanente. Había pasado tanto tiempo negando la realidad por tratar de imponer una verdad aprendida, que había olvidado algo fundamental: la realidad era el lugar en el que vivía y no podía hacer nada contra eso más que aceptarla y trabajar en obtener lo mejor de ella. Y el dolor, por la partida de la mujer que amaba, formaba parte de esa realidad.

Después de un intenso, pero breve tiempo, de dejarse purgar por su propio dolor, de sentir absolutamente toda la emoción generada por su pérdida, de entender que lo que le estaba sucediendo era un paso vital para su pronta recuperación y para la obtención de un aprendizaje maravilloso, una mañana abrió los ojos y descubrió que el dolor por su relación terminada se había ido, al igual que el sufrimiento. Volvió a ver la vida, pero con ojos distintos a los de antes y empezó a ser feliz. El hombre que vivía con dolor, finalmente se liberó.

Lo sé. Es probable que la historia te parezca un tanto boba y hasta cursi, pero también sé que es verdadera porque el protagonista soy yo mismo. Esos fueron los primeros pasos que me ayudaron a superar mi propio divorcio y, ciertamente, ahora sé que funcionan, por lo que créeme cuando te digo que no hay nada peor que vivir con miedo al dolor.

Da un paso al costado

Después de un divorcio, las personas suelen aislarse del mundo como una medida precautoria. La mayoría lo hace como una manera de apagar el *switch* y desconectarse de todo lo que les recuerde que siguen vivas. Es menor el número de aquellas que hacen acopio de valentía y enfrentan el dolor de su realidad para, más tarde, resurgir de las cenizas como ave fénix. Las que lloran su pena y asumen su tristeza desde el principio con una actitud de aceptación ante la realidad sin perpetuar el sufrimiento, tienen más posibilidades de pasar los escollos que se les vayan presentando en su camino; en cambio, las que se sumergen en un mar de temor para evitar enfrentar el dolor, con el paso del tiempo se ven reducidas a ser un manojo de ansiedades que generan una actitud tóxica hacia ellas mismas y los demás. ¿De qué tipo eres tú?

No quiero decir que posterior a tu divorcio lo sano es andar como si nada te hubiera pasado porque sí sucedió, ni tampoco sostengo que debamos volvernos unas *marías magdalenas* constantes, plañendo nuestro dolor las veinticuatro horas del día; lo que digo es que aceptes que lo que ocurrió forma parte de tu historia y ahora está en el pasado. Intenta poner atención a la angustia que te invade desde una perspectiva algo distante, o como suelo llamarla, desde "la perspectiva de al lado". Sé que no es fácil, pero imagina lo siguiente: ¿Alguna vez un amigo o amiga te ha buscado para pedirte un consejo acerca de un problema que lo tiene confundido o sumido en el dolor? Seguramente tu perspectiva de ese evento es más clara que el de él o ella, como si ambos vieran por una ventana hacia el exterior de la casa, pero mientras que el lado del cristal por el que mira tu amigo está lleno de polvo y manchas, el tuyo está limpio y transparente, es decir, ambos están viendo el mismo paisaje pero a través de cristales distintos. Y ¿por qué ocurre esto? Porque estás parado *a un costado del problema,* no te encuentras situado *en el lugar del problema.*

A pesar de que solemos estimar, e incluso querer mucho a esa persona, hacemos la operación intuitiva de observar su situación desde un punto de vista completamente ajeno y, en el mejor de los casos, lo más imparcialmente posible. Por lo cual nuestra opinión puede ser sobre lo que es (la realidad), no lo que creemos que es o esperamos que sea (nuestra verdad), como probablemente sería la opinión de nuestro amigo. Entonces, ¿por qué no realizar la misma operación con nosotros mismos?

Te propongo un ejercicio muy sencillo a manera de ejemplo; si lo haces, te aseguro que funcionará:

A partir del día de mañana en cuanto te levantes, en lugar de quedarte en cama rumiando tu sufrimiento, oblígate a ir al baño y verte en el espejo; una vez hecho esto, vas a llamar a tu reflejo por tu nombre, pero como si quien lo llamara fuera una persona distinta, no tú, y esa persona le hablara acerca de lo que está pasando, las posibles causas y, en particular,

las soluciones que se le vayan ocurriendo y que le sean beneficiosas, aquellas que le den calma y bienestar.

El *quid* del asunto está en que tienes que jugar realmente el
papel de amigo consejero; es fundamental que estés pendiente cuando aparecen en ti los pensamientos-estorbo; en
ese instante, sin excusas, los tendrás que detener con una
fuerte palmada delante de tus ojos y diciendo la palabra:
¡Alto! Es imprescindible que sí des la palmada y digas la palabra en voz clara y poderosa. Después retoma la plática con tu
"amigo". Realiza este ejercicio durante una semana, todos los
días, y empezarás a sentir un cambio sustancial en la manera
en que vives tu situación.

Si soy capaz de hacer esta acción en mi mente, de tratarme a mí
mismo como un ser aparte, podré encontrar la manera adecuada
de darme un consejo realista acerca de lo que está sucediendo.
Así podré establecer una de las mayores diferencias entre dolor y
sufrimiento: la disimilitud entre realidad y verdad. ¿En qué consiste esta diferencia? Básicamente en erradicar de una buena vez,
las creencias equivocadas, y aceptar el principio de realidad que,
aunque doloroso, nos ubica en el presente de manera asertiva.

Piensa en lo siguiente: si un día una persona sale de su casa
con planes maravillosos o angustias inmensas, y al ir caminando
por la banqueta le cae encima un pedazo de acero desprendido
de la estación espacial y muere (la imagen es exagerada para que
sea más clara), ¿qué se termina: la realidad o la verdad? Lo sé,
no es fácil obtener la respuesta de manera inmediata, por eso tal
vez sea de gran ayuda establecer la diferencia entre una y otra.
Aunque estén estrechamente ligados, ambos conceptos son por
completo distintos porque mientras que la realidad es el objeto,
la verdad es el nivel de relación que la persona tiene con ese

objeto y, por tanto, el grado de interpretación que esta le otorga. En términos mucho más simples: la realidad continúa aunque dejemos de existir, ya que es independiente a nosotros mismos, mientras que la verdad es solo nuestra. La realidad es *per se* objetiva mientras que la verdad es *per se* subjetiva.

En el caso del temor al dolor, este se da porque confundes la realidad, es decir, el dolor objetivo por una pérdida con tu verdad, que es la intromisión de las creencias de sufrimiento eterno ante dicha pérdida. La primera es objetiva, ya que la realidad de tu divorcio es un hecho incuestionable, por lo cual es lógico que ahora sientas dolor; pero la segunda, la que está basada en interpretaciones y es individual, es absolutamente subjetiva. Es decir, mientras que la realidad es compartida por todas las personas y, por tanto, es una sola, en el caso de la verdad es individual y no puede haber dos iguales. Incluso aunque se parezcan mucho, esas verdades serán siempre distintas entre ellas. Lo que causa sufrimiento ante el mismo hecho no será igual para dos personas porque sus interpretaciones (verdades) son diferentes. Es aquí en donde el ejercicio de dar un paso al costado resulta tan significativo.

¿Por qué crees que nuestros amigos pueden darnos un consejo acertado, dolorosamente obvio, pero que puede resolver nuestros predicamentos y nosotros no lo vemos? La respuesta es que ellos se sitúan en la realidad y nosotros en la verdad. Ellos pueden ver con claridad la situación, y lo más importante: saben que no se puede hacer nada contra eso, porque es un hecho, está sucediendo y así es. No se aferran a interpretaciones sin fundamento; porque no están inmersos en la situación, aunque empaticen con nosotros.

Cuando te decides por vivir la realidad es cuando empiezas a crear una red en el aquí y en el ahora que te ayuda a escalar para salir de las profundidades en las que te has metido. Por lo tanto, la invitación es a que vivas tu dolor de manera intensa porque es real. Nadie puede vivir con dolor para siempre, pero es asombrosamente grande el número de personas que puede vivir eternamente en el sufrimiento. **La mejor manera de evitar a este es, irónicamente, vivir el dolor.**

Resumiendo

Temer al dolor es la principal causa del atascamiento en el proceso de recuperación afectiva. Recordar que dolor y̆ sufrimiento no son lo mismo es importante porque es así como empezarás a quitar los tabús acerca del primero y aprenderás a usarlo a tu favor. Si no vives tu dolor, este se perpetuará en sufrimiento, la principal causa de la infelicidad. Dar un paso al costado significa tratarte a ti mismo como tu mejor amigo lo haría; consiste en un acto de disciplina constante para lograr verte como un ser separado de lo que en estos momentos te agobia. La realidad es, y nada puedes hacer contra ella más que aceptarla, vivirla y aprender de ella. Si insistes en que tu verdad está por encima de la realidad, seguirás concatenando creencia errónea tras creencia errónea y no podrás liberarte de ello.

El apego

"Para que un amor pasado no te lastime de por vida, consérvalo como un recuerdo hermoso, más nunca como una posibilidad".

ALESSANDRO MAZARIEGOS

Cuenta la historia que cuando Alejandro Magno estaba por morir, mandó llamar a sus generales y les expresó su último deseo. El glorioso rey macedonio ordenó a sus hombres que, a su muerte, su féretro fuese llevado en hombros por los más ilustres médicos, que todos los tesoros que había acumulado con sus innumerables conquistas se esparcieran en el camino hacia su tumba y, lo más importante, que sus manos quedaran fuera del ataúd, balanceándose, a la vista de todo el mundo.

Ante tan asombrosas peticiones sus generales quisieron saber los motivos de las mismas. Alejandro respondió: "Lo primero es para que los más grandes médicos entiendan que, ante la muerte, no tienen poder alguno. Lo segundo es para que mi pueblo sepa que las riquezas conquistadas permanecerán aquí. Y lo tercero es porque quiero que el mundo entero se dé cuenta de que venimos con las manos vacías y con las manos vacías es como nos marchamos".

Esta última enseñanza de tan magnífico personaje habla acerca de un fenómeno muy peculiar que influye, en ocasiones de manera muy beneficiosa y en otras no tanto, en todos los seres humanos: el apego. Cuando este es entendido y llevado correctamente es una herramienta fundamental para un adecuado funcionamiento en todas las facetas de la vida; sin embargo, cuando por alguna razón es asumido de manera equivocada, puede convertirse en uno de los principales enemigos de nuestra persona.

Aves y monos

El apego consiste, según John Bowlby –uno de los investigadores pioneros en cuestiones de afecto–, en "toda conducta por la cual un individuo mantiene o busca proximidad con otra persona considerada como más fuerte. Se caracteriza también por la tendencia a utilizar al cuidador principal como una base segura, desde la cual explorar los entornos desconocidos, y hacia la cual retornar como refugio en momentos de alarma".[1] Se puede decir que es el vínculo emocional que desarrolla el niño con sus padres –o, en su defecto, con sus cuidadores–, y que le proporciona la seguridad emocional indispensable para el buen desarrollo de su personalidad. La tesis fundamental de la Teoría del apego desarrollada por Bowlby es que el estado de seguridad, ansiedad o temor de un niño es determinado, en gran medida, por la accesibilidad y capacidad de respuesta de su principal figura de afecto, es decir, con la persona con la que se establece el vínculo. Esto le permite sentir seguridad emocional al darse cuenta de que es protegido y aceptado sin condiciones, lo cual también se observa en algunas especies de animales.

Fue Konrad Lorenz quien en un principio influenció a Bowlby con sus estudios en gansos y patos a mediados del siglo pasado. Sus trabajos revelaron que las aves podían desarrollar

---

[1] John Bowlby es sin duda la estrella rutilante en la investigación de los procesos afectivos en los que se inmiscuye el apego. Es muy recomendable la lectura de su libro *El apego y la pérdida* (actualmente dividido en tres volúmenes), en donde desarrolla toda su teoría con respecto a este tópico.

un fuerte vínculo con la madre sin que el alimento estuviera de por medio, investigaciones que le valieron el Premio Nobel de Medicina en 1973; sin embargo, fueron los experimentos con monos de Harry Harlow, y el posterior descubrimiento de la necesidad universal de contacto, los que lo llevaron a la postulación de su teoría. Harlow realizó dos trabajos cruciales en 1958 que revelaron la importancia que tienen para el bebé el contacto, las sensaciones de comodidad y seguridad, durante los primeros años de vida.

El experimento consistió en separar, al momento de nacer, a un grupo de monos de sus madres biológicas y llevarlos para ser criados por "madres sustitutas", durante los primeros seis meses de vida. Pero estas dos madres tenían una característica muy peculiar: eran artificiales. Mientras que una estaba hecha de tela afelpada, la otra era de frío metal, pero con la diferencia de que esta última tenía un biberón con leche, al cual los bebés podían acudir cuando quisieran. El equipo de Harlow llevó un registro de cuántas horas los monos pasaban con cada una de las madres y descubrieron que estos se quedaban, notablemente, más tiempo con la madre acolchada, pese a que no podían obtener alimento de ella, mientras que a la madre de metal solo la usaban un momento para alimentarse y de inmediato la abandonaban para regresar con la de tela. Esto demostraba que, pese a la necesidad de alimentación, los monos tenían apego con la madre que les proveía seguridad y comodidad en lugar de la otra, que solo les proveía comida.

Pero Harlow fue más lejos, modificó el experimento ante la lluvia de cuestionamientos de sus detractores y separó a los monos en dos grupos: el primero fue criado durante seis meses exclusivamente por la madre de felpa, mientras que el segundo dependió solo de la madre de alambre. Los espectaculares resultados confirmaron su teoría. Cuando eran asustados, los monos del primer grupo corrían a refugiarse en su madre de tela y, al sentir el calor en sus cuerpos, se tranquilizaban, mientras que los del segundo grupo no se acercaban a la madre de metal, sino que se limitaban a permanecer revolcándose a sus pies y aullando de terror sin saber qué hacer.[2] En pocas palabras, Harlow demostró contundentemente que el apego emocional adecuado es vital para un buen funcionamiento en cualquier situación de la vida y, particularmente, ante eventos traumáticos.

Según Bowlby, el bebé al nacer viene con un repertorio de conductas que buscan causar respuestas en los padres; la succión, el llanto o las sonrisas tienen como objetivo la vinculación; por medio de estos mecanismos buscan mantener la proximidad con la figura de apego, resistirse a la separación, emitir protestas si es que el alejamiento ocurre (actitud que es conocida como "ansiedad de separación") y usan esa figura como base, desde la cual explorar el mundo, y vuelve a ella en caso de sentir la sensación de peligro. Cuando somos pequeños esta conducta es fundamental para sobrevivir debido a la incapacidad de hacernos cargo de nosotros mismos, por lo que mostramos apego a nuestros padres y hacia algunas personas que generan nuestra confianza. El asunto es que esta capacidad, si bien nos permite salir adelante en la infancia, con el paso a la vida adulta entorpece nuestro sano desarrollo como seres humanos integrales, si no somos capaces de desvincularnos sanamente de ella y convertir ese vínculo con el otro en uno sólido con nosotros mismos.

El apego se presenta en muchos aspectos y en variadas formas, desde las más benignas hasta las más nocivas, como en el caso de la dependencia emocional. En muchas ocasiones, después a una separación, las personas son incapaces de alejarse de sus excónyuges a nivel emocional o físico, creyendo que aún

---

[2] La descripción de este experimento apareció por primera vez en Harlow, Harry F. Love in the infant monkeys. *Scientific American*, Núm. 200, Junio, 1959.

pueden mantener una relación en aras de lo que existió. Esto difícilmente es posible o, al menos, no lo es en la inmensa mayoría de las rupturas. Si caes en este tipo de conducta lo más adecuado sería poder eliminarla de inmediato. Pero seguramente te preguntarás, ¿cómo hacerlo? o ¿cómo darme cuenta de que lo que estoy haciendo se trata de apego? La respuesta es que cuando no eres capaz de continuar con tu vida de manera armónica, cuando aún, de manera consciente o no, lo que piensas, dices o haces está determinado no por ti, sino por algo ajeno, en este caso tu expareja, estás cayendo en el juego peligroso de un apego inadecuado. El signo más claro para identificar lo anterior es que no eres capaz de dejar de sufrir por el amor perdido, no puedes dar vuelta a la hoja y decirte: "muy bien, gracias por todo, pero se acabó".

¿Unidos a cualquier precio?

En el mundo en general y en las sociedades latinoamericanas en particular, se da un fenómeno con respecto a la concepción del amor, y de manera particular del matrimonio: **si no se sufre es que no se ama.** Esta creencia, transmitida a través de generaciones enteras, y producto, en gran medida, de la concepción del amor romántico originado con los trovadores de la edad media –cuando a través de canciones y poemas se enaltecía el sufrimiento, el sacrificio desmedido y el apego incondicional al otro incluso a costa de la propia vida–, ha sido, probablemente, uno de los mayores errores emocionales del ser humano a lo largo de la historia. Es de aquí de donde se desprenden frases como "haré cualquier cosa por ella" o "él es lo más importante en mi vida".

Esta concepción obsoleta sigue creando un clima de confusión porque fundamenta un apego descabellado que creemos necesario en el momento de amar y, peor aún, en el momento de terminar una relación. Seguimos tragándonos el cuento que dice que por un matrimonio, aunque sea uno muy disfuncional, se debe luchar hasta el último instante, aun a costa del sacrificio y el sufrimiento personal. Seguir peleando por algo que no tiene remedio es tener la –relativamente certera– creencia de que "la esperanza muere al último", cuando en realidad, y en contra de los ideales de los románticos radicales, en la mayoría de los casos de divorcio o separación, la esperanza es lo primero que debe morir en esa relación para poder enfrentar el futuro sin incertidumbres.

No estoy diciendo que no se deban tratar de resolver los conflictos por los que atraviesa un matrimonio, incluso si ya se ha planteado el tema del divorcio; a lo que me refiero es que hay que estar alerta para identificar en qué casos se trata de algo que puede solucionarse, y en qué casos es solamente la terquedad de mantenerse apegado a algo que ya no existe. Las batallas que se deben pelear son aquellas que se pueden ganar, lo cual es cierto de manera contundente en cuestiones del corazón; al menos es una actitud mucho más sana a largo plazo. Hay que aprender a dejar ir, y es mejor aceptar que has perdido lo que tenías, pues en esta medida podrás salir adelante más rápido, aunque sientas mucho dolor.

Por lo general, lo que oculta un apego irracional hacia tu excónyuge es una falta de confianza en tus propias capacidades para hacerte cargo de ti; para enfrentar la soledad tan necesaria para lograr un profundo entendimiento y salir adelante con un importante aprendizaje. Por ejemplo, una mujer que sigue haciéndose cargo del bienestar de su exesposo, permitiéndole que pase aún a comer o a lavar su ropa sucia en la antigua casa familiar, puede evidenciar que se siente culpable por haber terminado con la relación. Un hombre que llama todos los días a su exmujer con el pretexto de preguntar por la salud de los niños, pero que se engancha en largas discusiones con ella, está mostrando una rabia aún no trabajada. Ambas son formas de autoengaño y generan un estado de ansiedad que habla de cosas no resueltas en nosotros mismos, más que en la relación.

¿Cómo evitar el apego a la expareja y poder sanar las heridas? La respuesta es tan sencilla y lógica que te llenará de asombro y un tanto de irritación, porque además es algo que ya sabes: mantén el nivel de contacto con él o ella al mínimo y, en la medida de lo posible, corta toda comunicación, al menos durante los siguientes tres meses posteriores al divorcio. Esto es lo que llamo *La regla del no contacto* y hasta el día de hoy no he conocido una forma más efectiva que ayude a empezar a superar un apego inadecuado hacia un ex. Es fundamental que aceptes la premisa de que La regla del no contacto **es eso, una regla, no una posibilidad**, lo que quiere decir que, o la haces como es –cero contacto–, o mejor ni te metas en ella porque al no respetarla los resultados posteriores serán contraproducentes. Aunque puede ser dura, particularmente al principio, te darás cuenta de que es la forma más efectiva, rápida y contundente de ponerte en vías de tu recuperación emocional. En este sentido tendré que ser firme y hasta desagradable: **no importa lo que creas, La regla del no contacto es la única forma efectiva para dejar de sufrir por amor y lograr desapegarte.**

Desde luego, sobre todo en el caso de parejas que aún comparten el tema de los hijos, seguir esta regla no es sencillo, pero no te confundas, ya que una cosa es mantener el contacto normal por las cuestiones relacionadas con los niños y otra, muy distinta, seguir aferrado a la presencia del otro como algo que es necesario para tu vida, porque no es así. Tienes que hacer el esfuerzo para seguir estas dos recomendaciones.

Una pareja divorciada que conocí empezó a caer en un juego nocivo de apego que era más o menos así: él pasaba los sábados por la mañana para recoger a los niños. Ella bajaba y se sentaba en la sala a conversar con ellos, pero al poco tiempo, los chicos se iban a hacer sus cosas, y ella seguía usando el tiempo para mantenerse junto a su exesposo. Algunas veces, el hombre los invitaba a comer a los tres con el pretexto de "mantener relaciones cordiales con todos", ella aceptaba y se pasaban toda la tarde de manera amena; la mujer regresaba por la noche con los ojos brillantes y la esperanza de que él llamara, pero nunca lo hacía. Entonces ella lo llamaba solo para descubrir que, las veces que lograba que él respondiera, su exesposo no tenía ganas de conversar. Cuando colgaba, invariablemente se deprimía. Esto se repitió por varios meses y ella no era capaz de seguir con su vida debido a que aún no lograba desapegarse de la relación. Mientras tanto, el hombre ya estaba saliendo con otras mujeres, desde luego sin comunicárselo. Cuatro meses después, la bomba estalló, un día que él se presentó a recoger a los niños con una joven rubia esperándolo en el auto. La mujer se sintió devastada y de golpe se dio cuenta de todo el tiempo que había perdido guardando aún esperanzas.

Moraleja: aunque duela tienes que ser valiente y evitar mantener el contacto emocional y, particularmente, físico.

Si bien es cierto que con el tiempo se puede establecer una relación con la expareja, al principio esta actitud solo provocará desconcierto, falsas esperanzas y temor, es decir, generará un apego poco saludable. Durante la etapa postdivorcio no es aconsejable aferrarse a una relación que ya no existe más, no es sano poner la energía emocional en algo que, aunque suene doloroso, se ha convertido en un cadáver. Porque al final eso es en lo que se transforma el otro, una especie de momia que iremos arrastrando en la memoria y, si somos afortunados y trabajamos por ello, con el paso del tiempo lo abandonaremos en el "sepulcro del olvido" como melancólicamente lo describe Fray

Manuel Martínez de Navarrete en su poema *En la destrucción de unos papeles amatorios.*

Piensa un momento en lo siguiente: cuando una persona (o ambas, si tuvieron suerte) ha decidido divorciarse de otra es porque sus deseos, sentimientos y expectativas con respecto a la relación han cambiado. Para bien o para mal –y esto es muy relativo– ha evolucionado y se ha vuelto alguien diferente, personalmente y dentro de la relación. Por lo tanto, seguirse esforzando en mantener lo que fue pero que ya no es, conlleva un gran desgaste mental, emocional y físico que te impide realizarte plenamente en las nuevas áreas de tu vida que comienzan a abrirse. Es como si insistieras en hacer correr tu viejo Chevy de diez años a 100 kilómetros por hora y al escuchar los ruidos molestos en el chasis, normales en un auto viejo, desearas que no existieran y para ocultarlos encendieras la radio a todo volumen. Una tontería. El auto ya no es el mismo y hay cosas que no puede hacer, aunque decidas seguir creyendo que sí. Necesitas repararlo y si no tiene compostura, pensar en conseguirte un auto nuevo.

La adicción disfrazada

Quedarte apegado a tu anterior relación es volverte un adicto. Los adictos, si bien encuentran en su adicción algunos componentes químicos que provocan su estado, no sufren tanto por la ausencia de la droga en su organismo, sino por la idea que se forman de que no pueden sobrevivir sin ella. Prueba de ello es que por medio de la supresión de la misma, logran la desintoxicación. La dependencia psicológica es lo que los enloquece y los termina haciendo recaer. Cuando, por ejemplo, un alcohólico ha logrado superar –a base de trabajo arduo– su adicción a la bebida, hay bastantes probabilidades de que logre mantenerse sobrio durante el resto de su vida; es decir, el alcohol sigue estando ahí, pero la concepción de la persona con respecto a él se ha modificado, logrando suprimir la hasta entonces persistente idea de necesidad.

Entonces, mantenerte apegado a tu expareja es una manera de adicción y el origen de ello se encuentra en la creencia que nos inculcaron que el amor, para que sea verdadero, debe estar repleto de sufrimiento. Y esta manera de pensar es reforzada por la presión social, de manera que la persona que se dispone a romper con ella, se topa con el juicio inquisitorio de los demás. Seguramente esto te pasa, pero no te angusties, se requiere de mucho valor para transformar esta creencia que nos vuelve adictos y reconocer que es algo que hace daño, aunque la gente no lo entienda. Hay una parábola acerca del apego que me parece muy precisa: si se echa una rana a una olla con agua hirviendo, el animal escapa de inmediato de un brinco; pero si al principio ponemos a la rana en una olla con agua a temperatura ambiente y poco a poco empezamos a calentar el agua, la rana no reaccionará de manera brusca, sino que se irá acomodando a la nueva temperatura hasta quedar sin sentido, y morirá hervida.[3]

Amiga 1: "Hola Sandra, hace tiempo que no nos veíamos, ¡qué gusto! ¿Qué hicieron en Navidad Luis y tú?

Amiga 2: ¡Ah! ¿Es que no lo sabes? Nos divorciamos hace seis meses.

---

[3] Esta fábula se popularizó bastante a raíz del libro *La rana que no sabía que estaba hervida y otras lecciones de vida* del suizo Oliver Cler publicado en 2005. El autor hace una extensa reflexión filosófica pero también humorística acerca de hasta qué punto los cambios que suceden de forma lenta pero constante pueden pasar inadvertidos para la mayoría de la gente; mientras que, por otro lado, los cambios bruscos y repentinos permiten que las personas se den cuenta, en ocasiones a tiempo, de que la situación ya no es igual que antes y eso les permite reaccionar ante ello.

Amiga 1: ¡Lo siento mucho! ¿Cómo estás? ¿Sabes algo de él?

Amiga 2: No, para nada. Rompí todo contacto, no lo he vuelto a ver y no me interesa.

Amiga 1: Pero ¿cómo pudiste hacer eso? ¿Acaso no lo amabas? ¿No te dolió?

Amiga 2: ¡Por supuesto que me dolió y mucho! Fue mi gran amor y la separación resultó dolorosa, pero cuando llegó la decisión de divorciarnos, opté por que fuera de tajo y sin mirar atrás.

Amiga 1: ¿Quieres decirme que no lo buscaste para intentar salvar la relación?

Amiga 2: No, decidí seguir adelante con mi vida.

(Pausa larga de la amiga 1, mientras intenta entender).

Amiga 1: Pues no sé si decirte "qué valiente o qué cobarde".

Amiga 2: (Exasperándose un poco) Mira, cuando alguien, por la razón que sea, ya no quiere estar contigo, debes entender que ese ya no es tu lugar y aceptar que seguir ahí es apostarle a número perdedor. Y yo decidí apostar por mí.

Amiga 1: Pero no entiendo, ¿aun habiendo amor?

Amiga 2: Precisamente por eso; cuando aún me quedaba amor por mí.

La anterior es una plática –palabras más, palabras menos– que tuve la suerte de escuchar en una reunión de amigos hace algún tiempo. Lo único que no es verdadero es el nombre de la protagonista, el cual, me tomé la libertad de inventar porque francamente no lo recuerdo. Desde luego, sobra decir que esa mujer a la que llamé Sandra, es uno de los ejemplos más evidentes de claridad emocional que he conocido. No le importó lo que su amiga pensara con respecto a su actitud, fue capaz de poner por delante el respeto por sí misma, antes de lo que los demás creyeran que estaba bien o mal.

Lo cómodo es fácil, cierto, pero también es cierto que si nos acomodamos de más en una situación, probablemente no seremos capaces de darnos cuenta cuando comencemos a volvernos apegados y ponernos en peligro. Y esto funciona así en cualquier aspecto de la vida: en el trabajo, con los amigos, con los bienes materiales, con las ideas y, por supuesto, en las relaciones de amor. Al igual que la rana de la fábula, los seres humanos somos reacios al cambio, preferimos establecernos en una posición que no nos implique cuestionamientos ni demasiado esfuerzo, solemos quedarnos en el "más vale malo por conocido". Anímate a desapegarte. Créeme cuando te aseguro que podrás hacerlo, nunca pienses lo contrario.

Resumiendo

El apego puede resultar peligroso. Sufrir por amor no significa que se ama. Cuando notes que no puedes dejar de estar en contacto con tu expareja aunque esto te lastime, puedes estar cayendo en el juego peligroso del apego. Recuerda que *La regla del no contacto* es lo que más rápido te ayudará a salir adelante. Es muy desgastante seguir tratando de mantener algo que ya está muerto, es mejor aceptar que se acabó; es cierto que sentirás dolor, pero al menos todo será más rápido. Un amor verdadero no tendría que estar repleto de adicción, al contrario, el amor se basa en absoluta libertad.

LAS DISTRACCIONES FALSAS

"De hombres es equivocarse; de locos persistir en el error".
MARCO TULIO CICERÓN

Uno de los efectos más evidentes después de un divorcio es la pérdida de placer. Ninguna actividad parece llamarnos la atención, todo nos parece insípido y sin chiste. Si tenemos suerte, algunas cosas nos logran interesar, lo demás nos parece algo sin sentido, una mera mecanización sin ningún tipo de disfrute. Estábamos tan acostumbrados a mantener una rutina determinada que, el hecho de no tenerla más, atrofia nuestra capacidad para reconocer las ventajas y posibilidades de la nueva situación, así como las habilidades que poseemos para hacernos cargo de nuestra vida de ahora en adelante.

Es en este momento en el que muchas personas suelen volcarse en el contacto con la expareja, estableciendo una relación bizarra de ayuda para evitar el sentimiento de vacío que ha dejado el rompimiento. Así, un hombre podrá estar al pendiente de si el auto de su exesposa necesita cambio de frenos y se ofrecerá a dejarlo en el taller, o una mujer sentirá la necesidad de continuar llevándole comida al exesposo a su trabajo, incluso meses después de haberse divorciado. Estos actos para "ayudar" al ex parecerían inocentes, pero puede ser que en algún momento se transformen en vías de tránsito recurrentes y, aparentemente seguras, que estemos utilizando para evitar enfrentar las nuevas situaciones adversas que se nos presentan en el camino.

Por otro lado, hay personas que tratan de sacudirse ese vacío inscribiéndose en actividades altruistas y suelen mantenerse ocupadas la mayor parte del tiempo en tareas de apoyo a los demás, como una forma de evitar la confrontación interna. Las mujeres se inmiscuyen más en los eventos de la escuela de sus hijos, mientras que los hombres pueden acercarse a una labor social que tenga que ver con deportes o enseñanza. Pero no se dan cuenta de que están olvidándose de ellos mismos al creer que mientras estén al servicio de otros, se mantendrán distraídos de su propio dolor. Ponen sus recursos a disposición de algo externo y no los usan para trabajar en su fortaleza interna. Este ejercicio altruista es algo positivo que surge de la fortaleza llamada generosidad, inherente al ser humano; no estoy diciendo que por sí mismo sea algo que no debiera realizarse, sin embargo, posterior a un divorcio puede ser un distractor que nos haga recorrer un camino muy diferente a aquél que puede ayudarnos más eficazmente. Este tipo de conducta puede ayudar a evitar la ansiedad, pero por lo general, este método no es adecuado para realizar el trabajo personal de identificar patrones, sopesar la situación actual y salir adelante. Lo que ocurre es que este tipo de esfuerzos, se vuelven más una mera fuga momentánea, que una solución a largo plazo. Digamos que es un equivalente a sufrir dolores de cabeza constantes y conformarse con tomar un par de aspirinas diarias por el resto de la vida, en lugar de buscar ayuda médica que cure la causa de la migraña. Una posible solución es analizar si estamos aplicando estos patrones de conducta para llenar un vacío existencial, para resolver una necesidad personal o para evadir nuestra situación.

El error del buen samaritano

Uno de mis pacientes –al que llamaré "Ramón"–, es un ingeniero electricista de 32 años, y llevaba cinco meses divorciado de su esposa cuando se ofreció a renovar toda la instalación eléctrica de su nueva casa. Al principio, cuando estaba inmerso en el trabajo, no experimentaba sentimientos adversos respecto a la ruptura, se sentía satisfecho de que si su exmujer necesitaba algo, él era capaz de resolvérselo. Sin embargo, después de un par de semanas y cuando aún faltaban varias habitaciones por reparar, comenzó a sentirse incómodo con su nueva situación; de repente empezó a caer en la cuenta de que al regresar a su departamento, los sentimientos de soledad y dolor eran mayores, y le resultaban más difíciles de sobrellevar que antes. Se preguntó qué era lo que estaba ocurriendo y de pronto, como una ola que te toma por sorpresa, entendió que en su afán de distraerse y no pensar en su estado actual, se estaba sumergiendo en los pensamientos negativos que le potenciaba el contacto con cualquier cosa relacionada a su exesposa; quería convencerse de que su mente se distraía reparando cada enchufe, cada cable y cada control de la casa, pero en realidad se trataba de una falsa distracción porque eran actividades que realizaba para ella, por tanto, la tenía presente todo el tiempo. Si por la noche recordaba que se había olvidado de proteger con cinta un cable, este pensamiento no terminaba ahí, como pasaría normalmente, sino que se concatenaba con los pensamientos acerca de la nueva casa, que a su vez se relacionaban con los pensamientos de la nueva vida de ella y así, invariablemente, llegaba a la dolorosa realidad de la separación. Se estaba haciendo cargo –y muy hábilmente– de las necesidades de su excónyuge, pero no se estaba responsabilizando de las suyas.

El descubrimiento lo dejo atónito y después de un par de sesiones conmigo, en un alarde de congruencia, le comunicó a su exesposa que no seguiría con el trabajo. Desde luego, ella lo tundió con una andanada de alegatos acerca de su poco compromiso y trató de hacerlo sentir culpable, pero "Ramón" se mantuvo firme y empezó a hacerse cargo de sus propias necesidades. Cambio sus actividades distractoras: empezó a ir al cine solo, a salir de copas con algún amigo y a comer un par de veces a la semana con sus padres, y desde luego cortó todo contacto con su exmujer, lo que lo ayudó a aligerar la carga de pensamientos tóxicos y, después de un tiempo, tuvo la claridad necesaria para reorganizar su vida.

¿En qué radica la diferencia entre un buen distractor y uno que no funciona? Una recomendación que les hacen con bastante frecuencia a los recién divorciados es que deben de continuar con su vida y no quedarse encerrados en casa "poniéndose sal en las heridas". Se les conmina a que busquen actividades que les generen nuevas experiencias, que salgan con amigos o que se inscriban en algún taller que les guste. En una palabra: que se distraigan. Y todo esto es muy sano. Es, incluso, fundamental para elaborar una pronta y adecuada recuperación. El problema surge cuando las personas no aciertan a elegir la distracción adecuada, porque lo que hay que tener presente en esta etapa es que hay *distintas calidades de distracciones.*

Es decir, sucede que a veces, las personas creen de manera errónea que cualquier actividad que evite estar dándole vueltas a sus preocupaciones o temores con relación a su ruptura, les será útil. Es sencillo caer, como en el caso de "Ramón", en distraer la mente de las emociones acechantes, priorizando las necesidades de los demás por encima de las propias, y generando así, más displacer que placer. Creen que si se encargan de ayudar al excónyuge o se meten de lleno en tareas altruistas están accediendo a nuevas experiencias que les ayudarán a salir adelante, tal como se les ha sugerido. Pero no es exactamente así en la mayoría de los casos porque estas actividades están puestas al servicio de otro, mientras que tomar una nueva clase o salir de viaje a un lugar de nuestro agrado, es en favor de nosotros mismos. Aunque se parezcan mucho, no son lo mismo; las primeras solo generan una fuga momentánea, mientras que las

segundas, abren nuevos panoramas compensadores y más se-
ductores.

Hay de distracciones a distracciones

La psicóloga Diane Tice, de la Universidad de Florida, realizó
un estudio acerca de cómo las personas lidian con la tristeza y
la angustia. Ella descubrió que la táctica más usada por la gente
para superar sus sentimientos de abatimiento era la socializa-
ción, es decir, realizar actividades que los acercaran a los demás:
salir con amigos, ir al cine con familiares o asistir a algún evento deportivo. Pero Tice también descubrió que, aunque esta
manera de afrontar el decaimiento del ánimo era la más usada,
no implicaba que fuera la más acertada.[1]

¿A qué se debe lo anterior? La táctica de socializar funciona
bien si las actividades distractoras son elegidas de manera acertada y cumplen con el objetivo de evitar que sigamos cavilando en
el problema que nos agobia. Sin embargo, en el caso de una per-

---

[1] Particularmente en el capítulo 20 del libro *Handbook of emotion regulation*,
Tice y su equipo hacen referencia a los efectos tanto positivos como negativos
del uso de las emociones. Por el lado negativo, cree que ella y sus colegas
han logrado establecer que la angustia emocional de hecho puede poner en
peligro la autorregulación, es decir, la capacidad de una persona para ejercer
el control sobre sus propias respuestas para perseguir y lograr metas. Cuando
la gente sufre angustia, suele asignar una alta prioridad a encontrar formas
inmediatas de sentirse bien y buscar sentimientos placenteros, sin embargo, esto supone muchas veces que la búsqueda de esos sentimientos socaven
los intentos que pretenden establecer la autorregulación. En el lado positivo,
Tice deduce, a partir del estudio de personas que no tienen la capacidad de
respuestas emocionales normales ante los eventos desagradables, que es vital
para una vida emocional adecuada la autorregulación eficaz, porque las mismas emociones y su manejo marcan la regulación del éxito y del fracaso, no
solo en términos de resultado, sino también y más importante en términos
del aprendizaje y progreso hacia las metas. El capítulo en cuestión lleva el
título de "How emotions facilitate and impair self-regulation".

sona que aparentemente encuentra una distracción a lo que está sintiendo al convertirse en el "buen samaritano" del excónyuge y resolviendo *exclusivamente* sus necesidades, el resultado comúnmente es un estancamiento en el propio desarrollo, así como una carencia en la resolución de sus propias necesidades.

Estos actos de "generosidad" se vuelven en tu contra cuando se transforman en un hábito. Cuando ya no eres capaz de hacer algo para ti porque crees que todo tiene que ir encaminado hacia otros, estás en problemas. Piensa si estás cayendo en este error y reflexiona en la calidad del resultado que estás obteniendo. Tal vez esto te ayude: hay que desarrollar una especie de *egoísmo positivo* y distraerse en cosas que generen placer personal.

Y, pase lo que pase, intenta reducir al mínimo el contacto con tu excónyuge. No lo busques (con excepción de si tienes que resolver papeleo legal o asuntos con los hijos), no lo llames, no le hagas favores y, sobre todo, **evita acostarte con él o ella.** No te engañes creyendo que puedes distraerte de lo que estás pasando manteniendo una relación diferente con tu expareja. Como en el caso de "Ramón", la incomodidad y el dolor pueden acosarte más si estás cerca, que si estás sin saber de él o ella. En estos momentos el disparador de tu estado de ánimo es tu relación finiquitada, así que seguirla usando como pretexto distractor no sirve.

Es momento de salir, de probar nuevos sabores, conocer nuevos lugares; rodéate de gente distinta, de cosas que te gusten a ti y que te aporten satisfacciones. Hacer lo que nos gusta es más divertido y saludable, como lo dijo Voltaire: "He decidido hacer lo que me gusta porque es bueno para la salud". Además, esto te permitirá descubrir tus habilidades ocultas (que siempre han estado ahí, pero que no se habían manifestado) para superar tu proceso.

Resumiendo

Reconoce que en estos momentos tus propias necesidades están por encima de cualquier otro asunto y que los actos de bondad y desprendimiento deben de estar dirigidos hacia ti. Mantente alerta para reconocer la calidad de las distracciones que realices. Propiciar un egoísmo positivo te ayudará a elegir más acertadamente las actividades de distracción que tú necesitas en estos momentos, y que son solo para ti.

ESPERAR LA RECOMPENSA MÁGICO-DIVINA

"La divinidad está en ti, no en conceptos ni en libros".

HERMAN HESSE

Antes que nada, aclaro que, en lo particular, soy un creyente fervoroso de Dios; creo en un poder superior que nos ayuda a recorrer los avatares de la vida. Pero al mismo tiempo, también pienso que gran parte de ese poder se expresa en nosotros mismos y que no hay manifestaciones externas por sí solas. Me refiero a que Dios, Buda, ángeles o en lo que creas, no se van a aparecer a ayudar para que hagas el trabajo que te toca. ¿Recuerdas el chiste de aquél hombre que se sube al techo de su casa porque hay una terrible tormenta y el agua sube y sube, mientras él le ruega a Dios que lo salve? Primero pasa un bote pequeño con otro hombre en los remos y él no quiere subirse porque está seguro que Dios lo va a salvar; después pasa una barcaza con una familia y él de nuevo evita subirse porque será salvado por la intervención del Creador y, finalmente, llega un barco con un experto capitán al mando y el hombre se rehúsa por tercera vez a subirse, esperando la ayuda divina. Al final, el agua lo alcanza y muere. Al llegar al Cielo, lo primero que hace es reclamarle a Dios que no lo salvó, pese a que él esperaba que lo hiciera, y este –furioso– le responde: ¿De qué hablas? ¡Te mandé tres botes! El poder superior lo tiene cada persona dentro de sí y lo importante es ayudarle a revelarse para que pueda beneficiarnos. No voy a meterme en discusiones religiosas, pero quiero advertirte de una conducta equivocada en la que puedes caer: esperar la "recompensa mágico-divina".

Dentro de la corriente cognitivo-conductual en psicología, hay un tipo de distorsión conocida como *pensamiento incorrecto de la recompensa divina*. Se refiere a una manera de enfrentar la vida con una actitud de comportarse siempre de manera correcta, esperando que Dios o cualquier fuerza todopoderosa en la que se basa tu fe, te recompense por ello. En ocasiones, la gente suele sacrificar aspectos importantes de su propia vida por la simple idea de que al hacerlo está acumulando una especie de *bonos celestiales* que impedirán que sea infeliz o que caiga víctima de una injusticia. Cuando esa creencia o ese acuerdo no es respetado, es decir, cuando a las personas "buenas" les suceden cosas "malas", se quedan pasmadas, enfurecidas y decepcionadas, sin saber cómo proceder en consecuencia.

Hay una tendencia ancestral en el ser humano a esperar que los problemas mejoren mágicamente sin busar soluciones. Casi todas las personas esperan que haya una "aspirina milagrosa" que les ayude a superar sus problemas sin que requiera trabajo y disciplina; el inconsciente es tan poderoso que incluso en los sueños pueden aparecer resoluciones mágicas a los problemas que nos aquejan; pero en realidad lo que nuestra mente nos quiere señalar es que cierta situación nos está llenando de incomodidad y nos pone sobre aviso para que le demos nuestra atención. Desde luego, la fe es increíble, es algo que trasciende las barreras del entendimiento y nos da alicientes para salir adelante; aquellos que hemos experimentado su fuerza sabemos que es algo fundamental para nuestro bienestar; sin embargo, el problema surge cuando esa misma fe nos hace sentarnos a esperar (¿recuerdas a los "Job"?) la solución de nuestros conflictos a través de la intervención divina, en lugar de tomar responsabilidad y acción en nuestra vida. El refrán "A Dios rogando y con el mazo dando" da cuenta de esta conciencia.

Sentarte a esperar implica la acumulación de rencor, malestares innecesarios y aceptar la creencia falsa de que no puedes encontrar soluciones adecuadas a lo que te está pasando porque no depende de ti. Por ejemplo, una mujer que constantemente es agredida por su marido, física y/o verbalmente, puede tolerar todo ello por pensar: "Si puedo aguantar esto, seguramente Dios hará que él se dé cuenta de todo lo que hago y eso lo llevará a cambiar". No obstante, lo que en realidad sucede es que ella le guarda ira y resentimiento, y cuando él le pide que tengan relaciones sexuales, por ejemplo, ella se opone bajo el pretexto de estar cansada, entonces él se vuelve a molestar y se repite el círculo vicioso. La mujer piensa en su acto de constricción, me refiero a que ella restringe su libertad –en este caso, disfrutar sanamente de sus deseos sexuales–, como una forma para obtener lo que desea: el cambio en la conducta del esposo y que tarde o temprano le reditúe una "recompensa", ya que al fin y al cabo, ella se lo merece porque se porta bien, ¿no es así? Pues la respuesta es un rotundo ¡no!; esa mujer no está tomando acción directa para solucionar su problema, lo único que hace es eternizar su situación y su sufrimiento. Cuando descubra, con el paso del tiempo, que su esposo no ha cambiado pese a sus "sacrificios" se sentirá enojada, decepcionada y frustrada. La pregunta entonces es ¿qué hacer? Lo evidente sería, en principio, entender que tener fe en el poder de algo superior (me he referido a Dios, pero puede ser cualquier otra entidad divina), es indispensable como parte de la fórmula. Las oraciones, ofrendas, alabanzas y meditaciones funcionan para colocarnos en sincronía con nuestro yo interno; pero aquí empieza la otra parte de la ecuación: El poder superior tiene que manifestarse a través de ti y de tus acciones, no viene del exterior. Cuando eres capaz de entender esto, puedes pasar a lo que llamo *la revelación interior*, es decir, la conciencia de que tú eres el instrumento directo de la divinidad, como sugiere Herman Hesse en *El lobo estepario.* Y la base de toda revelación es el trabajo y la acción de cada individuo; en la medida en que seamos proactivos, encontraremos el sentido de lo que ocurrió y lo que ocurrirá. Y en esto juegan un papel preponderante dos máximas: disponernos a entender que no hay garantía de tener una recompensa si nos "portamos bien" y que hay que hacer las cosas por nosotros mismos.

Pensamiento mágico e insensatez

No solo Dios nos sacará adelante sin que movamos un dedo, sino que también aspectos "mágicos" podrán darnos la respuesta a las preguntas que nos aquejan en estos momentos; estas son creencias que hacen que las personas se vuelquen a buscar remedios como la lectura de cartas, la intervención de místicos o curanderos y el uso de talismanes. Estos pensamientos mágicos nos remiten a lo oculto y se basan en una buena dosis, tanto de imaginación, como de emoción. Y esto es precisamente el problema, ya que tales pensamientos están directamente ligados a la superstición y a la intervención de la suerte.

Cuando, por ejemplo, te atienes a que tu pareja regresará porque "te lo dijeron las cartas" o que dejará de ser violenta contigo porque "el amuleto lo cambiará", entraste en un camino sumamente delicado: el de la insensatez. Y como dijimos antes, la falta de un discernimiento adecuado entre las cosas que ayudan y las que estorban es clave para estancarte en tu proceso de bienestar. Quiero decir que una buena dosis de fe o de esperanza en lo que elijas creer está bien, no digo que no creas en lo que pienses que puede ayudarte, pero quiero que pongas tu atención en que todo exceso tiende a ser dañino y, en este caso, te coloca muy cerca de uno de los elementos más peligrosos durante el postdivorcio: el penamiento insensato.

Y este no es más que la ausencia de buen juicio, de sentido común y de reflexión, previos a la toma de una decisión; ello puede llevarte a la idea equivocada de que puedes salir adelante sin esfuerzo y de "dejar en las manos de alguien o algo" la responsabilidad de las riendas de tu vida. Por esta razón, muchas personas con pérdidas afectivas, como las que pasas en una ruptura amorosa, suelen tener un período en el que buscan la solución a su conflicto con estafadores que se aprovechan de ellos al decirles lo que quieren oír; porque como decía Joseph Smith, líder de la religión mormona: *no hay nada más sencillo que convencer a una persona que desea ser convencida*, ya que aceptará cualquier respuesta que le dé tranquilidad y esperanza. Pero esta es una salida fácil y peligrosa, ya que a la larga puedes convencerte de que tienes el control, cuando en realidad no es así.

Un ejemplo de ello son los jugadores compulsivos cuando juegan a la ruleta: aunque estén perdiendo mucho dinero siguen apostando porque algo dentro de su mente los tiene convencidos de que en algún momento saldrá el número que eligieron. **La persona realmente cree que tiene el control del número siguiente que saldrá en la ruleta, cuando en realidad sabemos que no es así.**

En 2007 la doctora Marjaana Lindeman, de la Universidad de Helsinki, realizó un experimento con voluntarios a los que aplicó un cuestionario que incluía temas de índole supersticioso, mágico y paranormal; se les pidió que diferenciaran las afirmaciones que consideraban más cercanas a la realidad, de las que consideraban más lejanas a ella. Los resultados mostraron que las personas supersticiosas marcaban como afirmaciones cercanas a la realidad las que tocaban lo místico o sin fundamento; también eran más proclives a tener un concepto de ellas mismas más cambiante que los individuos escépticos. Más importante aún, Lindeman descubrió que las personas que eran más cautelosas con estas cuestiones (quienes las consideraron más lejanas a la realidad), mostraban claras señales de ser pensadores más intuitivos y analíticos; también demostraron tener una mayor estabilidad emocional; esto demuestra que el tomar las responsabilidades en tus manos es más beneficioso que dejar que fuerzas ajenas se hagan cargo;[2] es decir, estas personas tienen menos posibilidades de cometer actos insensatos en momentos significativos, lo cual supone una enorme ventaja emocional.

Cuestiona tus creencias

Si corres desesperado a la iglesia, a algún adivino para que te lea el tarot o te haga una limpia, debes de estar consiente de que esto forma parte de tu recuperación, pero solo es una fracción, una parte del rompecabezas. Lo importante es hacer el ejercicio de darle a las cosas su justa dimensión. Cuando me divorcié, mi fe en Dios se volvió mucho más profunda, la comunicación con Él se hizo más frecuente y eso fue un gran bálsamo de recuperación, pero también estuve pendiente, de manera constante, de cuáles eran las cosas que debía trabajar conmigo mismo, al tiempo que mi creencia en Dios me reconfortaba. Por ejemplo, cada mañana al despertar, lanzaba una plegaria de agradecimiento en el mismo instante que me ponía metas concretas para cumplir ese día, por pequeñas que fueran. Y pasara lo que pasara, me obligaba a realizarlas usando la fuerza que mi fe me daba. Nunca me limité a esperar sentado a que Dios mandara un representante para hacer el "trabajo sucio".

---

[2] Esta información proviene de Lindeman, M y Aarnio, K. Superstitious, magical and paranormal beliefs: An integrative model. *Journal of research in personality*. Vol. 41, núm. 4. Agosto, 2007.

Puedes creer en lo que tú elijas mientras hagas el trabajo individual, y sobre todo, mientras seas selectivo entre lo que te ayuda o resulta benéfico y lo que no dentro de esas cuestiones. Recuerda que, como he venido haciendo hincapié, en estos momentos tus sentimientos y emociones te hacen muy vulnerable y la gente, si puede, se aprovechará de ello. No puedes correr a refugiarte en cualquier tipo de creencia ni en cualquier tipo de persona para curar tus heridas. La vulnerabilidad no debe impedir que permanezcamos alerta y selectivos; las actitudes insensatas se manifiestan frecuentemente en la elección inadecuada de lo que decidimos creer o no. Para evitar estas actitudes contesta las siguientes preguntas:

¿Qué tanto esta creencia, en la que estoy poniendo mis esperanzas, me detiene o me alienta para actuar en mi beneficio?

¿En qué aspectos específicos mi creencia me está ayudando a obtener respuestas, o no me está ayudando a obtenerlas?

Desafortunadamente, existen infinidad de charlatanes cuyo perfil principal de víctimas son las personas que están atravesando por una pérdida afectiva. Te invito a que mantengas las antenas prendidas para detectarlas y así no pierdas tu dinero y, sobre todo, tu valioso tiempo. Recuerda que lo más importante no es la rapidez con la que salgas de tu situación actual, sino lograr cimentar el avance paso a paso.

Resumiendo

Las personas tienen el derecho de creer en lo que mejor les parezca, siempre y cuando esa creencia no destierre la proactividad. Para evitar empantanarte, lo adecuado sería dejar de tener la esperanza de que: "A buen comportamiento, recompensa divina o mágica dada". La insensatez impide que podamos discernir entre lo que nos conviene y lo que no; debes de ser capaz de cuestionar tu creencia porque es tu derecho. Recuerda que los charlatanes abundan y tu vulnerabilidad los atrae. Más vale ser cauteloso que lanzarse a las manos de cualquier persona y creerle *a pie juntillas*. Tú decides qué, cuándo, cómo y a quién creerle, pero esas creencias no deben evitar que tomes la acción en tus manos.

LA PROMISCUIDAD

"El egoísmo es el amor propio más fiel que existe,
no conoce la promiscuidad."

JORGE SOLVES ALBERT

Este es un tema muy delicado en la etapa postdivorcio. Debido a lo demoledor que puede ser una ruptura amorosa, las personas se ven seriamente afectadas en su autoestima y el concepto sobre ellas mismas sufre, ante sus ojos, una gran desvalorización. Se diga lo que se diga, la persona que sostenga que un divorcio no afectó su autoestima está mintiendo o está en una pose de falsa fortaleza.

La primera reacción que casi todo mundo tiene después de una separación es la necesidad de buscar a alguien que nos haga sentir aún deseables. Nos volvemos incapaces de lidiar con la idea de que nos han dejado de amar porque –según nosotros– no hemos sido lo suficientemente valiosos para mantener el interés de esa persona. Entonces, solemos caer en la búsqueda desesperada de alguien que nos levante la autoestima y así corremos el riesgo de caer en la promiscuidad, que no es otra cosa que la convivencia y las relaciones sexuales desordenadas con muchas personas. Quiero resaltar que, al margen de concepciones morales de lo que esto implica, el sexo es una parte maravillosa de la naturaleza humana y como dice Woody Allen: "El sexo es lo más divertido que puedo hacer sin reirme". La promiscuidad, después de un divorcio, puede llevarte a dos callejones sin salida de los que debes de estar muy alerta.

El hambriento se come lo que sea

En primer lugar, salir a buscar a alguien que muestre interés sexual en ti, no implica que sea alguien que te beneficie en este momento de tu vida. La mayoría de las veces, las personas comentan que tener encuentros sexuales cuando no ha transcurrido mucho tiempo después del divorcio, lejos de hacerles sentir bien, les detona aún más la sensación de culpabilidad y, en ocasiones, de soledad. Esta sensación, una vez que el acto ha concluido, es tan fuerte, que los regresa a un estado de depresión que ya empezaban a superar. Antes de lanzarte a buscar a alguien que solo te brinde satisfacción sexual, te invito a replantearte qué tanto lo haces por una necesidad biológica y qué tanto por no sentirte desvalorizado; qué tanto quieres demostrarte que eres alguien que vale la pena.

El otro callejón al que me refiero es la posibilidad de contagiarte con una enfermedad de transmisión sexual. Las mujeres son más propensas a descuidar este aspecto después del divorcio, ya que al estar más vulnerables, cuando salen con un hombre que les gusta creen que se han "enamorado" de él; aunado al hecho de que por sentirse aceptadas y deseadas, muchas veces, no se atreven a exigirle protección a su pareja en turno, al momento de tener relaciones sexuales. Los hombres, por otro lado y contrario a la creencia, tienden a ser más cuidadosos con la seguridad en sus encuentros sexuales en esta etapa. Esto se debe a que no quieren tener el problema de un embarazo no deseado.

El momento emocional en el que se encuentran las personas, poco después del fin de una relación, es un cisma crítico de rompimiento de antiguos paradigmas. Velo así: es como un avión que está pasando por una turbulencia violenta que provoca mucha incomodidad a los pasajeros, pero que en algún momento pasará. Pero si el piloto decide hacer una maniobra brusca o arriesgada para acelerar el paso, puede suscitar un problema mayor. Tú eres ese avión, no desesperes si en este instante sientes la turbulencia, terminarás atravesándola para continuar con tu viaje de forma cómoda y segura.

Es importante que en esta etapa tengas mucho cuidado, ya que si sales corriendo a buscar a alguien por "llenar un vacío", puedes terminar "comiéndote" lo que sea. Es como ir al supermercado muerto de hambre: sin importar la calidad del producto, te lo terminarás llevando a casa. La necesidad biológica y natural del deseo sexual, no debe ser sinónimo de falta de selectividad.

Erotismo y sexo no son lo mismo

Una creencia errónea bastante común es que toda actividad erotizada va necesariamente acompañada del acto sexual. En este sentido, los hombres son más proclives a pensar así; sin embargo, hay algunas mujeres, que al no entender la diferencia, suelen entrar al mismo juego que, tarde o temprano, termina entrampándolas.

El erotismo se refiere a la pasión aplicada al deseo de tipo sensual y al amor. Cuando me refiero al amor, no solo hablo hacia otra persona, sino también y primordialmente, hacia uno mismo. Es decir, el erotismo es el disfrute de nosotros mismos en el plano sensual, y sumamos al otro como participante y/o catalizador del mismo. Tiene que ver con la seducción, los juegos de miradas, los roces y todas aquellas cosas que nos predisponen al disfrute de una sana intimidad cuando conocemos a alguien que nos atrae poderosamente. Por otro lado, el sexo se refiere más específicamente al acto genital. La penetración de la mujer por el hombre es el encuentro culminante del ser humano y de él dependen, no solo el deleite, sino también la supervivencia de la especie.

Puede haber erotismo sin sexo, pero difícilmente habrá sexo sin erotismo, ya que el juego de la seducción no necesariamente nos lleva al encuentro sexual. Cuando estás en esta etapa, por tu estado de vulnerabilidad, eres propenso a que te hagan creer que todo juego erotizado debe forzosamente llevar a algo más. Tu autoestima y tu autoconcepto lastimados pueden contribuir a que pierdas de vista esta diferencia y volverte una posible víctima de terceros.

Si sientes la necesidad de estar con alguien de manera física, poco después de tu divorcio, prueba con la seducción más que con una serie de encuentros sexuales desaforados. Muchas veces resulta mucho más gratificante el erotismo que el acto sexual en sí. El juego de miradas, acercamientos y actitudes de coquetería empezarán, paulatinamente, a generarte confianza con respecto a la posibilidad de iniciar una nueva relación, pero sin hacerte tropezar con la sensación vacía de sentirte "usado". Y, ¿si el otro se desespera y amenaza con irse si no se consuma el acto? ¡Al diablo con él! Nadie que en verdad te aprecie y muestre interés genuino en ti necesita obligarte a hacer algo para lo que no te sientes preparado.

También es cierto que muchos de los encuentros que tendrás con el sexo opuesto, luego de una separación, serán breves, porque su objetivo es ir allanando el camino para que retomes el control de tu vida en el plano personal, más que en el sexual. Lo que forzosamente necesitas es acostumbrarte de nuevo al juego de la seducción.

Casi puedo apostarte que si ya tuviste algún tímido intento de salir con alguien, te has agobiado por esa sensación de inseguridad y torpeza, como si volvieras a ser adolescente y te costara trabajo involucrarte con el sexo opuesto. Si te sucede esto mantén la calma, simplemente te estás "quitando el óxido". No lo apresures, tu cuerpo tiene que pasar por una etapa de aclimatación, recuerda que esa sensación es perfectamente normal.

No desesperes porque los encuentros no fructifican o no perduran; es necesario que así sea.

Resumiendo

Ten mucho cuidado en no salir desbocado a la búsqueda de una pareja porque puedes cometer un error delicado; date el tiempo y el cuidado para elegir adecuadamente con quien tienes acercamientos. Cuídate, eres lo más valioso que tienes, no tengas sexo sin protección, que tu vulnerabilidad no obnubile tu inteligencia. Recuerda que los primeros acercamientos con el sexo opuesto serán cortos, tímidos y hasta torpes, pero es parte natural del reencuentro. No confundas sexo y erotismo, el primero es el acto físico, mientras que el segundo se refiere al juego de seducción. En estos momentos es más recomendable quedarte en el erotismo para que te acostumbres de nuevo a la presencia del otro y, así, sea algo provechoso y no un mero escape.

TERCERA PARTE

ENTENDIENDO EL AMOR

"Amo como ama el amor. No conozco otra razón para amar que amarte.
¿Qué quieres que te diga además de que te amo,
si lo que quiero decirte es que te amo?".

FERNANDO PESSOA

¿Por qué nos enamoramos? ¿Por qué algunas veces lo hacemos de quien no nos conviene y pareciera que aunque lo sepamos no podemos evitarlo? ¿Cuál es la razón de que durante el enamoramiento nos volvamos ciegos, sordos y hasta actuemos como unos locos? ¿Es posible ser racional durante el bombardeo químico del enamoramiento? ¿Qué es el amor? ¿Acaso se resume en un burdo mecanismo de liberación de hormonas y movilización de reacciones neuronales? o ¿tiene que ver con un nivel más íntimo y subjetivo? Todo este cúmulo de preguntas surge de la necesidad de entender el intrincado y diversificado engranaje de este sentimiento. Para ello, hay que empezar por buscar una explicación de lo que es el amor, lo que implica una tarea nada sencilla. Trataré de explicarte la complejidad del término mediante el siguiente ejemplo:

Los *inuit* –o esquimales por su nombre más conocido– son un pueblo de mucho interés para los antropólogos lingüistas. La razón de esto es su particular concepción de lo que significa la palabra "nieve". Cualquier persona que vea la nieve se referirá a ella simplemente con ese nombre. Sin embargo, un *inuit* sabe perfectamente diferenciar las decenas de tipos de nieve. Con solo mirarlas sabrá si se trata de cornisa, de ventisca, de escarcha o de gota helada, por mencionar algunas. No solo eso, al identificar su tipo, el esquimal sabe cómo actuar en consecuencia, ya que cada clase requiere un proceder distinto. Por ejemplo, para caminar sobre nieve de escarcha se deben usar botas especiales para no resbalar, muy distintas a las raquetas en los pies que utilizan cuando lo hacen sobre la nieve blanda, y lo mismo ocurre al pasear un trineo o cuando hay que protegerse de la misma. Este es un conocimiento vital para la supervivencia del pueblo esquimal.[1] En pocas palabras: conocer el elemento en el que están inmersos les da una ventaja por encima de quien no posee este conocimiento.

El gran problema del amor pasional es que las personas, por lo general, ignoran qué es aquello que buscan con tanta desesperación. Dan por hecho que saben lo que significa, pero solamente tienen, en el mejor de los casos, una leve y muy general idea de lo que se trata. Normalmente esa idea se queda en el nivel de lo que "se cree" que es el amor. Tal vez la dificultad más grande con respecto a esta idea equívoca sobre el amor romántico tiene que ver con que la gente asume que el problema es no ser amada y omiten la otra parte del binomio: también hay que saber amar.

¿Por qué pasa esto? Para entenderlo te propongo algo: reúne a un grupo de amigos, cierren los ojos por un instante y traten de definir qué es el amor. Después comparen sus respuestas. Se darán cuenta de que todas varían entre sí. Casi te podría apostar que aunque algunos compartan ciertos aspectos, el concepto de cada uno es único. La razón de que pase esto es que el amor es un constructo, es decir, *un concepto abstracto que se origina a partir de las experiencias, creencias y conocimientos de cada persona.* Si por ejemplo, juntáramos a un miembro de la

---

[1] El autor danés Peter Høeg expone maravillosamente esto en su bellísima novela *La señorita Smila y su especial percepción de la nieve.* Si bien Smila, una nativa *inuit*, es capaz de diferenciar entre decenas de nieves distintas con solo mirarlas, su incompetencia en las relaciones afectivas es igual de precisa.

tribu Masái africana, a un *amish* del centro de Estados Unidos y a un tarahumara de la sierra de México, con alguna pequeña diferencia, todos coincidirían en que una mesa es una mesa, porque es algo que puede palparse y está presente como objeto. Con el amor esto no es posible debido a su naturaleza abstracta. Su concepto depende casi exclusivamente de la idea que tenemos de ello. Por eso resulta vital tratar de acercarnos hacia una definición más concreta de lo que puede ser el amor pasional así como sus procesos. Porque, como dije antes, si bien casi siempre estamos inmersos en la búsqueda del amor, muy rara vez nos detenemos a tratar de entender qué es lo que significa aquello que estamos buscando con tanto desespero.

Un pequeño (pequeñísimo) recorrido histórico

Para los griegos, el amor pasional era algo carente de significado espiritual o ético; para los romanos, el amor apasionado entre un hombre y una mujer, en particular, era una completa locura, ya que amenazaba el cumplimiento del deber. Uno de los ejemplos más claros de lo anterior es la celebración que se le hace al héroe Eneas cuando deja abandonada a su amada Dido, cambiando así el amor pasional por el amor a la patria. En la Francia del siglo XI, en las odas y loas que entonaban los trovadores, es cuando nace el concepto de amor romántico y era ensalzado como una pasión desbordada entre una mujer y un hombre. Cabe resaltar que, debido a que esto se desarrolló durante la época de las Cruzadas, en donde gran parte de los hombres había partido a la batalla en Oriente, por lo regular, esta pasión hacía referencia a la relación ilícita entre una esposa y un amante, es decir, el amor de cortejo surge desde una perspectiva de infidelidad. Para el siglo XIX el amor romántico se unió directamente a la idea del matrimonio; esto fue debido a que en una época en que las agitaciones sociales y los cambios culturales se dispararon, las instituciones del matrimonio y la familia se idealizaron como elementos necesarios para la estabilidad social. Durante el siglo XX fue la sexualidad lo que se empezó a destacar como una nueva visión liberadora del amor, siendo decisivos los trabajos de Sigmund Freud. Aunque hay que señalar que tales aportes tuvieron efectos irónicos, ya que al considerar al amor romántico solo una expresión sublimada de los impulsos sexuales más oscuros, sobre todo los femeninos, Freud aportaba una visión precisa y renovada de la sexualidad humana, pero despedazaba con saña la idea, prevaleciente hasta entonces, del amor romántico. En cierto modo, señalaba a las relaciones amorosas paradójicamente como opresivas, en particular para las mujeres. Finalmente, en los albores del siglo XXI nos estamos enfrentando a la aparición de toda una nueva gama de posibilidades amorosas y maneras de relacionarnos en pareja. Dinámicas como los LAT (*Living Apart Together* – Viviendo juntos pero separados), es decir, parejas que deciden formar un vínculo permanente, incluso de matrimonio, pero sin ocupar el mismo espacio físico por más de unos días, o los DINKY (*Double Income No Kids* – Doble ingreso, no hijos), en donde la pareja decide que solamente se dedicarán el uno al otro, sin las preocupaciones económicas, físicas y emocionales que requiere un hijo, se han vuelto moneda de cambio corriente en la vida actual. Pero nota que me refiero a esto como formas de relación y no hago alusión a ellas como formas de amor. Al final, el amor se refiere a una sola cosa y a una multiplicidad de ellas a la vez.

Entonces, ¿qué es el amor?

Para algunas personas, y tal vez te cuentes entre ellas, el amor es simple y sencillamente un deseo de comunión con el ser anhelado. También se puede pensar en ello como una experiencia que generará placer o provocará dolor, o incluso ambas. Pero eso no resuelve la pregunta de qué es el amor. Para intentar responder a este complejo asunto, te pido que me acompañes en la revisión de tres modernas acepciones con respecto a lo que el amor romántico engloba.

En su ya legendario libro, *El arte de amar*, el gran Erich Fromm hace alusión a una confusión recurrente con respecto a la creencia del amor: la suposición de que es un **objeto** y no una **facultad**. Es decir, la errónea creencia de que amar es fácil y lo que es complicado es hallar a la persona indicada para amar o que nos ame. Al caer en esta falla, la gente no comprende que el amor es una actitud y creen que lo único que necesitan para amar o ser amados es encontrar el objeto amoroso adecuado y que después todo vendrá y se acomodará por sí solo. Más aún, ignoran por completo que el amor es una **actividad**, o sea, algo que forzosamente nos debe provocar un movimiento personal (interno y/o externo) y que puedes y debes entrenar para llevarlo a cabo. Entonces, como decía líneas arriba, creemos que el problema en el amor se reduce a no ser amados, pero no nos preocupamos por entender que también lo es que no sepamos amar. Queremos un gran romance, pero somos incapaces de saber qué ofrecemos a cambio.

Por otro lado, Nathaniel Branden, uno de los más grandes estudiosos de los procesos de la autoestima –que es ese amor hacia nuestra propia persona–, considera que "el amor representa la disposición a experimentar al ser amado como la personificación de valores personales de gran importancia y, en consecuencia, como una fuente real o potencial de bienestar".[2] Una vez más, el amor se ve como una fuente segura de apego, una ins-

---

[2] Esta definición aparece en el capítulo dos de su libro *La psicología del amor romántico*.

tancia a la cual recurrir en caso de que nos sea necesario buscar refugio, algo que aprendimos desde nuestra más temprana infancia con nuestros padres o cuidadores.

Por último, en su libro *La nueva psicología del amor*, Morgan Scott Peck –que mantiene un punto de vista más religioso y espiritual al respecto– defiende la tesis de que el amor es "la voluntad de extender los límites del propio yo, con el fin de impulsar el desarrollo espiritual propio y ajeno". Peck se refiere a que en el amor se rompen las barreras que nos hacen ser nosotros mismos para darle cabida al otro, de manera que pueda darse una fusión que haga crecer como seres humanos a ambos integrantes. Esta fusión, de ninguna forma deberá ser simbiótica (de *sym* –con– y *biosis* –acción de vivir–), o lo que es lo mismo, no tendrá que ser parasitaria. Se generará el amor de una experiencia fuertemente objetiva, a diferencia del enamoramiento, que es una experiencia puramente subjetiva y origina constantemente relaciones codependientes.

Desde mi punto de vista, la definición más adecuada para intentar explicar el amor pasional es una combinación de las ideas de los tres autores anteriores. Podría tratar de definirlo como:

La capacidad y fortaleza que tiene cada individuo y cuyas características –personal, recíproco y libremente elegido–, permiten la entrada de otro ser a su vida para formar un lazo de apego seguro.

En primer lugar, me refiero a él como una **capacidad** porque es algo que casi todos los seres humanos poseen de manera innata, con excepción de un pequeño grupo denominados psicópatas, quienes –a grandes rasgos–, son individuos con características de personalidad alejada a la esencia del ser humano: incapaces de sentir empatía, fríos y con una nula capacidad para diferenciar lo correcto de lo incorrecto. También es una **fortaleza** porque puede entrenarse, es decir, el acto de amar requiere de un ejercicio constante para ser mejorado. Es **individual** porque es un sentimiento íntimo y depende de cada quien otorgarlo, es decir, tu amor es tuyo y tú eliges cómo lo das. **Recíproco** se refiere a que, para que el amor pasional sea fructífero, se necesita de dos, lo cual te puede parecer una obviedad, pero te sorprendería saber cuántas personas están "amando" a la nada, aunque juran que su amor tiene receptor. **Libremente elegido** tiene que ver con los dos primeros, como el amor es solo tuyo y tú decides a quien se lo entregas, nadie más que tú puede obligarte a poner en acción estos derechos. Finalmente, permitir entrar a otro ser en tu círculo vital e íntimo, es un ejercicio de confianza, misma que se genera a partir de reconocer que esa persona servirá como una base que te otorga –y le otorgas– la seguridad de protección en muchos sentidos, llámese físico, emocional, espiritual y/o psíquico.

El ser humano ha insistido en dar un sitio privilegiado a este proceso, lo cual, naturalmente, ha traído consigo mucho bienestar, pero paradójicamente, también estancamiento en otros aspectos. Tanto las facetas positivas del amor, como ser el catalizador de estados sublimes como la generosidad, la bondad y la empatía, hasta las más oscuras como ser capaz de generar celos, venganzas y crueldades, surgen como producto, en gran parte, de la percepción que se tenga del mismo. Sin embargo, es necesario aclararte que el amor, y más certeramente su gemelo receloso, el enamoramiento, tiene una base química comprobada por medio de docenas de estudios neurofisiológicos.

La química del amor y más

Usar la expresión "la química del amor" como una forma de intentar darle sentido a aquello que nos parece inexplicable cuando empezamos a caer en las redes del enamoramiento, suele referirse a la atracción primigenia y desmedida que sentimos por una persona en particular, por ese único y exclusivo ser humano que nos seduce. Puede haber miles de rostros más armónicos, cientos de cabelleras más sedosas y decenas de voces más melódicas y no nos atraen ni una centésima parte de como lo hace el que tenemos enfrente. Incluso podrían estar a nuestra entera disposición y no despertarnos el menor interés. ¿Por qué ocurre esto? ¿Por qué María y no Ximena? ¿Cuál es la razón de que me atraiga irresistiblemente Manuel mientras que Juan, que es más guapo, no me provoca nada?

"El amor es física y química", dice la letra de una de las canciones de Joaquín Sabina, y es cierto. Lo que le faltó al español para acuñar el término perfecto fue añadir a la mezcla la electricidad proveniente de la conexión sobreexcitada de las neuronas. Cuando nos sentimos atraídos por alguien, el cerebro libera una gran cantidad de hormonas que causan placer. Estas hormonas –que son llamadas endógenas ya que su origen está en la corteza cerebral– tienen la consigna de provocar un aumento en la autoestima, hacernos sentir eufóricos y tremendamente vigorosos. Entre las más destacadas están la oxitocina, que provoca un aumento en el erotismo y la actividad sexual; la dopamina, responsable de generar sentimientos de ternura, y la endorfina, cuyo objetivo es equilibrar las emociones y provocar la sensación de plenitud. Todo ese "coctel" de sustancias tiene el potencial para sembrar la semilla del amor y es requisito indispensable para sentir que te enamoras. Gran parte del misterio que rodea la atracción y el surgimiento del amor comienza aquí, en este caldo primigenio de moléculas ínfimas, pero poderosas. También es importante que sepas que es relativamente fácil volverse adicto a estas *drogas naturales* causantes de la felicidad.

Ejemplo del gran peso que tienen los procesos químicos en el enamoramiento: en 2004 se puso de manifiesto la importancia de la oxitocina cuando la doctora Lisa Diamond, del departamento de psicología de la Universidad de Utah, realizó un estudio para tratar de establecer la diferencia entre el amor romántico y el deseo sexual. Los resultados arrojaron que sin la liberación de la oxitocina *el amor pudiera no ser posible*, ya que al no existir arrebato en cuanto a lo sexual, las posibilidades de enamorarse disminuían dramáticamente, lo cual, por cierto, era mayor en las mujeres que en los hombres.

La liberación hormonal de estas sustancias, durante esta etapa, rebasa los niveles considerados normales a los que el cerebro está acostumbrado. Algunos investigadores, por ejemplo, han llegado a establecer que durante el proceso del enamoramiento, el despliegue de dopamina acompañada de oxitocinas y fenilalaninas, responsables del entusiasmo así como del bloqueo de la lógica y la razón, es unas ¡setecientas veces mayor de lo que el organismo soporta diariamente!, cantidad suficiente para trastornar, literalmente, cualquier cerebro. Lo anterior nos lleva de nuevo a preguntarnos: ¿es inevitable enamorarnos de la persona cuya química se ajuste a la nuestra aunque no sea la indicada? La respuesta es compleja, por decir lo menos.

Podrían entrar en juego mecanismos represivos, los cuales nos permitirían estar alertas sobre la *calidad* de la relación que estamos construyendo, pero esto podría volvernos recelosos en extremo y perder el placer que este proceso ofrece. Lo que es un hecho es que la capacidad de sentirse atraído por una persona se potencia notablemente si su coctel químico se encuentra en sintonía con el nuestro y esto se debe a pura adaptación evolutiva. En ese momento entra en juego un paquete de partículas hormonales de las cuales seguramente has escuchado hablar: las feromonas. Pero ¿qué diablos son y cómo afectan tu organismo?

Las feromonas son moléculas biológicas que sirven como una forma de comunicación química entre dos animales de la misma especie; despiertan el interés sexual, fundamental para la conservación de su especie. En el caso de los seres humanos, estos tienen una serie de receptores especializados situados en la nariz, en un órgano llamado vomeronasal, cuyo objetivo casi exclusivo es detectar feromonas en el aire. Este cuerpo –también conocido como órgano de Jacobson– es responsable de detectar olores considerados desagradables, los cuales provocan la mueca clásica de repugnancia con los labios arqueados –llamada reflejo de Flehmen– o de captar sensaciones olfativas que despiertan nuestro interés y nos atraen. Esta es la razón por la que los animales machos saben en qué momento la hembra está en su etapa de celo y lista para ser fecundada. En los seres humanos el mecanismo es el mismo: en ciertos momentos una persona despide feromonas a través de los poros de su piel mientras otra capta esas segregaciones decidiendo si le resultan desagradables o atrayentes. Y todo ocurre en una parte de nuestro cerebro conectada directamente al órgano de Jacobson y que es responsable de nuestras respuestas fisiológicas emocionales: el hipotálamo.[3]

Así es como la sensación amorosa se da de manera espontánea en el cerebro, contrariamente a lo que por siglos los mitos del amor romántico nos han hecho creer: que el amor nace del corazón. La siguiente vez que le digas a alguien "te amo con todo mi corazón", quizá quieras cambiar dicha afirmación por un "te amo con todo mi hipotálamo", que en cualquier caso sería menos romántico, pero mucho más honesto. Entonces, hablando de reacciones químicas, es prácticamente imposible no sentirse inmensamente atraído y llegar a perder la cabeza por un compañero que destile hormonas que empaten con

---

[3] Si bien es cierto que aún no se ha comprobado con total certeza la existencia de feromonas e –incluso– los orificios vomeronasales en los seres humanos de forma totalmente certera, no dejan de llamar la atención las cantidades millonarias que cada año se gastan en la industria de la perfumería para la investigación y producción de las mismas.

nuestro olfato. Pero por favor, nota que usé el verbo "atraer" y no "amar". Es aquí en donde radica la confusión, ya que en esta etapa del proceso debes de tener en cuenta que, aunque irresistible la sensación, se trata únicamente de excitación sexual en su estado más puro, razón por la cual tendrías motivos válidos para tomar con reservas la aparición de cualquier otro sentimiento. La explicación y diferencia estriban en que, si bien todas las personas nos trastornamos por momentos durante este proceso, algunas son capaces de perder completamente la razón. Y eso puede ser peligroso, o al menos, inconveniente.

El caos comienza cuando creemos que esa etapa de atracción salvaje o enamoramiento es **siempre** la antesala del amor y nos esforzamos por "dar todo", ya que es la manera de mantener eternamente la llama de la pasión encendida. Lo que no sabemos es que biológicamente es imposible mantener el nivel hormonal a ese ritmo en nuestro cerebro porque moriríamos. Esta es la razón por la que, inevitablemente, esta brutal atracción disminuye con el tiempo hasta casi desaparecer, y eso no necesariamente significa la muerte de la relación. Desafortunadamente, la mayoría de los seres humanos confundimos esta etapa de erotismo, sexualidad y pasión desenfrenada con amor, cuando en realidad se trata de otra cosa.

Enamoramiento, ¿gemelo malvado?

Si bien hemos hablado del origen biológico del amor —en particular porque considero necesario que sepas de dónde surge tu atracción hacia una persona en particular— a partir de ahora quiero hablar de los aspectos psicológicos y emocionales que competen más al objetivo de este libro. Pon atención a la siguiente historia:

Supongo que sabes lo que es un puercoespín. Muy bien. Cuando los puercoespines tienen frío deciden reunirse todos y juntarse mucho entre sí para darse calor unos a otros. Al principio la sensación es maravillosa y arrebatadora, el frío desaparece y una calidez gratificante se apodera de sus cuerpos, sumiéndolos en un letargo afrodisíaco. Sin embargo, después de un tiempo se dan cuenta de que si se mueven, debido a que están excesivamente unidos al otro, sus espinas pueden lastimarlos al clavarse en sus costados. Su situación es comprometedora, ya que, por un lado, quieren solventar la necesidad de quitarse el frío y por el otro, evitar las filosas espinas de sus compañeros. Entonces, los animalitos toman una sabia decisión intermedia: continúan acercándose, pero procuran mantener **una distancia mínima, pero segura** para contagiarse el calor del otro. Así consiguen solucionar su necesidad y evitan hacerse daño con sus espinas.[4]

El autor de esta alegoría es Arthur Schopenhauer, uno de los más connotados filósofos del siglo XIX, quien sostenía la tesis de que la gran trampa que la naturaleza desarrolló para la supervivencia de los seres humanos, fue precisamente la de tener la capacidad de enamorarnos. Schopenhauer se basa en que el enamoramiento que una persona siente por otra, no es más que la habilidad que tiene la especie para maquillar el instinto con tintes de belleza e idealización, pero que en realidad, el único y real fin de esto es lograr la procreación, y asegurar la perpetuación de la raza humana; diferencia fundamental con las demás especies, ya que el único que sublima los atributos en la pareja de manera consciente (y a veces, no tanto) es el ser humano,

---

[4] Esta idea apareció por primera vez en 1851 en *Parerga y Paralipómena: Escritos filosóficos menores* de Arthur Schopenhauer. Pese a que pasó a la historia como uno de los hombres más oscuros y pesimistas de la filosofía, sus conceptos acerca del amor y el enamoramiento fueron tan acertados que aún hoy en día siguen vigentes.

convirtiéndose con el tiempo en enamoramiento y, en ciertos casos, en amor.

Sin embargo, y al mismo tiempo, es el propio filósofo quien en su teoría del amor pone de relieve, que pese a que el enamoramiento es una simple farsa (pieza cómica, por lo general bastante breve, cuyo único objetivo es hacer reír a los espectadores) pues solo tiene un único objetivo, el amor que se da más allá de este, supera esta etapa. Es una acción de voluntad y preservación de la vida, aunque a veces se dé a expensas de la existencia individual; e insiste en lo fundamental que es que el hombre o la mujer establezcan una clara diferencia entre amor y enamoramiento para no sufrir los estragos. Por ejemplo, *las patologías del amor*, según Schopenhauer, son el resultado de una falta de capacidad para seguir los dictados de la naturaleza, es decir, de creer que el enamoramiento es amor, lo cual los hace escoger erróneamente a la pareja, casi siempre por terquedad química (feromonas), pero también por terquedad patológica (ideas equivocadas), dando como resultado relaciones conflictivas.

Schopenhauer, en su peculiar estilo, advierte de los peligros de creer que estar enamorado es sinónimo de amar y, dicho sea de paso, esto es el error más frecuente y la principal causa de ruptura entre las parejas. Entonces, lo idóneo es centrarnos en el camino compartido, pero no igual, que se recorre en el desarrollo de estos dos grandes avatares.

El ciclo del amor

He hablado de la definición y el origen del enamoramiento y el amor, pero también es indispensable que aprendas a identificar de manera más práctica, sobre todo ahora que ya saliste o estás por salir adelante de tu divorcio o separación, el camino que te va a llevar a cualquiera de los dos, o si corres con fortuna, a ambos. Veamos entonces que el proceso amoroso –como casi todo en la vida– está compuesto por un ciclo que va más o menos de la siguiente manera:

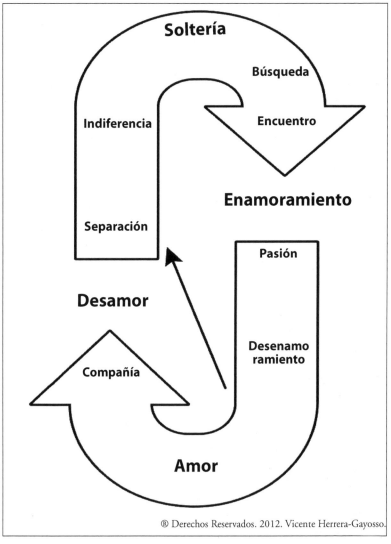

Figura 3. Esquema del ciclo del amor.

Soltería. Antes que nada, déjame aclararte que el estado de soledad es la condición universal y natural de todos nosotros. Desde el momento que nacemos estamos solos y adquirir la identidad gregaria, es decir, la de formar grupos, es parte natural de nuestro desarrollo. Cuando aparece una relación romántica, es natural sentir un empujón vital, pero por ningún motivo tendría que sustituir a nuestra propia identidad (la compañía es una elección evolutiva surgida de la necesidad de sobrevivir). Si esto sucede, si no aceptas que la soledad es parte sustancial de tu vida, tus relaciones pueden basarse en la dependencia, el chantaje, el control o la violencia. Erich Fromm se refiere a esto como la pérdida de la integridad, es decir, renunciar a la soledad significa perder la individualidad.[5] Por tanto, **la soledad bien entendida no tiene por qué dar cabida a un proceso de desesperación**. En este caso hablamos de la persona que se encuentra en el estado de soltería y empieza a sentir la necesidad de compartir su vida con alguien.

Búsqueda. Se está alerta a las señales que delatan la presencia de una posible pareja. El olfato se agudiza hacia la captación de feromonas en el ambiente. Se comienzan a descartar posibles candidatos, en gran parte, por falta de "química".

Encuentro. De pronto ¡ahí está! La persona se topa con alguien que es diferente a los demás prospectos y empieza a construirse una relación más cercana. La necesidad de la presencia del otro crece y la pareja empieza a volverse exclusiva.

Enamoramiento. Se da la coincidencia. Si el enamoramiento es **mutuo**, el otro empieza a significar algo más. Se hacen planes a futuro con esa persona. Se disfruta cada instante con su pre-

---

[5] Aunque Fromm va un poco más allá en *El arte de amar*, al referirse a que: "En contraste con la unión simbiótica, el amor maduro significa la *unión a condición de preservar la propia integridad, la propia individualidad*".

sencia. En este momento no hay posibilidad alguna de infidelidad. Es aquí donde se corre un gran riesgo: idealizar al otro y enamorarse de una imagen inexistente, es decir, una creada exclusivamente por la persona que busca el amor, no del ser real que tiene enfrente. El enamoramiento es, sin duda, la parte más impactante del ciclo del amor, pero por definición, también la más sospechosa.

Pasión. Erotismo desbordado y expresado en su máxima potencia. Toda la relación gira en torno a la atracción física y sexual. La química cerebral está en su pináculo. Los olores, sabores y sensaciones que nos provee el otro son arrebatadores. Las ganas de poseer a la pareja, de penetrar y dejarse penetrar, literalmente, hasta el lugar más recóndito del ser, las ansias de compenetrarse alcanzan su última expresión. La persona prácticamente se trastorna.

Desenamoramiento. Aquí se da el primer revés y hay dos posibilidades: se acaba la relación o se fortalece. Cualquier otra es una apuesta perdida de antemano para uno o ambos integrantes porque proviene del **apego inadecuado.** La persona descubre que gran parte de las cualidades que se le atribuyen al otro son inventadas o, en el mejor de los casos, exageradas por ella. Si los involucrados no son capaces de aceptar que la relación dio un giro en esta etapa, el resultado será la decepción y la extinción de la relación, pero si, por el contrario, aceptan que el desenamoramiento es una etapa normal de reacomodo para la madurez de la relación, entonces se da paso a un estado más tranquilo y maduro. Las posibilidades de mantener una relación de amistad con la expareja, si en este momento se da la separación, son mucho menores.

Amor. El desenamoramiento bien trabajado y aceptado da paso a fortalecer los lazos de amistad, el interés por el otro, la aceptación desinteresada y el respeto. **Es el mejor momento para que las parejas decidan contraer matrimonio** ya que a futuro tienen más posibilidades de mantenerse estables. Aquí se constituye lo que los griegos llamaban *philia*, término que abarca la amistad y el afecto. Una vez que hemos aceptado al otro como es y no como queremos que sea, se establece una cooperación mutua, auténtica y desprendida. El amor se centra en tres tipos de *philia*: la que está basada en las ventajas de tener al otro en nuestra vida (amor útil); la que está cimentada en el placer, sin estar cargada necesariamente de sexualidad (amor placentero) y la que tiene su raíz en la admiración del otro (amor de lo que es bueno). Estos tres componentes, que antes no estaban presentes, confluyen para solidificar la relación. También es el mejor momento para erigir una familia y un hogar.

Compañerismo. Si bien el inicio de la etapa del amor está cargada de amistad y afecto, es poco después, en el compañerismo, cuando se establecen dos sentimientos fundamentales que pueden dar paso a una relación que trascienda tiempo y espacio: *la compasión y la ternura*. Se ama y respeta al otro por encima de cualquier cosa, se le acepta por el hecho de ser él o ella y nadie más. Se confía en el otro. Se comparten verdaderos secretos. No hay idealización, sino más bien aceptación incondicional, pero madura; la sensación se vuelve recíproca.

Desamor. Aun llegando a la etapa de compañerismo no se exenta el riesgo de separación, pero si esta sucede, no ocurre por egos ni inmadurez, sino por necesidades internas ineludibles de la persona, las cuales, eventualmente, son comprendidas por el otro. Las probabilidades de seguir manteniendo una verdadera amistad con el excónyuge en el desamor son altas porque no hay máscaras. Es lo que deberían preguntarse las personas mientras están en una relación, si esto sería una posibilidad si llegaran a separarse o divorciarse. El desamor hacia la relación no es maldad, sino bondad y honestidad con uno mismo y con el otro. La otra parte entiende, vive su duelo y continúa adelante. Si se separan en esta etapa es muy probable que la expareja siga estando presente el resto de la vida sin causar dolor. Es la separación madura.

Indiferencia. Contrario a lo que pueda sugerir la palabra, la indiferencia no es un hecho malévolo o de venganza, sino un acto natural que resignifica el pasado con miras al futuro. La muerte emocional del excónyuge que genera la indiferencia no es humillante para él, sino una muestra de respeto: "Porque estuviste en mi vida, te honro con un nuevo significado: el de ser una pieza importante de mi pasado. Significas eso, mas no otra cosa". Gracias a la indiferencia es que se puede empezar de nuevo. Cuando es una pantalla para lastimar al otro no hay resignificación, solo ego y soberbia.

Así es el ciclo de la relación. Como puedes ver, se asemeja a la vida misma, naces, vives y mueres, aunque si corremos con fortuna, la muerte del amor puede transformarse en compañerismo, amistad y lealtad. Desafortunadamente nada es para siempre y esto es particularmente cierto en las relaciones amorosas. Aún me sorprende como muchas personas siguen usando la frase "para siempre" en cuanto al amor, idea implícita y errónea de que las relaciones deben de ser eternas para ser significativas y/o productivas. En el último de los casos, la muerte física de uno de los integrantes terminará con la relación.

Hay una máxima cuyo autor desconozco, pero que me parece increíblemente acertada: "He dejado de apostarle a la duración de una relación, ahora le apuesto a su intensidad y soy más feliz". Lo cierto es que nada es para siempre excepto la realidad, por tanto, la invitación es que tomes de la vida lo que te ofrece en este momento y no esperes ni te angusties porque dure. Paradójicamente, lo que hará que nuestras relaciones sean más extensas y de mejor calidad, es no tener expectativas en cuanto a su duración porque nos obligará a vivirlas intensamente.

Espero que este capítulo te haya servido para ubicarte de manera un poco más clara con respecto a lo que el proceso de atracción, enamoramiento y amor implican. Mi confianza radica en que puedas empezar a afrontar, de manera más consciente, tu siguiente marcha personal hacia el amor.

Resumiendo

El amor es "física y química". Enamorarse no es amar. Los procesos de atracción obedecen, de entrada, a factores más fuera de nuestro control que dentro de él. Cuando la química del amor se desata, no solo nos importa un rostro bello o un cuerpo escultural, hay algo más primigenio, un deseo que surge desde la parte más recóndita de nuestras entrañas y nos lleva a sentirnos intensamente atraídos por alguien que no necesariamente encaja dentro de nuestro ideal de pareja. Esta parte primitiva es la causante de que sepamos que es esa la persona y no otra, aunque ni siquiera podamos explicar por qué. Cuando esto te acontece, simplemente surfea y déjate llevar, te apuesto a que será una experiencia agradable. Vive la intensidad de las relaciones sin preocuparte por cuánto durarán.

VALORES QUE SE VUELVEN ANTIVALORES

"La mente humana es incapaz de inventar nuevos valores,
ni siquiera un nuevo color primario".

CLIVE STAPLES LEWIS

Cuando una creencia o ideal es llevada hasta sus últimas consecuencias, sin tomar en cuenta las opiniones de la pareja, las circunstancias o la simple realidad del momento, se corre el riesgo de que se vuelva en nuestra contra. Con la idea de que "esto es lo correcto" (muchas veces son ideas "talladas a cincel" en nuestra mente desde temprana edad), se está dispuesto al sacrificio, la abnegación mal comprendida, a la despersonalización y a la traición de uno mismo o, en caso contrario, a volverse un tirano, un ser intransigente que no concibe otra opción más que la que él o ella proponen, sosteniendo que "es lo mejor para la relación". En este último caso se cumple el viejo adagio: "Solo hay dos tipos de respuestas, las mías y las equivocadas". En cualquiera de ellas, el resultado es una carga excesiva e innecesaria que se lleva en los propios hombros y que se endilga a los demás. ¿No te parece algo terriblemente esclavizador?

Muchos especialistas, entre los que se incluyen psicólogos, antropólogos y sociólogos, coinciden en que uno de los grandes problemas acerca del fracaso de buena parte de los matrimonios actuales se debe a que las personas, aparentemente, buscan pareja con modernos estándares de libertad, igualdad e ideales acordes a los tiempos que se viven hoy en día, pero en el fondo, siguen empapados hasta la médula con parámetros caducos de hace cincuenta años o más; un problema compartido entre mujeres y hombres, aunque psicólogos han notado que se presenta más en la población femenina por una simple cuestión evolutiva.

Las mujeres esperan encontrar a un hombre que las reconozca y respete su libertad, tanto personal como profesional, porque esto los coloca a ambos en el mismo nivel, pero se niegan a asumir lo que ello conlleva como, por poner el ejemplo más recurrente: las responsabilidades económicas compartidas. Los varones quieren, en apariencia, hallar a una mujer que le ayude a sacar adelante a la familia enfatizando el aspecto "parejo" de los matrimonios modernos, pero veladamente esperan que su esposa sea la que se haga cargo de las tareas del hogar y en particular del cuidado y crianza de los hijos, sin que ellos tengan que intervenir o, al menos, hacerlo lo menos posible. La falta de congruencia, pues, provoca una decepción de la relación que se hace evidente rápidamente.

Esto también deja de lado la autonomía y los intereses personales. No importa lo que anheles y necesites como individuo: profesión, deseos, metas o vida en general, el otro se pone por encima de todo, lo que conlleva a sacrificarse y sufrir injustificadamente "en aras del amor". De ahí el temor y la pena excesiva ante el divorcio, porque este –como en la obra maestra de Nathaniel Hawthorne–, se vuelve una especie de "letra escarlata", un adulterio o traición a lo considerado como correcto, es decir, al matrimonio, y que se ha estigmatizado desde siempre. Los valores aprendidos a lo largo de la vida y por los que solemos regirnos, se vuelven en nuestra contra, convirtiéndose en *antivalores* que ya no son funcionales, sino al contrario, terminan perjudicándonos.

Hace ya algún tiempo, una hermosa mujer sostenía con la fuerza de un huracán de categoría cinco, que un esposo tenía la "obligación" de mantener económicamente a su esposa aunque esta trabajara, y que no era posible concebir esta idea de otra forma. Ella argumentaba que, para que el amor y el matrimonio pudieran considerarse como tales, los intereses personales no importaban tanto como procurar el bienestar del otro, incluso a costa de la propia autonomía (habría que preguntarle al marido qué opinaba acerca de esta manera de pensar tan tajante y rígida). Mi respuesta fue que si pensaba así, entonces me parecería bastante lógico que fuera obligación de ella esperarlo desnuda todas las noches dispuesta a hacer el amor cuando él dispusiera, sin importar si lo deseaba o no. Su reacción ante ello —y que me esperaba— fue una expresión de asombro seguida de un escandalizado: "¡Pero esa no es mi obligación, es una elección personal!". Exacto.

Cuatro fantasmas

Cuando dos personas deciden consolidarse en una unión y establecer un vínculo formal por medio del matrimonio, a menudo se olvidan de algo fundamental en la formación de una pareja, y es que pasamos por alto un asunto que determinará en gran medida la dinámica de la relación: un sistema denominado *los cuatro fantasmas*, que implica la influencia constante y de suma importancia que tienen los dos padres de cada integrante dentro de la nueva relación.

Cada una de las partes se casa, no con una persona, sino con tres. Cuatro entidades que —al igual que los fantasmas— no se ven, pero están presentes de manera decisiva, e influyen en la pareja. Estos fantasmas son modelos de pensamientos y conductas que se incorporan en la infancia y se remontan a generaciones atrás, simbolizan la dinámica de la relación de los abuelos, bisabuelos y demás, por lo que no es fácil desplazarlos de nuestras mentes.[6] Cuando decidas que es el momento de dar el paso hacia la formalización de la relación, debes estar muy alerta con respecto a esta influencia, tanto en ti como en tu pareja. Entender este sistema es una pieza clave en el proceso de la elección de una pareja permanente. Una vez aprendida la lección que ha dejado un divorcio y el duelo posterior, el siguiente paso es la disposición a encontrar una nueva relación, pero tomando en cuenta nuevas consideraciones, una de las cuales es la familia de origen. Seguramente recuerdas la frase: "Fíjate en su mamá (o papá) si quieres saber cómo es ella o (él) verdaderamente". La expresión posee cierto grado de certeza porque el núcleo parental es un buen termómetro acerca de la manera en cómo la persona ve la vida en general y la relación de pareja, en particular.

Una vez consolidada la unión, la pareja debe empezar a crear un lenguaje en común para encarar acuerdos y desacuerdos. Este puente de comunicación debe ser tendido lo más pronto posible porque las desavenencias no solamente están cargadas de las dinámicas de relación de la familia de origen y las generaciones pasadas, sino de las complicadas alianzas que se hacen con los progenitores (los famosos padres *me-meto-en-todo*) y que son una parte inevitable en casi cualquier matrimonio. Este es el momento en el que debe darse una especie de **inversión matrimonial**, es decir, lo que cada uno de los miembros de la pareja va a resignar[7] e incluso a abandonar, para que

---

[6] Con respecto a esto, hay una relación muy fuerte entre las características de la familia de origen y la estabilidad de la pareja. En 1991 se hizo una extensa investigación en Estados Unidos por parte de los doctores Bumpass, Castro Marín y Sweet, publicada en la *Journal of Family Issues*, bajo el título *The impact of family backgroudand early marital factors on marital disruption*, en donde se mostraba que las orientaciones y preferencias de la familia de origen influían **decisivamente** en la actitud –hacia y dentro del matrimonio– por parte de los miembros de la pareja.

[7] Resignar no necesariamente se refiere en el caso de una ruptura a claudicar o conformarse –como bien lo sugiere su etimología del latín *resign re*: entregar,

el matrimonio pueda funcionar. Y es aquí en donde probablemente enfrentes la toma de decisión más importante: ¿Cuánto invertir? Cuando se invierte demasiado sucede que la expectativa de la relación es tan alta, que de no haber retribución a la par, la posibilidad de frustración es muy elevada.

El problema surge porque cada uno de los integrantes de la recién formada pareja, se afianza en la creencia de que su planteamiento matrimonial es un contrato con cláusulas favorecedoras *exclusivamente* para uno de los integrantes (desde luego, ambos piensan lo mismo), que es firmado y aceptado por el otro *de facto*; es decir, cada parte piensa en su propio acuerdo, por lo que el matrimonio deja de ser un verdadero pacto y se transforma en dos cúmulos de aspiraciones, esperanzas y responsabilidades que terminan siendo egoístas. El error y la piedra angular de esto es lo siguiente: debido a que así se les enseñó en el lenguaje de la familia de origen, cada uno de los miembros **cree que va a obtener lo que desea a cambio de lo que va a ofrecer.**

Hace su aparición entonces el sobrentendido, dar por hecho genera el problema más común en una pareja: el desconcierto que se produce cuando alguno no puede más y habla de lo que esperaba del otro y que no está obteniendo. De pronto, uno de los cónyuges se ha dado cuenta de que los beneficios "esperados" no están a la altura de su inversión. Cuando esto ocurre, por lo general, el otro integrante se defiende diciendo que no sabía que eso era así, lo cual es verdad, lo ignoraba. Establecer desde el principio un lenguaje común entre la pareja, haciendo explícitos los patrones de la familia de origen, es lo único que ayudará a salvar este obstáculo.

---

devolver–, sino que puede ser más efectiva al utilizarse el término como una oportunidad para enfrentar la misma situación pero desde una nueva perspectiva y/o actitud.

Del sobrentendido al malentendido

Un día, ante las puertas celestiales llegó una pareja que estaba divorciándose, exigiendo ver a Dios. Pedro, que estaba en la entrada, les preguntó cuál era la causa de su visita, a lo que ellos respondieron casi al unísono y bastante belicosos: "La casa en la que vivo me pertenece y debo quedarme con ella".

Pedro, al no encontrar una solución, decidió pasarlos ante Dios. Cuando llegaron, Este ya conocía la situación y sin demora le preguntó a la esposa:

—¿Por qué dices que la casa en la que viven te pertenece y deberías quedártela?

—Las razones —dijo la mujer muy segura— son que he puesto todo de mi parte para que siempre sea cómoda y cálida para vivir ahí, la he cuidado y es en donde he educado a mis hijos. Por eso me pertenece y debo quedarme con ella.

Dios, muy convencido, le dijo a la mujer: "Tienes razón. Concedida". Y acto seguido, se volvió y le hizo la misma pregunta al esposo.

—Me pertenece —comenzó el hombre muy seguro— porque yo gasté dinero para comprarla y mantenerla, el sudor de mi frente y las horas de mi trabajo están en sus ladrillos, por eso debo quedármela.

Dios, también muy convencido, le dijo al esposo: "Tienes razón. Concedida".

Sorprendido al escuchar lo anterior, Pedro se le acercó al oído a Dios y le dijo:

—Señor, pero si ambos se están peleando la misma casa, ¿cómo es posible que se la concedas a los dos?

Y entonces, Dios, mirando a Pedro, le dijo completamente convencido: "Tú también tienes razón. Concedida".

¿Qué es lo que he querido ejemplificarte con lo anterior? Que en una relación de pareja ambas partes, de acuerdo con sus creencias, sus pensamientos y sentimientos, **están hablando con la verdad y tienen la razón.** Desde luego aquí entra otro punto que es inevitable a la hora de defender los argumentos propios: la conveniencia de adoptar un punto de vista o actitud específicos, porque también es cierto que los miembros de la pareja recurrentemente tienden a acomodarse en una postura ventajosa para ellos, esto es pura naturaleza humana. Y una vez más, esto se determina, en gran medida, por la influencia de la familia de origen. Entonces, lo indispensable es buscar un punto intermedio de conciliación con respecto a lo que creemos, pensamos o sentimos y lo que cree, piensa o siente el otro. Los dos tienen la razón... y los dos se equivocan.

Gran parte de la comunicación en la intimidad de la pareja se da a nivel no verbal y en la tónica de dar por sentado que *el otro sabe cómo son las cosas,* se parte de un sobrentendido que, con suma facilidad, cruza la frontera hacia el malentendido. En las relaciones sentimentales, particularmente, dar por hecho es una flecha disparada al corazón de la buena convivencia. Partiendo de esta base, no resulta muy difícil imaginar por qué los cónyuges usan los patrones adquiridos desde la niñez en el hogar, como regla, en su nueva relación. Simplemente creen que así es como deben ser las cosas. El uso de frases como: "el inodoro debe quedarse con la tapa abajo" o "no dejes la pasta de dientes abierta", son acciones aparentemente obvias para uno de los dos (sobrentender); pero no resultan así para el otro (malentender), si no establecieron entre ambos un lenguaje nuevo y exclusivo en su relación. Es necesario construir un nuevo código en la pareja para evitar agresiones y hostilidades.

¿Por qué se dan estos patrones de hostilidad hacia la pareja? Bueno, en esencia es simple: un cónyuge utiliza estos patrones de lenguaje, tanto verbal como no verbal, contra su pareja porque siente que tiene derecho a hacerlo. Aquí empieza el malentendido. Lo más sorprendente en estos casos es que aunque muchas veces los involucrados se dan cuenta de que esta manera de abordar la situación es equivocada y produce más problemas que soluciones, hay un empecinamiento en su uso, lo cual puede ser porque no son capaces de considerar otro punto de vista, o porque están convencidos de que esa es la manera correcta de proceder porque así lo aprendieron desde pequeños. Desde muy jóvenes asimilaron un método determinado de comunicación afectiva permeada por lo que vieron, escucharon o sintieron dentro del hogar parental. Los miembros de una pareja, de manera inequívoca, son los voceros de sus familias de origen y traerán a la nueva relación todo el cúmulo de creencias, conductas y pensamientos de la misma. No solo eso, sino que al paso del tiempo, esta acumulación de influencias se va volviendo más arraigada y difícil de evitar. Solo después de mucho trabajo en el que se han dado cuenta de que cada relación es distinta, pueden empezar a generar formas diferentes de expresión con el otro. Entonces, cuando elegimos una pareja, los códigos de comunicación y comportamiento que se establecen, parten de un conjunto de reglas establecidas por las familias de origen de cada cónyuge. Tarde o temprano tendremos que terminar aceptando que en toda relación se forman dos triángulos: ella y sus padres, y él y los suyos. Es este el origen de frases como "está buscando un papá" o "ella es su mamá".

¿Hay algún mecanismo efectivo para solventar lo anterior? Bueno, es cierto que una de las cosas más complicadas para una persona es moverse hacia el cambio, ya sea de pensamiento o de conducta, pero la paradoja radica en que lo único constante en la vida es el cambio, porque es el que nos determina como especie, en términos de desarrollo y evolución. Uno de los caminos para una vida más asertiva y disfrutable es la capacidad de adaptación a las nuevas circunstancias que enfrentamos. En el caso de una relación de pareja esto no solamente es importante, es vital.

Tal vez el mecanismo más eficaz para enfrentar esta situación es desarrollar la capacidad de identificación y tolerancia. No se trata de negar las diferencias que hay con la pareja, sino de respetarlas, lo cual no significa tolerarlas cuando atentan contra la propia integridad física, mental y emocional. Tal vez te suene increíblemente complicado, pero en realidad no lo es. Pongamos un ejemplo:

Supongamos que una pareja tiene una concepción distinta de cómo debe de ser la dinámica de roles económicos en su hogar que, dicho sea de paso, es uno de los principales sobrentendidos que derivan en malentendidos conyugales. Ella insiste en que en el matrimonio, el hombre debe de resolver, exclusivamente, todo lo que tenga que ver con dinero: pagar la hipoteca del departamento, la escuela de los hijos, las vacaciones, las salidas a comer, el supermercado, los servicios del coche y los seguros de gastos médicos. Su esposo no tiene la misma concepción que su esposa. Para él, los gastos deben de ser más equitativos y propone que vayan a la mitad en cuanto a las aportaciones económicas.

Cada una de las partes tiene esa posición porque es muy probable que esas hayan sido las posturas que se mantuvieron en sus respectivos hogares parentales. Sin embargo, ambas se contraponen y es probable que se encaminen a un choque demoledor. ¿Qué podrían hacer? La respuesta obvia es encontrar un punto intermedio, pero del "decir" al "hacer" hay un buen trecho.

Lo primordial es el entendimiento de que ambos tienen razón desde sus posturas individuales; pero ahora la dinámica en pareja ocupa un lugar preponderante, y hay aspectos que deben decidirse entre dos. No deben negarse las creencias individuales, pero sí hay que aceptar que hay aspectos de ellas que funcionan en la relación de pareja, y otros que no. Cuando los empiezan a identificar, entonces pueden ser capaces de integrar un lenguaje común mediante concesiones, tratos y acuerdos para su beneficio.

Por ejemplo, en el caso anterior, si ella es capaz de aceptar que su esposo necesita apoyo para cubrir algunos gastos del hogar, mostraría más apertura en cuanto a su exigencia de que todo lo económico recaiga en él, y entonces, también podría contribuir con algunos gastos como los servicios de la casa o las vacaciones.

Por otro lado, si él entiende que para su esposa es sumamente importante sentir el apoyo económico de su parte, tal vez pudiera modificar su propuesta, en cuanto a la cooperación económica, de un 50/50 a un 75/25. La idea central es que cuando uno deja de negar al otro y su creencia, considerando que pueda haber algo de cierta en ella, es más factible que la empatía pueda generarse, y dar así una primera pauta para un lenguaje común, propio y exclusivo de esta nueva pareja, borrando toda idea de injusticia en sus integrantes.

La relatividad de la justicia

Hace algún tiempo vi un documental en televisión sobre los ñus –una especie de antílope africano–. Cada verano, miles de ellos se ven forzados a cruzar el fatídico río Mara, en medio de las estepas del Serengueti, para buscar mejores tierras para alimentarse. Todo les iría bien si las aguas que tienen que atravesar no estuvieran infestadas de enormes cocodrilos hambrientos, esperando para devorarlos. Así que cuando los ñus se detienen a beber o cruzan el río, los cocodrilos se dan un festín. A este evento se le conoce como "La masacre de agosto".

¿Qué tiene que ver esto con mi relación? te preguntarás. Bueno, es sencillo, cuando las cosas no salen como nosotros lo deseamos o alguien hace o dice algo que nos ofende, la mayoría de las personas se abaten, se enojan y piensan que se está cometiendo una injusticia, entonces lo que hacen es buscar la justicia que creen merecer. Intentan hallar algo que repare de alguna manera el abuso que se está cometiendo en su contra. Y aquí aparece el cáncer más letal que aqueja comúnmente a una relación de pareja: la venganza.

Dependiendo de tu actitud ante ella aquí está el trago amargo o la luz en el camino: contrario a lo que han contado las historias heroicas a lo largo de los siglos, no existe un concepto universalmente aceptado de justicia, no hay una "justicia absoluta" porque esta varía de acuerdo al espectador. En el ejemplo anterior, para los cocodrilos es perfectamente justo devorar a los ñus, tienen hambre y deben alimentarse, así que lo hacen. Pero si tomamos en cuenta el punto de vista del ñu, lo que sucede es totalmente injusto, lo están matando sin ningún motivo. La pregunta pertinente en este caso es ¿quién tiene la razón?

En términos etimológicos, la palabra justicia proviene del vocablo latino *iustit a, ius* que significa derecho. Es decir, tiene que ver con la legitimidad de cada persona a ser libre para pensar, actuar o expresarse como mejor crea para su conveniencia; este es un derecho inalienable del individuo. Recuerda lo que hemos dicho, la piedra angular en tu nueva manera de ver el mundo: lo que te hace enojarte con alguien o tomarte personal lo que los demás te dicen, no es precisamente lo que te dicen o hacen, es lo que tu mente cree que dicen o hacen, es decir, el significado que le otorgas.

Supongamos que tu pareja te dice que no irá contigo de compras como habían quedado; por lo regular, te centras en pensamientos como "de seguro prefiere hacer otra cosa que estar conmigo", que te llevan a creencias como "es un maldito egoísta", lo cual te genera una sensación de injusticia. Pero tus creencias no son hechos en sí, son solo una traducción personal, y la mayoría de las veces errónea, de una situación o acción determinada. Así que la siguiente vez que pienses que lo que te hizo otra persona es injusto, tal vez querrás detenerte a reflexionar sobre el significado que le estás dando a la palabra, y te de darás cuenta de que tu opinión no necesariamente es cierta, ni universal.

Comprender que nuestra percepción no es la misma que la que tienen los demás del mismo asunto, es un gran primer paso para generar una comunicación asertiva en una relación. Esto va a propiciar que nuestra mente se libere y acepte que los demás hacen lo que hacen no por maldad (al menos por lo regular no es así), sino porque piensan o creen que es lo correcto. Cada persona tiene motivaciones producto de su historia, sus convicciones e, incluso, de sus propias necedades, pero esto no quiere decir que sean seres injustos.

Resumiendo

Llevar actitudes nocivas hasta las últimas consecuencias, pasando por encima de la pareja por creer "tener la razón", es sinónimo de intransigencia y evita establecer un *puente* en la relación. Recuerda que gran parte de los problemas de comunicación con la pareja se deben a que aplicamos las mismas formas de expresarnos que nuestros fantasmas, es decir, que nuestros padres. Por ello, debes estar muy atento para identificar cuándo estás utilizando únicamente el lenguaje de tu hogar parental, y no tratando de comunicarte en esta nueva relación: **lo que te enseñaron no es ley absoluta.** No te engañes, la **Justicia** no existe, cada persona tiene su propia concepción de lo que es justo y es una pérdida de energía y causa de sufrimiento creer que lo que tú piensas que es justo, también lo es para tu pareja. Los pensamientos automáticos de injusticia dentro de una relación de pareja te llevarán a la revancha, con la que probablemente terminarás perdiendo más de lo que ganas.

EL SÍNDROME DEL ALMA INCOMPLETA

"Aprendemos a amar no cuando encontramos a la persona perfecta, sino cuando llegamos a ver de manera perfecta a una persona imperfecta".

SAM KEEN

Cuando le preguntaron al poeta portugués Fernando Pessoa qué era amar a otra persona, este respondió: "Nunca amamos a nadie: amamos, solo, la idea que tenemos de alguien. Lo que amamos es un concepto nuestro, es decir, de nosotros mismos". Esta contundente frase encierra una gran claridad acerca de la naturaleza errónea de la creencia de que para amar a alguien debe ser nuestro complemento, nuestra media naranja o el *yin* para nuestro *yang*.

Pessoa expone de manera muy clara el hecho de que el concepto que se empieza a gestar en las personas al conocer a alguien que les ha llamado la atención, y de quien empiezan a enamorarse, es un reflejo absoluto de ellas mismas. Algunas teorías –entre las que destaca la psicoanalítica– sostienen que, de hecho, cuando la gente se enamora lo hace de sí misma, debido a que buscan, crean y, por tanto, ven en el otro la materialización de sus anhelos y expectativas. Es como si el amante fuera un espejo, el cual devolviera la imagen propia pero, de una manera magnificada y, casi siempre, distorsionada. Esto es lo que se conoce como *idealización*.

¿Cuántas veces te ha sorprendido escuchar a las personas decir que están esperando a su otra mitad, como si ellos fueran algo que está inacabado? Tal vez tú mismo lo has dicho o crees en ello. Pero ¿no sería un poco más saludable encontrar a alguien completo que solo a la mitad? O ¿no sería mucho mejor aún si esa persona completa, al llegar a nosotros, encuentre a un ser absolutamente congruente consigo mismo que no necesite de nadie que lo complemente? Recuerda que el bienestar emocional se capta de inmediato y es ahí cuando la persona nos resulta seductora.

Lo realmente sorprendente es la manera en la que nos enfocamos, incluso con desespero, en la búsqueda de la pareja ideal, de nuestra "alma gemela", cuando lo verdaderamente importante sería convertirnos nosotros mismos en aquello que deseamos encontrar. Aquí es tal vez en donde radica la confusión más arraigada en la búsqueda del amor: poner nuestra esperanza en que el otro nos complemente; en lugar de aceptarnos, reconocernos, saber quiénes somos y mantener el equilibrio íntimo para estar en la sintonía adecuada para recibir, y no forzar, un encuentro con la primera persona que se nos ponga enfrente.

Solemos andar por la vida manifestándonos como medias naranjas, esperando que cuando llegue la contraparte finalmente estaremos completos y ¡vaya equivocación tan letal! La media naranja no existe, eso es algo que nos enseñaron equivocadamente; la verdad es que todos, al momento de nacer, somos seres completos y ninguna persona que comparta nuestra vida merece llevar a cuestas la responsabilidad de completar lo que nos falta, esa es tarea exclusivamente personal.

En el momento en el que verdaderamente te decidas a entender lo anterior, a superar el mito de que solo "tu alma gemela" será la que te llene de entereza y valor, podrás empezar a liberarte del síndrome del alma incompleta. Entenderás que es mejor tener a tu lado a un alma afín, y casi sin darte cuenta, comenzarás a ocuparte de ti y a hacerte responsable de tu propia vida, lo cual te hará más atractiva a las demás personas; este es el camino que te pondrá en las vías del amor. Recuerda que nadie puede dar lo que no tiene, y que si surgen dudas con respecto a esta "alma gemela", eso siempre será el primer aviso del inminente hundimiento de la nave.

Identificando el síndrome

Clínicamente se sabe que un síndrome es un conjunto de síntomas, que no son más que señales subjetivas que varían entre persona y persona, que a su vez están conformadas de otras, también físicas, claramente distinguibles, es decir, los signos. Al unirse establecen una característica peculiar que nos permite identificar un comportamiento específico, lo que viene siendo el síndrome. Por ejemplo, el síndrome de Asperger –una forma leve de autismo– presenta primero signos como dificultades en el habla, en el contacto visual y torpeza corporal. Este conjunto de signos forma el síntoma, en este caso, la incapacidad de responder emocionalmente a la interacción social o no reconocer la empatía de los demás, dando lugar al síndrome en sí. Así es como he llamado a la búsqueda del "alma gemela" el *síndrome del alma incompleta,* porque presenta signos y síntomas muy claros y recurrentes que permiten identificar con cierta claridad cuando una persona lo presenta.

Lo más común es que las personas busquen esta "alma gemela" con tal desespero que se olvidan de ellas mismas; creen erróneamente que el hecho de hallar a ese ser los hará felices y dejan de lado el control de su vida, sus estados de ánimo y su felicidad. Hay algunos signos y síntomas de este síndrome que aparecen de manera recurrente, tal vez reconozcas o hayas caído en alguno de ellos:

- Crees que en algún lugar del mundo hay una **sola** persona esperando por ti y que ella está haciendo lo mismo.

- Esa persona es **perfecta** y no podrías ser feliz con nadie más.
- Le pones **especial atención** a cuestiones como el destino, signos del zodíaco o cuestiones astrales.
- Crees que cuando llegue esa persona a tu vida no tendrás que hacer **nada** para que esté contigo, porque ambos se reconocerán de inmediato.
- **Dejas pasar** oportunidades con posibles parejas porque no son "esa" persona.
- Cuando estén juntos, su amor y felicidad, durarán **para siempre** y triunfarán contra todas las adversidades.
- No importa si no comparten cultura, idioma, creencias, religión o historia de vida, como están "destinados", todo eso saldrá sobrando ya que **su amor lo puede todo**.
- Mientras esa persona no aparezca, tu felicidad es, en el mejor de los casos, **limitada**.

El problema no reside en pensar de manera romántica de vez en cuando –finalmente a todos nos atrae la idea de que hay un ser especial aguardando por nosotros–, sino en vivir tu día a día determinado por estas creencias y dejar pasar oportunidades de felicidad en el presente.

¿Para qué te sirve saber lo anterior? Si acaso lograste identificar estas señales en ti, tal vez sea momento de que hagas una pausa en el camino y reflexiones acerca de si esta serie de ideas te han impedido involucrarte en una relación de manera adecuada, es decir, si durante tus relaciones previas ha habido un autosabotaje del tipo: "Ella no debe ser mi 'alma gemela' porque solemos pelear o tener puntos de vista distintos" "No debo estar con él porque no compartimos todo como deben hacerlo las almas gemelas"… estás en problemas. El derecho de cada quien es pensar y actuar libremente de acuerdo a sus propias convicciones, lo cual incluye a esa pareja a la que le has puesto rótulos de cómo debería ser; no tomar esto en cuenta implica correr el riesgo de equivocarte o, peor aún, ver algo en donde no lo hay, y si tú crees que puedes controlar esto, es decir, lograr que el otro piense o actúe como lo deseas, siempre te va a decepcionar el resultado. Intentar obviar las diferencias personales para que esa persona encaje en tus ideas preconcebidas es anular la posibilidad de concebir una relación madura. Recuerda que si bien encontrarás cosas que compartas con tu posible pareja, como ideas, perspectivas o sentimientos, habrá también diferencias marcadas entre la manera de pensar, sentir y de conducirse ante la vida. Es importante reconocer cuando las afinidades son más importantes que las diferencias, y saber cuándo hay que apostarle o no a una posible relación.

Los opuestos se atraen, pero no siempre funcionan

¿Qué tienen en común Romeo y Julieta, Tristán e Isolda y Hero y Leandro? Todos fueron amantes que enfrentaban oposiciones ante su relación; en los primeros las familias se odiaban; en los segundos había diferentes clases sociales, y en lo últimos, un amor prohibido. Y todos compartieron también un final trágico en sus historias. La literatura y la mitología ofrecen una variedad de ejemplos en donde el pasaje del amor se ve entorpecido por eventos previsibles a los ojos de los demás, pero no para los enamorados y, en ocasiones, arroja resultados funestos para los amantes que pasan por alto elementos vitales de falta de afinidad en la pareja.

Pese a lo que quieran creer los románticos a ultranza, es indudable que los opuestos no necesariamente se atraen, o si lo hacen, es bastante complicado que esas atracciones puedan prosperar. En general, ese tipo de relaciones se basan en lo sexual, y si se tiene suerte, trascienden a lo erótico, pero difícilmente tendrán el material para consolidar una relación estable. O en el peor de los casos, se obliga a que, pese a todas las señales de que algo no anda bien al inicio de la relación, se llegue a una etapa de compromiso que, con el tiempo, conllevará consecuencias dolorosas.

La segunda y la tercera causas de una ruptura de pareja, después de la infidelidad, son la incompatibilidad y la inmadurez de uno o ambos integrantes. Las dos últimas se destacan básicamente en relaciones en las que la pareja es diametralmente opuesta en cuanto a características que se requieren para construir un vínculo amoroso sólido. Y no me refiero a las diferencias naturales que se presentan entre dos personas que han decidido adentrarse en una relación como son los sentimientos, pensamientos o cuestiones físicas; me refiero a características que tienen un peso determinante en el éxito o fracaso de una relación. Hablo de aspectos como la historia familiar, el nivel socioeconómico, el nivel cultural, los intereses inmediatos y la personalidad. No incluyo las expectativas a futuro porque, como veremos más adelante, estas se pueden ir construyendo con el paso de la relación, si es que la misma ha empezado de una manera asertiva. Un ejemplo de esto:

Hace algún tiempo un amigo, por el cual siento un gran cariño, me contaba quejumbroso sus malas experiencias en el amor (por cierto, se trataba del mismo amigo que mencioné antes y que hizo alusión a que mi divorcio debía sentirse como un fracaso… seguía sin aprender). Entre una mirada melancólica y un suspiro desgarrador, hacía referencia a su última pérdida: una bella y poderosa mujer dedicada a la política y encumbrada en uno de los círculos más altos del país. Mi amigo —que es actor de televisión y cuenta con un físico envidiable— se quejaba diciendo que la mala suerte siempre lo acompañaba, ya que invariablemente terminaba con mujeres que poco tenían que ver con él, salvo por la atracción física. Debo aclarar

que, si bien él tiene trabajo constante, no goza de
económica y social desahogada, por lo que sus gu̲̲
de vida son más bien frugales. "Primero fue la hija del empr̲̲
sario maderero, luego la sexy estrella de televisión y ahora esta.
Todas quieren lo mismo: poder, dinero, fama. Empiezo a creer
que las clases sociales existen", me dijo. Me dieron ganas de
gritarle: ¡Desde luego que existen y particularmente en el amor!
Evidentemente las diferencias, aunque de entrada pueden resultar atractivas, **no van a dejar de ser diferencias**. Pero más allá
de si se trata de clases sociales o no, la queja de mi amigo surgió de una obviedad que pasamos por alto en la búsqueda de
pareja: los opuestos aunque se atraigan, rara vez se consolidan.
Y una vez más, el ideal de "alma gemela" juega un papel preponderante para forzar una relación y ver posibilidades en donde no
las hay. Nos empeñamos en encontrar la cuadratura al círculo, en
el mejor de los casos. El problema radica en la construcción que
hacemos acerca del concepto de "alma gemela".

¿Existe el alma gemela?

Mi respuesta es sí. Soy un pleno convencido de que no hay una,
sino varias "almas gemelas" aguardando por nosotros en distintas etapas de la vida; sin embargo, dentro de esta consideración
dejo de lado todos los ideales románticos y las creencias color
de rosa que han influido para hacer de nuestra búsqueda de
un compañero, una lucha perdida por alcanzar la perfección.
Considero que esas "almas gemelas" deberían recibir el nombre
mucho más adecuado de **almas afines** porque es esta peculia-
ridad la que permite unirnos a un nivel más íntimo y enrique-
cedor con el otro. También dudo que esa afinidad se dé por sí
sola y como por arte de magia, ya que la cercanía a un nivel tan
profundo se verá permeada por lo que somos, lo que estamos

dispuestos a dar y lo que estamos dispuestos a aceptar, es decir, por el equilibrio que como persona tengamos, y como veíamos antes, la empatía juega un papel fundamental.

Para entender esto hay que atreverse a cambiar paradigmas. Anteriormente comenté acerca de lo complicado que es tener ideas y creencias inflexibles acerca de cómo tendría que ser tu "alma gemela", porque lo más probable es que esté muy lejos de esos ideales. Lo más seguro es que sean absolutamente imperfectas, que es, irónicamente, en donde radica su perfección. Y es que deben de ser imperfectas para que encajen con nuestra imperfección, ya que de otra manera difícilmente podríamos generar una dinámica de relación e intercambio positivo.

Por otro lado, hay un punto que debes tener en cuenta antes de lanzarte desbocadamente en la búsqueda de tu "alma gemela" y es que toda cercanía entre dos personas ocurre por un sencillo mecanismo: la afinidad. La afinidad es la atracción que se da entre las personas, mediante la cual descubren que tienen rasgos, ideas o intereses en común. En el caso de dos personas que se sienten atraídas para formar una pareja, las afinidades determinarán, con gran precisión, el éxito o fracaso de la incipiente relación. Existen numerosas maneras en las que se manifiesta la afinidad en pareja, pero todas se engloban básicamente en tres grandes rubros: la atracción física, la atracción intelectual y, desde luego, la atracción emocional.

La **atracción física** se da entre dos personas que se observan y descubren un magnetismo que las mueve a tener encuentros más cercanos, y compartir la mayor cantidad de momentos juntos; sin embargo, y pese a lo impactante que resulta esta experiencia, este tipo de afinidad es por lo general corta e inestable, por lo que basar la búsqueda de tu alma gemela solo en ella resulta cuestionable. Por su parte, la **atracción intelectual** genera un acercamiento nutrido por un intercambio de conocimientos, pensamientos y puntos de vista, que en algunos casos, pueden ser complementarios pero, y pese a que esta afinidad tiene suelo más firme del cual partir, aún deja espacios que se van haciendo mayores con el paso del tiempo, espacios vacíos en la relación. Por eso es necesario que se complementen las tres: física, intelectual y emocional.

La atracción física e intelectual con nuestra "alma gemela" no son suficientes por sí mismas, es momento de poner especial atención al tercer componente de la fórmula: la **emocional**. Esta se empieza a generar cuando cada una de las partes tiene claridad de lo que desea obtener en la vida, de sus objetivos y sus metas, del conocimiento de sí mismo y de la apertura para entender a su pareja, para compartir con ella las cosas importantes de la vida. Esta individualidad crea una similitud emocional que va a ocupar los espacios dejados por la afinidad física e intelectual, ya que se basará en principios y compromisos más fieles y profundos. Mientras se recorre el camino hacia la atracción emocional, la pareja puede apoyarse en lo físico y en lo intelectual, pero con plena conciencia de que son escalones que llevan a obtener raíces más profundas en el amor dentro de la relación de pareja.

Resumiendo

El "alma gemela" es un concepto equivocado porque surge de una carencia personal, por lo que su búsqueda es bastante dudosa. En cambio, el *alma afín* es aquella que en verdad llena de regocijo porque su encuentro es producto de una aceptación adecuada de ti mismo. Pon atención si presentas algunos de los síntomas de esa búsqueda inútil y trata de convertirla en la persecución de algo más real. Recuerda que por más que te atraiga una persona diametralmente opuesta a ti y creas que "su amor lo podrá todo", es muy posible que solo sea una trampa de la pasión. Las diferencias no dejarán de serlo solo porque las ignoremos; si realmente esa persona te apasiona, sigue adelante, disfruta y diviértete, pero con ojo avizor. Sí existe el "alma gemela" (*alma afín*), pero tiene que cumplir con los tres requisitos: afinidad física, intelectual y emocional. Cuando uno de ellos está ausente, no hay nada que hacer, aunque duela, sigue adelante.

Amor y cambio: una nueva actitud

*"Tu tarea no es buscar el amor, sino buscar y encontrar
todas las barreras que has construido en contra de él".*

Rumi

Casi hemos llegado al final de nuestro recorrido y espero que
algo de lo que hasta ahora has leído te haya dado luz en tu entendimiento del divorcio y el amor. Es momento de que abra-
mos de una patada la puerta de la inseguridad y acabemos a
golpes con el desconcierto que nos genera la nueva situación de
soltería en la que nos encontramos. Comencemos pues, a generar una nueva estrategia para retomar la confianza y avanzar directamente por el camino de la estabilidad y el bienestar que
nos hará receptivos a una nueva relación. Recuerda lo que hemos platicado en capítulos anteriores acerca de qué es lo que
necesitas para salir adelante y, en la medida de lo posible, aplicar el aprendizaje que te facilite llegar al cambio, ya que ello
es fundamental, así como empezar a tratar de solucionar tu
naciente situación con un paquete de herramientas basadas en
pensamientos, creencias y conductas renovadas.

Antes que nada debes tomar en cuenta que "estar dispuesto
para el amor" no garantiza *per se* que se vaya a dar. Sobre adver-
tencia no hay engaño. La gran paradoja de los seres humanos es
que a pesar de que están hechos para ser independientes necesitan de la sociabilidad y de compartir con otros seres humanos
gran parte de su cotidianidad, lo cual no entraña necesariamente que el desarrollo de esa sociabilidad sea productiva. Esta ne-

cesidad de compartir se magnifica en la búsqueda de la relación amorosa. Y he aquí que, de golpe, somos conscientes de la dificultad que entraña convertirse en el receptor de las aspiraciones románticas de otra persona, incluso cuando creemos estar en sintonía para ello, es decir, cuando nos disponemos a ser el "dador" de nuestro amor.

De cómo la oportunidad del cambio siempre te alcanza

La tarde era hermosa. El sol brillaba y pintaba las hojas de los árboles de innumerables tonos. Una pequeña de cinco años ayudaba a su padre a limpiar el jardín. En un determinado momento, la niña se detuvo y dirigiéndose al hombre, que no se cansaba de despotricar y quejarse por lo arduo del trabajo, le dijo muy seria:

Papá, quiero hablar contigo.

¿Sí Nikki?

Papá, ¿te acuerdas de antes de que cumpliera cinco años? Desde los tres hasta los cinco años era una llorona. Lloraba todos los días. El día que cumplí cinco años, decidí que no lloraría más. Es lo más difícil que he hecho en mi vida. Y si yo pude dejar de lloriquear, tú puedes dejar de ser un cascarrabias.[1]

El hombre era el doctor Martin E. P. Seligman. Acababa de cumplir cincuenta años y, hasta ese momento de su vida, pese

---

[1] Esta pequeña y conmovedora anécdota de la vida real, es narrada en primera persona por Martin Seligman en el capítulo dos de su libro *La auténtica felicidad*.

a gozar de fama en el mundo científico –específicamente en el campo de la Psicología– había desperdiciado gran parte de la misma siendo un pesimista y –como bien lo describió su hija– un cascarrabias. Sin embargo, a raíz esa pequeña charla, Seligman cambió por completo, como él mismo lo describe:

> "Aquello fue una revelación para mí. Nikki había dado en el clavo con respecto a mi propia vida. Era un cascarrabias [...] probablemente toda la suerte que había tenido no se debía al hecho de ser un cascarrabias, sino que la había tenido *a pesar de ello*.[2] En aquél instante decidí cambiar".

¿Por qué es importante que te cuente esto? Bueno, por sí mismo tiene valor, al menos emotivo, pero probablemente todos los días ocurren cientos de historias como esta en el mundo, ya que la empatía y la perspicacia de los niños son asombrosas; sin embargo, en este caso lo remarcable es a quién le sucedió. Como vimos al final de la primera parte del libro, Martin Seligman es nada más y nada menos que el artífice de la moderna psicología positiva, una nueva rama de la psicología que a partir de la última década ha revolucionado la manera de pensar de los individuos. A Seligman se le compara ya al nivel de Sigmund Freud o Aaron T. Beck, pilares indiscutibles en el campo de la mente y la conducta humana. Y todo esto ocurrió a partir de esta pequeña conversación con su hija de cinco años.

La premisa de la psicología positiva es que la persona conozca las fortalezas con las que cuenta y trabaje en ellas para ser capaz de obtener la mayor plenitud en su vida. Ya antes vimos las 24 fortalezas de las que habla la psicología positiva, así como el cuestionario que usa el doctor Seligman para identificarlas en cada persona. Ahora quiero hacer hincapié en 10 de esas forta-

---

[2] Las cursivas en la cita son de mi autoría.

lezas que considero debes de conocer y trabajar para elevar tu capacidad de amar y estar en pareja. En la medida en que puedas identificar si se encuentran dentro de ti o necesitas construirlas con trabajo diario, creo que estarás mucho más preparado para comenzar una nueva relación, con una visión renovada de tu existencia.

Para esto es necesario que te animes y te dispongas a cambiar. Muchas veces las personas no cambiamos porque creemos que el tiempo se ha agotado, que el marcador está en nuestra contra a estas alturas del partido de la vida y nos conformamos con vivir, lo que nos queda, como hasta ese momento lo hemos hecho. Pero esta es una equivocación; la historia está repleta de hombres y mujeres que en las postrimerías de su existencia decidieron cambiar y llenaron sus años restantes de felicidad y gozo. Por ejemplo, Martin Seligman contaba con cincuenta años cuando vivió la experiencia con su pequeña hija y decidió cambiar; no le importó estar más allá de la mitad de su vida y ha pasado los últimos veinte años cimbrando el pensamiento de muchas personas en el mundo. Así que no hay excusas para el cambio, solo es cuestión de decisión. ¿Alguna vez te has puesto a pensar que has disfrutado de tu vida no por el hecho de ser como eres, sino más bien **a pesar** de ese hecho?

Las diez fortalezas

Ahora bien, de las 24 fortalezas que son necesarias potenciar en pos de una buena vida y plena, llena de cambio positivo, propuestas por el doctor Seligman, he hecho una selección de 10 de ellas que considero fundamentales en la búsqueda y permanencia del amor de pareja en nuestra vida, y con las que lograrás encontrar, entender y disfrutar del amor, en una relación sana. Esto no quiere decir que el resto no sean importantes o no influyan en ello, pero desde mi punto de vista, estas se relacionan directamente: autocontrol, inteligencia emocional, bondad y generosidad, amar y dejarse amar, optimismo, trabajo en equipo, integridad, perdón y clemencia, gratitud y sentido del humor. Recuerda que estas fortalezas no se encuentran *per se* dentro de uno mismo, sino que es a nosotros a quien compete elegirlas y trabajarlas personalmente.

Autocontrol

En esencia, el autocontrol se basa en qué tanto eres capaz de **asignar la importancia adecuada a un hecho en vez de exagerarlo**; esta es, probablemente, una de las fortalezas más buscadas por las personas, pero también una de las más esquivas. El autocontrol es difícil de obtener porque requiere de un conocimiento profundo de nosotros mismos y de la aplicación de una disciplina constante, ambas cuestiones complicadas de desarrollar. Por lo regular, cuando este se pierde, se debe, por un lado, al hecho de darle a ciertos asuntos en nuestra vida, un mayor valor del que en realidad tienen, y por el otro, a no tener claridad en lo que se desea obtener. Una persona con autocontrol sabe que puede posponer la gratificación de algo o retrasar sus respuestas emocionales ante un hecho, y así usarlo para sacar mayor provecho del mismo, postergando un beneficio inmediato.

Para acceder a esta fortaleza es fundamental el control de tus impulsos; actuar por impulso es uno de los errores más grandes en los que cae una persona. Esto lo saben perfectamente bien las grandes tiendas que, por lo general, colocan los artículos de tercera necesidad en o cerca de las cajas de cobro para que en un impulso, el cliente gaste su dinero en objetos que realmente no necesita. El impulso es inconsciente y nace de la emoción.

Cuando se dispara, solamente reaccionas, es decir, respondes al estímulo guiado por la emoción; el 90% de las veces te equivocarás. Esto es así porque de esta reacción obtienes un placer momentáneo (un ejemplo muy común es cuando un miembro de la pareja usa a sus hijos como arma en contra del excónyuge), sin embargo, una vez pasado ese momento fugaz, caerás en la cuenta de que la sensación permanente no es tan placentera y –peor aún– las consecuencias que tendrás que enfrentar suelen no ser gratas.

Una técnica que funciona muy bien para fortalecer el autocontrol es la respiración y el conteo. Consiste en, justo un momento antes de reaccionar, hacer tres respiraciones largas y profundas contando en voz alta de diez a cero. Mientras esto ocurre, pregúntate si lo que estás a punto de decir o de hacer no terminará perjudicándote más de lo que te ayudará. Si tras contar hasta cero, aún sientes la necesidad de explotar, entonces adelante, pero no antes de completar el conteo. Es importante que respires y te tomes 10 segundos antes de ceder a la reacción incontrolada de la emoción. No bromeo, la siguiente vez que sientas que estás a punto de responder a una situación impulsivamente, haz el conteo en voz alta mientras respiras entre cada número, te aseguro que funcionará.

Cuando el autocontrol no se ejerce –por ejemplo en la persecución del amor– se debe a que muchas veces las personas nos obsesionamos con encontrar el "objeto" de nuestro amor, entonces no podemos postergar la búsqueda y, por tanto, no trabajamos con nosotros mismos ni aceptamos el bienestar que otorga la soledad. En pocas palabras, no nos conocemos, así que no sabemos qué hacer; por tanto, lo más común es caer en relaciones con personas que simplemente no nos convienen. Ejercer el autocontrol es conocerte y saber que lo que tienes está aquí, ahora y dentro de ti.

Inteligencia emocional

De unos años a la fecha, el término inteligencia emocional (IE) ha estado presente –de distintas formas– en la vida de las personas, pero desafortunadamente la mayoría da por hecho que sabe a qué se refiere y no suele ponerla en práctica. A pesar de que desde mucho tiempo atrás se conocían los beneficios de la IE, no fue sino hasta 1995 con el libro *La inteligencia emocional* de Daniel Goleman, que el término se popularizó por todo el planeta. Si bien el libro de Goleman no es tan fácil de leer como lo sugieren los altos índices de venta y su traducción a más de 50 idiomas, sí arroja una luz esclarecedora acerca de la habilidad –poco común– que presentan ciertos individuos que triunfan en muchos más aspectos de su vida, que las personas que no la tienen.

La IE no tiene que ver, al menos de manera directa, con el cociente intelectual. Hoy es bien sabido que la IE es **lo que mejor predice el éxito futuro y la felicidad de una persona.** Poco a poco, a través de los años, empezó a descubrirse que los adultos que tenían mayores victorias en el plano profesional y personal, no eran aquellos que de niños tenían las calificaciones más elevadas, sino aquellos que mejor se entendían a sí mismos y, por tanto, también con las demás personas, interesándose genuinamente por ellas, lo que les permitía construir un círculo social amplio y efectivo, a su beneficio. La IE provoca ser asertivos a la hora de elegir quienes nos convienen y quienes no: social, emocional, afectiva o financieramente.

Por ejemplo, ¿cuántos de nosotros tuvimos compañeros en la escuela que eran, aparentemente, mucho menos capaces de obtener buenas notas que otros considerados más "inteligentes"? ¿Cuántas veces escuchamos a los maestros quejarse acerca del "futuro poco prometedor" de ese alumno? Y resulta que con el tiempo, ese chico o chica se volvió un personaje exitoso en el ámbito –poco convencional por lo regular– en el que decidió desempeñarse; y no solo logró triunfar en el plano profesional, sino que también lo hizo en la percepción de su propia felicidad (el gran triunfo de las personas emocionalmente inteligentes está en el interior: en su percepción adecuada y equilibrada de que su situación es la que es y están en paz con ello) y en la satisfacción con la vida, entonces ¿por qué falló la predicción?

La respuesta es porque, por un lado, alcanzar nuestras metas no depende en su totalidad del intelecto, sino que es el resultado de características emocionales y sociales que se entienden y se perfeccionan, mientras que por el otro, gran parte de dicho éxito se basa en el resultado que da la fusión de dos conceptos poco conocidos por la mayoría de las personas: la *inteligencia personal* y la *inteligencia social*. La primera se refiere a la capacidad de acceder a los propios sentimientos y usar el conocimiento de los mismos para entender nuestro comportamiento; mientras que con la segunda, uno se vuelve consciente de los sentimientos y las motivaciones de las demás personas, de manera que sabe cómo actuar y responder ante ellas. La unión de estas dos fuerzas es lo que Goleman llamó *inteligencia emocional*.

En tanto seas capaz de conocer tus sentimientos podrás utilizarlos como mejor te convengan. En el caso del amor, mientras más conozcas tus propias emociones, mejor trabajo podrás hacer con los demás, te será más fácil acceder a la operación que separa el principio del placer (lo que deseo), del principio de realidad (lo que me conviene). Esto es una enseñanza fundamental para evitar el sufrimiento; ser capaz de acceder a las motivaciones de por qué los demás hacen lo que hacen te hará empatizar con ellos, convirtiéndose en un conocimiento vital para una sana relación y evitar los malos entendidos.

Bondad y generosidad

Actualmente, y cada vez más, las neurociencias ponen de manifiesto que las personas –pese a lo que se crea– tienen una elevada tendencia innata hacia procurar el bien de los demás. También señalan que el acto de ser generoso, como dar su tiempo, ideas o dinero, alarga la vida de las personas. Uno de los estudios más recientes y completos al respecto lo realizó la doctora Elizabeth W. Dunn de la Universidad de British Columbia;[3] en un experimento realizado con 301 voluntarios, la doctora Dunn pudo determinar, con un alto grado de exactitud, que los actos generosos (en este caso dar dinero) causaron que los individuos se tornaran significativamente más felices, en un lapso mucho más corto, que las personas que no lo realizaron; esto señala que hay un estrecho vínculo entre los actos bondadosos, la generosidad y la felicidad.

La bondad y ser generoso se refieren a la frecuencia con que te tomas los intereses de otro ser humano tan en serio como los tuyos, **qué tanto valor le concedes al otro.** En el caso del amor, en la medida en que seas capaz de otorgar una importancia real a los intereses de tu pareja, darás un paso hacia la retroalimentación afectiva de manera eficaz. Cuando consigues entrar a esta dimensión se puede decir que lograste crear el vínculo hacia el amor desinteresado, lo que los griegos llamaban *ágape,*[4]

---

[3] La doctora Dunn y sus colegas también hicieron hincapié en que los resultados arrojados ponen en evidencia que no importa cuánto dinero se dé sino **cómo** se dé, es decir, que lo más gratificante para la persona no reside en la cantidad sino en tener la seguridad de que ha hecho la elección correcta al emplearlo. Estos resultados aparecen en Aknin, L.B., Dunn, E.W., Grant, A.M. y Norton, M.I. Making a difference matters: impact unlocks the emotional benefits of charitable giving. *Journal of Economic Behavior and Organization.* 2012.

[4] De acuerdo a la visión griega del amor, este está formado por tres aspectos que, en conjunto, lo crean: *eros, philia* y *ágape. Eros* se refiere a la pasión desbordada y carnal; *philia* es la relación amistosa y de complicidad con el

que es el nombre con el que los griegos conocían al amor compasivo y desinteresado por la pareja.

En esta fortaleza la empatía juega un papel fundamental ya que, como vimos antes, esto no se trata solo de "ponerse en los zapatos del otro", sino de abrirse a la capacidad de entender tanto las motivaciones como los sentimientos de los demás, para comprender su conducta. A través de esta fortaleza nos relacionamos con nuestra pareja guiados por el beneficio ajeno, al punto de que se anulan nuestros propios deseos y necesidades inmediatas; sin embargo, esto no implica un sacrificio porque en este caso siempre hay una recompensa, a diferencia del sacrificio "por amor", en donde solo una de las partes sale realmente beneficiada.

A partir de 2005, la activista norteamericana Jessica Jackley cobró notoriedad cuando afirmó que, en muchos de los casos, nos comportamos generosamente no por el hecho de estar convencidos, sino porque secretamente esperamos que nuestras buenas acciones nos sean retribuidas. Durante sus conferencias en la cruzada que emprendió para ayudar a los más necesitados, particularmente la que realizó en el foro TED[5] de Oxford, Inglaterra en 2010, logró que las personas se dieran cuenta de que gran parte de las cosas buenas que hacemos no surgen de manera desinteresada, sino que son motivadas por la obtención de un beneficio personal. Jackley se refería, en específico, a que dar

---

compañero mientras que *ágape* habla acerca del amor desprendido hacia el otro, en donde sus intereses, por el simple hecho de existir, me regocijan.

[5] TED (cuyas siglas significan Tecnología, Entretenimiento, Diseño) es una organización cuya tarea es transmitir a la gente "ideas dignas de difundir" (el cual es su lema). Anualmente se realizan decenas de charlas en todo el mundo, más su congreso anual llamado TED *Conference*. Los temas que tocan incluyen un rango amplio de ciencia, arte, educación, cultura, negocios y entretenimiento, entre otros. Actualmente hay más de mil charlas TED disponibles en Internet para ser apreciadas por cualquier persona. Si te interesa, puedes ver estos videos en línea en www.ted.com.

En el sentido unidireccional puedes apreciar que hay un desequilibrio porque solo hay un ser que ama, mientras que el otro se deja amar, pero no hay reciprocidad; la relación va en un solo sentido. Seguramente has pasado alguna vez por algo así, ¿recuerdas cómo te sentiste? Esto se debe a que se confunde amar con sacrificarse: "No importa si él o ella no responde a lo que doy, yo seguiré entregando y entregando para siempre". Lo cierto es que esta fórmula te coloca peligrosamente cerca de la destrucción de tu dignidad y te impide poner límites a lo no permisible. Amar no es sacrificarse, sino regocijarse con el otro, y eso implica que la pareja responda.

En el sentido bidireccional puedes apreciar que ambos miembros entienden la dinámica de intercambio; así como hay dos amantes, también hay dos amados, y esta es la fórmula idónea para mantener esta fortaleza, es decir, la capacidad de fluctuar entre ambos roles: no siempre estás en "amado", así como no siempre estás en "amante". Con la llegada de una nueva relación es importante que estés atento a esta dinámica; ¿se da? ¡Excelente!, ¿no se da?, entonces tienes que replantear la situación, tanto para ti como para tu pareja.

Optimismo

Esperar a que ocurran hechos positivos y en ese convencimiento impulsarse para lograr que se produzcan, forma parte de esta fortaleza. Más aún, el optimismo funciona como un extraordinario planificador de proyectos futuros y contribuye a llenar de sentido del humor –otra fortaleza importante para una relación– el presente de nuestra vida. La manera en que el ser optimista influye en una relación de pareja es llenando de esperanza a sus miembros, es decir, los convence de que si se enfrentan a un problema, juntos serán capaces de encontrar una solución satisfactoria.

Es importante, sin embargo, recordar dos cosas: en primer lugar, no se debe confundir la esperanza del optimista con un *autolavado de cerebro,* en el que pasemos por alto hechos en la vida que son perjudiciales para el bienestar personal. Por ejemplo, el caso de una pareja en el que uno de los miembros agreda físicamente al otro, uno no se puede volver ciego y sordo ante esto con la falsa esperanza de que "algún día cambiará", porque tal vez lo haga o tal vez no, pero es responsabilidad de cada quien tomar medidas en el asunto. Quiero decir que el optimismo tampoco se basa en imposibles. Es incapaz de sostenerse por sí solo, pues va unido al trabajo constante de cada persona para obtenerlo.

Por otro lado, al igual que con la felicidad, el optimismo no se trata de un estado que se presente de forma permanente. Desde luego que hay fluctuaciones y enfrentará periodos de inconsistencia; esto es debido a que depende del esfuerzo constante de cada persona para potenciarlo y, en cierta medida, de los hechos de la vida. Sin embargo, recuerda una **forma de enfrentar la vida**. No se trata de mantenerte siempre "feliz", sino de desarrollar la fuerza para que cuando te ocurran situaciones difíciles, seas capaz de sobreponerte.

Las parejas optimistas son aquellas que no basan su relación en ideales sino que accionan en la realidad y, lo más importante, son aquellas que se comprometen con objetivos en común, no solo con los propios, esperando que sea el otro quien se adapte. Algo que tal vez te sirva como aliciente es que se ha demostrado que la actitud optimista tiende a alargar la vida de las personas, así como las relaciones en pareja. Una de las investigaciones más sobresalientes en el tema es la de los doctores Frank Finchman y Thomas Bradbury, quienes separadamente, y a lo largo de casi quince años, corroboraron en un gran número de parejas que una de las cosas que más resentían en su matrimonio era la actitud pesimista; era esta, más que otra cosa, lo que daba al traste con la relación, y consecuentemente, acortaba significativamente la vida de los integrantes;[6] esto resulta bastante lógico, ya que la gente que tiene objetivos en los que cree y está motivada a alcanzarlos, siente que su vida está llena de significado y desea que dure más para lograr cosas nuevas.

Trabajo en equipo

Mucho es lo que se ha escrito de este tema dentro de las empresas; sin embargo, y a pesar de que se da por hecho, en realidad hay poca claridad de lo que esto implica dentro de una pareja. Sucede que muchas de ellas dan por sentado que el hecho de casarse o vivir bajo el mismo techo los pondrá en automático en la categoría de "equipo", pero la realidad puede ser muy distinta. Lo cierto es que pueden compartir algunos rasgos en común, pero eso no significa que las personas trabajen juntas para obtener resultados que los beneficien a ambos. Es como si cada uno fuera un ser aislado que busca cosas diferentes y solo usan a la pareja para apoyarse en alguien.

El primer paso para formar un equipo es tener objetivos claros y compartidos, es decir, que ambos integrantes se muevan hacia la obtención de una meta, pero sin olvidarse en el proceso, de que son seres individuales y tendrán objetivos individuales que cumplir. El método idóneo es la coordinación para colaborar entre sí; funcionar como una base de apego seguro, y que la pareja sienta lo mismo, es esencial; recuerda que

---

[6] Estos resultados aparecen en Finchman, F. y Bradbury, T. The impact of attributions in marriage: a longitudinal analysis. *Journal of personality and social pshycology,* 53, 1987. Y en, Karney, B. Y Bradbury, T. Attributions in marriage: state or trait? A growth curve analysis. *Journal of personality and social pshychology,* 78, 2000.

una persona actuará de forma más asertiva cuando se siente apoyada, tanto por ella misma como por su cónyuge.

Dentro de esta fortaleza, algo indispensable es que ambos deben ser capaces de **compartir las responsabilidades y las recompensas en igual medida**. La flexibilidad, la disposición al cambio, saber escuchar y aceptar las propuestas que difieren con las propias, ayudarán a valorar los propósitos del equipo, es decir, del bien común.

Esto implica buscar el sí en lugar del no, sumar las habilidades y fortalezas de cada quien para hacer más sólido al equipo y tratar de lograr un ganar-ganar, lo que quiere decir que el trabajo y las resoluciones que se tomen estén a favor de ambos integrantes y que no solo beneficien a uno de ellos.

Integridad

La integridad de una persona se desarrolla básicamente en dos planos: las creencias y la conducta; asimismo, las creencias provocan las conductas. Dentro de las creencias, la integridad está ligada directamente con la autoestima. Una de las creencias equivocadas con referencia al amor es que solo si estás en pareja tienes un auténtico valor; este, además de ser un pensamiento erróneo, tiene la capacidad de ir en detrimento de tu autoestima y te hará creer que no puedes valerte por ti mismo. Pero recuerda que cada individuo tiene el "precio" intrínseco que le ha dado la naturaleza por el simple hecho de estar vivo, y ese valor está más allá de consideraciones determinadas por el exterior.

Una baja en la autoestima y un aumento en las creencias equivocadas conllevan a una conducta nociva; es aquí cuando puedes perder tu integridad estando en pareja. Si uno o los dos miembros tienen serias dificultades para establecer una interacción enriquecedora, el resultado será que se dañará la integridad del menos fortalecido. El "débil" asumirá que el otro es quien merece ser más feliz y entonces su conducta girará en torno a que la pareja se realice, a costa de la realización propia, y es así como se permiten faltas de respeto y agresiones.

¿Qué es lo que necesitas saber para potenciar esta fortaleza y pisar de forma segura en terreno escabroso? En primer lugar, recuerda que nadie está por encima de ti y que solo tú eres quien pone los límites de lo que deseas hacer o no; grábate que **el amor no lo justifica todo** y que cuando alguien atenta contra tu integridad, al nivel que sea, es porque hay una visión distorsionada de la relación. También es importante que mantengas la fidelidad a tu proyecto de vida personal estando en pareja; a la mayoría de las personas le resulta difícil de asimilar la idea de seguir con un plan de vida individual cuando se relacionan románticamente; creen que eso debe quedar a un lado porque ahora es más importante el proyecto en común; si bien esto es cierto en parte –como vimos en la fortaleza de trabajo en equipo– también es fundamental que recuerdes que la realización personal forma parte de los objetivos de la pareja, es decir, en la medida en que cada miembro tenga sus propios planes y los realice, podrá colaborar con el otro en la consecución del proyecto en común.

Si tu pareja te pide que dejes de lado tus planes de vida está terriblemente errado; podrá tratar de convencerte de que lo más importante es el objetivo común y que es lo único que importa, o tal vez intente venderte la idea de que entonces ¿para qué están en pareja?, pero no pierdas de vista que al elegirse mutuamente esto ya tendría que haberse considerado y acordado, y que si decidieron seguir adelante fue porque estaban convencidos de que podrían compaginar. Si no es así, es momento de hacer una pausa en el camino y replantearse la situación.

Una persona con integridad es alguien que tiene claro lo que es y lo que quiere, además de ser coherente con respecto a

268 ❦ VICENTE HERRERA-GAYOSSO

su conducta. Recuerda que la integridad es el último bastión de defensa que posees en contra de aquellos que pretenden, voluntariamente o no, pasar por encima de ti. No cedas ante la tentadora idea de que puedes dejarte de lado en favor del otro porque tarde o temprano, esto te pasará una factura muy grande. Si tu pareja te ama en verdad y está en el mismo canal que tú, será capaz de apoyarte y viceversa, porque recuerda que uno de los objetivos implícitos del amor es fomentar el crecimiento propio, ajeno y por ende, en conjunto.

Perdón y clemencia

En el último capítulo de la primera parte expuse de manera extensa por qué considero fundamental la práctica del perdón en la vida y en particular con respecto al amor de pareja, por lo que solo dedicaré unas breves palabras a la clemencia.

En la segunda ley de su libro, *Las 48 leyes del poder*, los autores Robert Greene y Joost Elffers cuentan la historia del emperador Sung que reinó en China en el año 959 antes de Cristo. Doce años después de haber ascendido al trono, el país seguía dividido en pequeños reinos y el emperador se vio en la necesidad de derrotar a cada uno de ellos de forma individual. Cuando venció a su más fiero enemigo llamado Ch'ien Shu, sus ministros le aconsejaron ejecutarlo de inmediato, ya que sabían de buena fuente que este seguía con planes de asesinarlo; sin embargo, Sung no solo le perdonó la vida a su rival, sino que lo colmó de honores, lo liberó y le entregó un paquete, el cual le pidió que abriera después de haber realizado la mitad de su viaje de regreso a su ciudad. Ch'ien Shu así lo hizo y se dio cuenta de que contenía toda la evidencia de su complot, supo pues, que a pesar de que el emperador sabía que aún intentaba hacerle daño, había decidido otorgarle su clemencia. Este acto tan generoso provocó que Ch'ien Shu se arrepintiera y se convirtiera en el súbdito más fiel a Sung por el resto de sus días.[7]

Esta fortaleza es una de las más básicas en la vida, particularmente en una relación amorosa, y es porque **la clemencia es la contraparte de la venganza**. Se trata de tomar los sentimientos de rabia, ira y frustración –que nos llevan a planear una venganza cuando creemos que hemos sido víctimas de una injusticia– y tornarlos en asistir, enseñar, corregir, consolar y prestar consejo a todo aquel que nos ha provocado la sed de revancha. Admito que es difícil y que requiere de un trabajo arduo, pero también he podido comprobar en carne propia que lograrlo otorga uno de los mayores placeres que se pueden experimentar.

Uno de los asesinos más eficaces del amor en pareja es la venganza; cuando consideramos que el otro ha hecho algo que creemos que es injusto, incluso cuando únicamente sospechamos que lo ha hecho sin tener pruebas contundentes al respecto, pasamos al "modo desquite" de manera casi automática. Sin embargo, y como lo podemos constatar en *El Conde de Montecristo*, de Alexandre Dumas, la venganza termina afectando más profundamente a quien la aplica que a quien la recibe. Y esto se debe a que no genera una sensación real de descanso en el alma y la mente del vengativo; al final queda siempre una sensación de amargura.

---

[7] Aunque el libro de Greene y Elffers está lleno de ejemplos maravillosos de la historia que ponen en relieve lecciones profundas de vida, particularmente no concuerdo con la tesis central acerca de que el poder es todo y hay que obtenerlo a costa de lo que sea. Pienso que sus ideas trastocan gran parte de las virtudes y fortalezas que nos definen como seres humanos capaces de trascender hacia una vida buena y llena de significado, además de interpretar superficialmente los conceptos de *El Arte de la Guerra* de Sun Tzu y *El príncipe* de Nicolás Maquiavelo. Sin embargo, acepto que es un trabajo muy extenso el que realizaron los autores y merecen reconocimiento por ello.

En cambio, la clemencia sí provoca un sentimiento de paz y sosiego porque se tiene la certeza de que se ha obrado de manera congruente, no con los actos de los demás, sino en el espíritu íntegro de uno. A diferencia del perdón, la clemencia necesita que la otra persona sea quien la reciba y se sepa depositario de nuestro acto porque es así como se corrobora la trascendencia de esta práctica. La clemencia es pues, asegurarse de que la otra persona sepa que sabemos lo que ha hecho, y aun así, hemos decidido no vengarnos y ser fieles a nosotros mismos.

Gratitud

No por nada la gratitud es una las piedras angulares de las tres grandes religiones del mundo (judaísmo, cristianismo e islam), así como también ha jugado un papel preponderante en la filosofía. Desde una perspectiva más científica, la gratitud está íntimamente ligada a un apego adecuado con el otro, ya que va de la mano con sentimientos de protección, aceptación y funciona como catalizador de aspectos tales como la disposición, el apoyo, la responsabilidad y el amor. Es decir, mostrar gratitud es un escalón importante para obtener relaciones plenas y satisfactorias.

Recientemente ha habido un gran interés en investigar la gratitud con respecto a las relaciones de pareja, y en cómo ayuda a facilitar el desarrollo de lazos cercanos con otra persona. En un estudio realizado con 50 matrimonios que llevaban casados un promedio de 20 años, investigadores de la Universidad de Carolina del Norte pudieron constatar, a lo largo de un período extenso de tiempo, que las parejas que se mostraban más agradecidas entre sí y que, sobre todo, se lo demostraban al cónyuge, tenían menos problemas, eran más capaces de solucionar conflictos, peleaban en mucho menor medida y eran, en términos generales, más felices en su relación, que los matrimonios que no lo hacían.[8]

¿Esto qué quiere decir? En esencia es simple: **a la gente le gusta sentir que lo que hace por alguien es apreciado**; y si es apreciado por la persona que ama y está a su lado es mucho mejor. Cuando estamos en pareja, particularmente cuando la relación lleva ya algún tiempo, es asombrosamente fácil dar por sentado que lo que el otro hace por mí es su obligación, en lugar de su elección; sin embargo, esto no es necesariamente así, ya que las cosas que se hacen por la pareja, cuando se realizan por convicción personal, van cargadas de generosidad y amor, en lugar de las que se hacen por obligación. Una de las maneras más eficaces de evitar que los actos hacia la pareja se vuelvan imposiciones ("debes atenderme", "debes mantenerme", etc.), es mostrar gratitud. Dar las gracias por lo que se hace para nosotros, por mínimo que sea, es una fórmula muy buena para mantener un equilibrio adecuado y una vida en pareja satisfactoria.

Al igual que lo hago con el perdón, suelo pedir a mis jóvenes estudiantes que redacten una carta de gratitud hacia alguna persona que les haya influido en la vida, de tal suerte que consideren que hubo un cambio en su actitud posterior a eso. Los resultados son asombrosos porque detonan una fortaleza liberadora e increíblemente satisfactoria. Este ejemplo tal vez te pueda motivar a hacer algo similar en tu relación; no importa si tienes muchas cosas que agradecer o no, tampoco influye si son grandes hechos o pequeños detalles diarios, lo que cuenta es que ambos se sientan apreciados en su compromiso con el

---

[8] Los resultados de este estudio aparecen en Cameron, L.G., Robyn, A y Smith, R. Have you thanked your spouse today?: Felt and expressed gratitude among married couples. *Personality and Individual Differences,* Vol. 50, Núm. 3. Febrero 2011.

otro. Finalmente, ¿qué mejor inversión hay que algo que te da mucho a cambio y no te cuesta nada?

Sentido del humor

He dejado para el final la fortaleza que tiene que ver con el sentido del humor por una sencilla razón: soy un absoluto convencido de que los seres humanos tendríamos que desarrollar aún más la capacidad de reírnos, en particular, de nosotros mismos, para hacer de nuestras relaciones y de nuestras vidas algo más satisfactorio y pleno.

En pareja, potenciar el sentido del humor y la capacidad de reírnos es pieza clave del juego amoroso y en especial, del erótico. A través del tiempo, las parejas que ríen y hacen bromas y que tienen la capacidad de no tomarse tan en serio a ellos mismos y sus problemas, forman relaciones más duraderas. Lo cierto es que al elegir pareja el sentido del humor es uno de los tres rasgos más buscados y apreciados (los otros dos son el compromiso y el erotismo). Numerosos estudios demuestran que algo que no puede tolerar un hombre o una mujer cuando conoce a alguien por quien se interesa románticamente, es que no tenga esta fortaleza. Es cierto que el lenguaje de cada uno es diferente, por ejemplo, las mujeres aprecian el sentido del humor de su compañero en todos los sentidos y en todas las situaciones, mientras que los hombres lo relacionan con respecto a ellos mismos. Tal vez se debe a que los hombres somos más egoístas y pensamos que la atención de nuestra compañera gira en torno a nuestro sentido del humor exclusivamente: "Se ríe gracias a mí". Pero a pesar de estas diferencias, la base subyacente es la misma: nos gusta estar con quien la pasamos bien.[9] Por otro lado, tener sentido del humor funciona como un especie de grifo que nos protege al dar salida a las tensiones y preocupaciones, además de que nos permite relajarnos.

Según la psicología positiva, los seres con los que más reímos son a quienes más amamos y viceversa. Para muestra un botón: observa detenidamente cuáles son las personas que más genuinamente se ríen entre sí y te darás cuenta de que son los niños con sus padres; la razón es que los pequeños están más dispuestos a reírse que los adultos. En promedio, un niño se ríe unas 300 veces más al día. ¿Recuerdas cuando hablamos de la química del amor y de cómo las hormonas eran responsables de la sensación embriagadora del enamoramiento?, pues con la risa ocurre algo muy similar, ya que provoca una increíble liberación de "hormonas de la felicidad". Reírse es muy parecido al orgasmo: nos da vigor, potencia e influye considerablemente en mantener nuestro cerebro alerta y creativo; además, hay una regla no escrita, pero que es universal y seguirá siéndolo mientras exista la especie humana: **las personas siempre se sentirán atraídas por alguien que esté relajado y en paz en lugar de alguien con actitud tensa o ansiosa,** lo cual es lógico porque una persona tranquila y con sentido del humor transpira bienestar personal, lo que es muy contagioso. Y es que mantener el sentido del humor es una acción que cimenta un lazo de bienestar al que nos acostumbramos fácilmente porque lo relacionamos de manera directa con un estado de regocijo; básicamente es la misma razón por la que comemos chocolate o hacemos el amor: nos sentimos felices al hacerlo.

---

[9] Estas diferencias en la percepción de hombres y mujeres con respecto al sentido del humor en las relaciones románticas fueron evidenciadas en dos estudios realizados en 2006 por investigadores tanto de Estados Unidos como de Canadá y aparecen en Bressler, E., Martin, R. y Balshine, S. Production and appreciation of humor as sexually selected traits. *Evolution and Human Behavior.* Vol. 27, Núm. 2. Marzo, 2006.

Finalmente, recuerda que la vida pasa y no se detiene; John Lennon solía decir que la vida era aquello que te estaba sucediendo mientras estabas ocupado haciendo otros planes. Justo en el momento en el que lees esto tu vida sigue corriendo. La capacidad de disfrutar de ella a tope depende, en gran medida, de lo hábil que seas para encontrar la fortaleza del sentido del humor dentro de ti y la explotes al máximo. Reírse de uno mismo y sus problemas no necesariamente es no comprometerse y tomarse la vida a la ligera, es más bien darle un significado adecuado a cada cosa y evento que te sucede, ni más ni menos. Es involucrarse con *filosofía* en lo que nos ocurre y tener plena conciencia de que el resultado, cuando está en nuestro poder su resolución, en gran medida dependerá de la actitud que tomemos al respecto.

Resumiendo

Dice un viejo dicho popular: "Envejece más la sesera que el cuero"; las ideas que no nos atrevemos a cambiar por el hecho de creer que estamos viejos, o al menos adultos, son las que más obran en nuestra contra. No debes olvidar que eres lo que piensas, así que si estás dispuesto al cambio y a una nueva actitud, no importa la edad que tengas o si sientes que ya no tiene caso hacerlo, siempre puedes alcanzarlo y explorar nuevas formas de ver la vida. Practica las 10 fortalezas, pilares de una buena relación, pues te ayudarán a consolidar una mejor relación de pareja. Solo si te dispones a dejar que el cambio te alcance es que podrás descubrir qué tanto eres capaz de hacer por ti, con y para el otro.

EPÍLOGO

Es indudable que en la vida siempre enfrentaremos problemas y eventos de todo tipo, porque esa es su esencia: gozar y enfrentar dolor, como es el caso de un divorcio o una ruptura amorosa, que nos pondrán entre la espada y la pared; sin embargo, también es bueno recordar que la forma en la que percibes estos problemas determina tu actitud ante ellos y la actitud de una persona no es más que el comportamiento que decide tomar para interactuar con los demás. Una percepción temerosa o aprensiva provocará una reacción diferente a la que tendrías con una percepción más relajada y humorística del asunto.

Las herramientas que te he ofrecido a lo largo de estas páginas no bastan por sí solas y no serán suficientes si solamente las lees, asientes con la cabeza y haces planes para adecuarlas a tu vida. No, es absolutamente necesario que actúes con y respecto a ellas. Lo más común es que una persona pase la vida ideando cómo saldrá adelante de sus problemas, pero que no haga nada; eso y estar muerto en vida equivalen a lo mismo. Traza un plan de acción y fíjate objetivos claros de acuerdo a lo que decidiste implementar de lo aquí expuesto y ve con todo sobre ellos. Parte de la convicción de que empiezas a hacer algo diferente porque lo has decidido, y que ese cambio te llevará a la victoria. Recuerda que la vida es un constante cambio, que debemos ajustarnos a eso y que si nos quedamos estáticos solamente pensando en lo que haremos, nos estaremos acercando velozmente al abismo del sufrimiento.

La felicidad no llega —y cuando lo hace no dura— mágicamente. Es producto del trabajo constante, de la disciplina, de la acción, y en particular, de la actitud que tengamos para enfrentar la vida. Ten siempre presente la máxima de Donald Kendall que dice que "solamente en el diccionario, la palabra éxito está antes que la palabra trabajo". La explotación de tus fortalezas intrínsecas a tu persona es uno de los mejores caminos para alcanzar este estado. Trabajar por y para ti es un camino lleno de baches y sinsabores, pero con recompensas maravillosas y únicas, que hacen de la aventura de vivir lo más maravilloso que le pueda suceder a alguien. Recuerda que una cosa y solo una es cierta: la única persona que estará contigo sin duda alguna el día que mueras serás tú misma. Ni padres, ni hijos, ni pareja, ni amigos te pueden dar esa certeza. La persona más importante eres tú, por más que te empeñes en olvidarte de ello, esto es algo incuestionable. ¿Tu preocupación son los demás? ¿Quieres que ellos estén a tu lado y te amen? ¿Deseas que te recuerden y te tengan presente siempre? Entonces trabaja contigo, busca tu felicidad, tu bienestar está determinado por ti mismo. En la medida en que lo hagas todo lo demás se irá acomodando.

¿Qué no puedes? ¡Ja! ¡Ve a contarle a alguien más ese cuento! Esa es la idea más ridícula que puede enraizarse en tu cabeza. Tú eres la persona más poderosa del mundo, eres un superviviente (te lo dice otro superviviente). Has llorado, has reído, has amado, has crecido. Ahora esfuérzate un poco más para que todo eso que eres y has descubierto que eres, valga más la pena. Estás en vías de lograrlo, no importa si crees que no puedes, ya empezaste a salir adelante, así que ahora date cuenta y acéptalo. Vive porque el tiempo es hoy, no dudes, avanza, llegarás más lejos de lo que te propongas si no te detienes.

Solo no te detengas y confía...

...confía en ti, porque mediante estas páginas, yo ya lo hice.

BIBLIOGRAFÍA

Alberoni, Francesco. *Enamoramiento y amor*. Gedisa. Barcelona. 2010.

Beck, Aaron T., *Con el amor no basta*. Paidós. Barcelona. 1988.

Bettelheim, Bruno. *Psicoanálisis de los cuentos de hadas*. Grijalbo-Mondadori. Barcelona. 1994.

Bishop, J., Grunte, M. *Cómo perdonar cuando no sabes cómo hacerlo*. Sirio. Buenos Aires. 2002.

Bowlby, John. *El apego y la pérdida* (Vol. 1, 2 y 3). Paidós Ibérica. Madrid. 1993.

Branden, Nathaniel. *La psicología del amor romántico*. Paidós. Barcelona. 2009.

Braun, Stephen. *Los misterios del estado de ánimo*. Océano. México. 2008.

Brothers, Joyce. *Vivir sin él: cómo superar el trauma de la soledad*. Grijalbo. Barcelona. 1992.

Caruso, Igor. *La separación de los amantes*. Siglo XXI editores. México. 2010.

Clerc, Oliver. *La rana que no sabía que estaba hervida y otras lecciones de vida*. Lattés. Madrid. 2005.

Damasio, Antonio. *El error de Descartes*. Andrés Bello. Santiago de Chile. 1999.

Eguiluz, Luz de Lourdes (compiladora). *El baile de la pareja*. Pax. México. 2007.

Eguiluz, Luz de Lourdes (compiladora). *Entendiendo a la pareja*. Pax. México. 2007.

Fisher, Bruce. *Aprender a amar de nuevo*. Pax. México. 1999.

Frankl, Viktor. *El hombre en busca de sentido*. Herder. Barcelona. 2004.

Fromm, Erich. *El arte de amar*. Paidós. México. 2002.

Goleman, Daniel. *La inteligencia emocional.* Ediciones B (para Javier Vergara Editor). México. 2000.

Greene, R., Elffers, J. *Las 48 leyes del poder.* Atlántida. Buenos Aires. 1999.

Gross, J., Thompson, R. (compiladores). *Handbook of emotion regulation.* The Guilford Press. Nueva York. 2007.

Horney, Karen. *La personalidad neurótica de nuestro tiempo.* Paidós. Buenos Aires. 1960.

Iacoboni, Marco. *Las neuronas espejo, empatía, neuropolítica, autismo, imitación o de cómo entendemos a los otros.* Katz editores. Buenos Aires. 2009.

Jáuregui, Eduardo. *Amor y humor.* RBA Libros. Barcelona. 2009.

Kübler-Ross, Elisabeth. *Sobre la muerte y los moribundos.* De Bolsillo. México. 2011.

Marco Aurelio. *Meditaciones.* Planeta DeAgostini. Buenos Aires. 1995.

Minuchin, S., Wai-Yung, L., Simon, G. *El arte de la terapia familiar.* Paidós. Barcelona. 1998.

Nardone, Giorgio. *Los errores de las mujeres en el amor.* Paidós. México. 2011.

Nuñez Partido, Juan Pedro. *Psicología (Acerca de ti).* Paranifo. Madrid. 2012.

Pasini, Willy. *Amar al hombre de hoy.* Ariel. Barcelona. 2008.

Peck, Scott M. *La nueva psicología del amor.* Emece. Barcelona. 1997.

Perls, F., Baumgardner, P. *Terapia Gestalt, teoría, práctica y su aplicación.* Pax. México. 2003.

Riso, Walter. *Los límites del amor.* Norma. Bogotá. 2010.

Rojas Marcos, Luis. *La autoestima.* Planeta (bajo el sello Booket). México. 2010.

Seligman, Martin. *La auténtica felicidad.* Ediciones B (para Zeta de bolsillo). Barcelona. 2011.

Sutil, Lucía. *¿Dónde estás, amor?* Algaba ediciones. Madrid. 2004.

Acerca del autor

Vicente Herrera-Gayosso es psicólogo, videobloguero, orador motivacional y autor. Es miembro activo de la Sociedad Mexicana de Psicología.

Como conferencista recorre el país impartiendo talleres acerca de la superación de la pérdida, la creatividad como pilar del éxito, el liderazgo resonante, las técnicas para salir adelante tras la ruptura amorosa y de inteligencia emocional como predictor del éxito en la vida.

Como escritor colabora regularmente para diversos sitios electrónicos como *suitsync* y *psicocode.com*. Tiene en su haber casi un centenar de artículos relacionados a la psicología y el desarrollo humano.

Como autor ha escrito dos libros: *Supera el divorcio ¡YA!* y *Pequeño manual para un corazón roto*.

Es el creador del videoblog "Supera el Divorcio Ya", en YouTube, el canal cuenta con más de mil reproducciones al día.

Tiene su programa de radio por internet llamado Platicando, en donde trata temas del amor, el divorcio y la pareja.